Literatur – Kultur – Geschlecht

Studien zur Literatur- und
Kulturgeschichte

Herausgegeben von
Anne-Kathrin Reulecke und Ulrike Vedder

in Verbindung mit
Inge Stephan und Sigrid Weigel

Kleine Reihe
Band 29

D1730389

City Girls

Bubiköpfe & Blaustrümpfe
in den 1920er Jahren

Herausgegeben
von

Julia Freytag und Alexandra Tacke

2011

BÖHLAU VERLAG KÖLN WEIMAR WIEN

Bibliografische Information der Deutschen Nationalbibliothek:
Die Deutsche Nationalbibliothek verzeichnet diese Publikation in der
Deutschen Nationalbibliografie; detaillierte bibliografische Daten sind
im Internet über http://dnb.ddb.de abrufbar.

Umschlagabbildung:
Jeanne Mammen, Revuegirls, undatiert (um 1929–1930), Öl auf Karton,
64 x 47 cm, Berlinische Galerie, Landesmuseum für Moderne Kunst,
Photographie und Architektur © VG Bild-Kunst, Bonn 2011

© 2011 by Böhlau Verlag GmbH & Cie, Köln Weimar Wien
Ursulaplatz 1, D-50668 Köln, www.boehlau-verlag.com

Layout: Götz Zuber-Goos
Druck und Bindung: Wilco, NL-Amersfoort
Gedruckt auf chlor- und säurefreiem Papier
Printed in the Netherlands

ISBN 978-3-412-20603-1

Für Inge

Inhalt

II. Frauen vor & hinter der Kamera

III. Girls in Action

Einleitung

von Julia Freytag & Alexandra Tacke

In den 1920er Jahren erobern die City Girls die Metropolen und Medien. Sie treten in einem neuen Look auf: mit Bubikopf, kurzem Rock und Zigarette. Sie tanzen, trinken, rauchen, flanieren und flirten, als gäbe es kein Morgen. Sie sind jung und sportlich: Sie boxen, schwimmen, reiten, spielen Tennis und Golf, fahren Fahrrad und Ski, sitzen am Steuer von schnittigen Sportwagen und schwingen sich in die Lüfte auf. Dann wieder eilen sie ins Büro, tippen, telefonieren und führen Buch; sind fleißige Tippmamsells, Bürofräuleins oder kleine Ladenmädchen, die tagsüber hinter den Tresen der großen Kaufhäuser stehen, nach Feierabend sehnsüchtig an den Schaufenstern vorbeiflanieren und ins Kino gehen, um zu träumen. Manchmal werden sie auch zu Goldgräberinnen in den Taschen der Männer, genießen die neue sexuelle Freiheit, zeigen Bein, kokettieren, verführen, werden nicht mehr nur begehrt, sondern begehren selbst.

Die Neue Frau ist, wie Fabienne Liptay konstatiert hat, „eine perfekt ausgestattete Utopie, von Kopf bis Fuß auf Mode eingestellt". Der „Geist der Freiheit und der Mobilität, der ökonomischen Unabhängigkeit und individuellen Selbstbestimmtheit, der körperlichen Aktivität und sexuellen Liberalisierung"[1] weht durch jedes Kleidungsstück ihrer Garderobe. Die entscheidende Schlacht scheint, wie Robert Musil in der Essaysammlung über die *Frau von morgen wie wir sie wünschen* (1929) formuliert hat, sowieso „nicht von den Vorkämpferinnen der Emanzipation, sondern am Ende von den Schneidern geschlagen worden"[2] zu sein. ,Mode als Maskerade': Das war zugleich aber auch die Chance, neue Verhaltensweisen auszuprobieren und alte abzulegen und sich nicht auf ein bestimmtes Frauenbild festzulegen.

Die Neue Frau experimentiert mit neuen *Looks* und Selbstbildern. Das enge Korsett und lange Röcke sind passé: Dafür sind legère Sportkleidung und praktische Bürokostüme beim *Sporting* und *Working Girl* angesagt. Jumperensembles (Abb. 1) galten „als eine der männlichen Kleidung entsprechende weibliche ,Uniform'"[3]. Die Garçonne trägt ein strenges Schneiderkostüm mit Herrenbluse und Krawatte, kleidet sich betont androgyn, sachlich und schlicht. Tagsüber gibt sich die ,elegante Dame' (Abb. 2) ausgiebigen Shopping-Touren in den Metropolen der Welt, zwischen Berlin, Paris, New York und Shanghai hin.

Abb. 1 Ernst Dryden: Der Jumper dominiert   Abb. 2 Titelblatt *Elegante Welt*
die weibliche Erscheinung, in: *Die Dame* (1926)   Nr. 6 (1932)

Abends verführt sie die Männer mit Zigarettenspitze, Perlenkette und Handschuhen in einem weich fließenden Hosenanzug oder in einem glitzernden, rückenfreien Hängekleid mit Federboa. Der Flapper tanzt mit wildem Gliederwerfen zu Charleston und bewegt sich mit nervöser Energie zu Jazz-Rhythmen. Die Beine und der ganze Körper sind in Bewegung. Kein Innehalten, kein Stillstand. Rastlos, atemlos. Schwungvoll bewegen sich die City Girls im Gedränge der Großstadt. Dabei wirbeln sie nicht nur über die Tanzböden der Metropolen, sondern bringen auch die traditionellen Geschlechterrollen durcheinander. Erstmals sind die Frauen in den Städten präsent und erobern den öffentlichen Raum. Arbeit, Verdienst, das Recht auf Selbstbestimmtheit und auf ein Leben ohne Familie scheinen möglich. Oftmals führen weibliche Selbstständigkeit und wirtschaftliche Unabhängigkeit durch Berufstätigkeit aber auch in die „Fröste der Freiheit" [4]. Denn die Utopien und Aufbruchsphantasien, die das Bild der Neuen Frau verspricht, erfüllen sich in der sozialen Realität der Großstädte nur schwer. So sind viele Frauen dieser Zeit konfrontiert mit Erwerbslosigkeit, Unterbezahlung, schlechten Arbeitsbedingungen und können sich den klassischen Geschlechterzuschreibungen meist kaum entziehen. Zwischen dem glamourösen und viel versprechenden Bild der Neuen Frau in Film und Werbung und der tatsächlichen Lebenssituation der ‚Alltagsheldinnen' besteht eine große Kluft. Viele Romane greifen die Diskrepanz zwischen Utopie und Alltagsrealität auf und bieten stattdessen Figuren an, die zur Identifikation einladen. In einem Essaywettbewerb *Was wir vom Buch erwarten* [5] im Jahr 1931 äußern die Leserinnen den Wunsch „Lebensgeschichten von Frauen zu lesen, die schwer zu kämpfen haben und schließlich aus allen Nöten als Überwinder hervorgehen"[6].

Die Neuen *Schreib*Kräfte

> Das Buch wurde im besten Sinn Bahnbrecher, Instrument und Waffe, das aus der Frau etwas anderes gemacht hat, als das vor Jahrhunderten der Fall war.
>
> *Gertrud Bäumer (1931)*

Abb. 3 Torpedo-Schreibmaschine   Abb. 4 Orga Privat   Abb. 5 Vicki Baum an der Schreibmaschine

Die Frau als Leserin und als Autorin führt zu grundlegenden Veränderungen auf dem Buchmarkt der Weimarer Republik. Literarische Sujets, Schreibweisen und -techniken wandeln sich und das (Selbst-)Verständnis von weiblicher Autorschaft wird neu definiert. Die jungen, neugierigen und ehrgeizigen Protagonistinnen der Romane repräsentieren den „Idealtyp der Neuen Frau"[7]: Sie sind *Working* und *Sporting Girls*, kunstseidene Mädchen, emanzipierte Blaustrümpfe oder Sekretärinnen, die davon träumen ein „Glanz" (Keun) zu werden. Stattdessen aber kämpfen sie alltäglich mit den neuen technischen Errungenschaften wie der Schreibmaschine, die schillernde Namen trägt wie *Torpedo, Orga Privat* (Abb. 3-4), *Continental* und *Mercedes* etc. So schillernd die Namen auch sind, so schwerfällig ist die Bedienung der fünfundvierzig Tasten, wie Rudolf Braune in seinem Roman *Das Mädchen an der Orga Privat* (1930) beschreibt:

> Die Maschine glotzt mit ihren fünfundvierzig Tasten kalt und böse und völlig unbeteiligt auf die kräftigen Hände des kleinen Mädchens. Die rührend festen und eifrigen Finger klopfen den monotonen Takt, Zehnfingersystem, Grundhaltung. Die Gelenke schmerzen und im Unterarm zieht es und der Kopf tut weh … a, s, d, f … j, k, l, ö … Daumen auf die Zwischenraumtaste … so hat sie Maschinenschreiben gelernt …[8]

Während hier ein männlicher Autor das Schicksal der Sekretärinnen der 1920er Jahren darstellt, sind es vorwiegend Autorinnen, die sich in die Protagonistinnen hineinversetzen, weil sie selbst ähnliche Erfahrungen zu bewältigen haben. Wie durchlässig die Grenze zwischen der Autorin und ihrem weiblichen Publikum ist, hat Vicki Baum in ihren Memoiren reflektiert:

> Erst in Berlin, in diesen kurzen zwanziger Jahren, war ich zum erstenmal in meiner Zeit zu Hause. Ich dachte, lebte, redete und fühlte wie die meisten anderen dort; ich hatte die Kadenz ihrer Sprache im Ohr und ihre Probleme im Herzen. Ihre Erfahrungen waren meine Erfahrungen und ihre Erinnerungen waren auch meine. Deshalb fiel es mir leicht, über sie zu schreiben, und fiel es ihnen leicht, meine Geschichten zu lesen.[9]

Neben dieser empathischen Erzählhaltung, die Vicki Baum hier paradigmatisch für andere Autorinnen der Zeit formuliert, sind auch die Stoffwahl, die Erzähltechniken und das Marketing auf ein weibliches Publikum ausgerichtet. Erstmals in der Literaturgeschichte werden originelle Werbetechniken und -kampagnen erprobt, mit dem Ziel, *Bestseller* zu produzieren. So sind die Romane von Vicki Baum, Irmgard Keun, Joe Lederer, Alice Berend und Christa Anita Brück im Verkaufsabsatz von Erfolg gekrönt.

Das in den Romanen der 1920er Jahre immer wieder beschriebene mechanische Tippen der Sekretärinnen in den Großraumbüros reflektiert zugleich die tatsächliche neue Schreibproduktion der Autorinnen. Denn nicht nur den Sekretärinnen, sondern auch den Autorinnen dient die Schreibmaschine als Arbeitsinstrument (Abb. 5). Friedrich Kittler hat auf die Doppeldeutigkeit des Begriffs *Typewriter* hingewiesen, der sowohl die Maschine als auch die Stenotypistin bezeichnet,[10] die nicht mehr nur noch Schreibkraft für den Chef ist, sondern selbst kreativ tätig wird und *Bestseller* auf ihrer Schreibmaschine verfasst. Die Erfindung der Schreibmaschine verkehrte damit vor allem das Geschlecht des Schreibens.

Romane wie *stud. chem. Helene Willfüer* (1928) von Vicki Baum, *Das kunstseidene Mädchen* (1932) und *Gilgi – eine von uns* (1931) von Irmgard

Keun, *Schicksale hinter Schreibmaschinen* (1930) von Christa Anita Brück, *Das Mädchen George* (1928) von Joe Lederer sind einige der erfolgreichen Unterhaltungsromane, die von der weiblichen Leserschaft verschlungen, allerdings von der Kritik kaum anerkannt worden sind. Nicht nur vom linken neusachlichen politischen Spektrum, sondern auch vom rechtskonservativen und nationalistischen Flügel wurden den Autorinnen politische Standpunktlosigkeit vorgeworfen. Es überwog „eine abwehrende Haltung gegen die Kultur der Neuen Frau und ihrer Romane"[11].

Erst in den 1970er Jahren wurden die Texte dieser Autorinnen von der feministischen Literaturwissenschaft wiederentdeckt, neu aufgelegt und in ihrer literarischen Qualität gewürdigt. Die Darstellung von moderner Weiblichkeit zwischen Beruf, Liebe und Mutterschaft wird dabei ebenso positiv hervorgehoben wie das subversive Spiel mit den populären Bildern der Neuen Frau. Durch ihre „textinternen und textexternen Verweise"[12] verfügen die Romane der Weimarer Republik über eine selbstreflexive Ebene und gehen über das Genre des Unterhaltungsromans weit hinaus. Nicht nur die damaligen *Bestseller*-Autorinnen, sondern auch Autorinnen wie Else Lasker-Schüler, Marieluise Fleißer, Gabriele Tergit, Mascha Kaléko, Rahel Sanzara, Annemarie Schwarzenbach, Mela Hartwig und Veza Canetti werden seit den 1970er Jahren und bis in die unmittelbare Gegenwart hinein wiederentdeckt und neubewertet.

Die bis heute unabgeschlossene Forschung zu diesen Autorinnen der 1920er Jahre arbeitet den hohen Stellenwert ihrer Texte für die Literaturgeschichte des 20. Jahrhundert und für die Tradition weiblicher Autorschaft heraus, „vergleichbar mit den Bemühungen um die Schriftstellerinnen der Romantik und die vergessenen und verdrängten Traditionen weiblicher Schriftkultur im 18. Jahrhundert"[13].

Frauen vor & hinter der Kamera

> Ich will schreiben wie Film [...] Und wenn ich später lese, ist
> alles wie Kino – ich sehe mich in Bildern. [...] Ich machte
> mir einen Traum und fuhr mit dem Taxi [...] ich ganz allein
> und durch lange Berliner Straßen. Da war ich ein Film und
> eine Wochenschau.
>
> *Irmgard Keun:* Das kunstseidene Mädchen *(1932)*

Abb. 6 Germaine Krull: Abb. 7 Ilse Bing: *Selbstporträt mit Leica* (1931)
Selbstporträt (1925)

Im Gegensatz zu den Romanen, in denen die Konflikte zwischen
dem Bestreben nach weiblicher Unabhängigkeit und den tatsächlichen Abhängigkeitsverhältnissen ungelöst bleiben, wird den Lein-
wandheldinnen ein Happy-End zugestanden. Clara Bow, Colleen
Moore und Louise Brooks verkörpern in populären Filmen wie *It*
(1927), *Der perfekte Flapper* (1925), *The Flaming Youth* (1923) und *The
City Gone Wild* (1927) die glamouröse Variante der City Girls, die
nach turbulenten Verwirrungen und Hindernissen schließlich doch
den Mann ihrer Träume für sich gewinnen. Die Kinoleinwand bietet
die perfekte Projektionsfläche für die Ladenmädchen und Sekretärinnen, die allabendlich nach einem hektischen Arbeitstag in die Kinos
strömen und dort ihre Sehnsüchte in den Filmdiven widergespiegelt
finden. Die Zuschauerinnen sind „von ihrer eigenen Mobilität ebenso
bewegt wie von den Bildern, die sie sich in Wechselwirkung mit dem
Kino von sich machen"[14].

Die Popularität dieser Filme, die raffinierten Vermarktungsstrategien und die Massenmedien wie Zeitungen und Illustrierte prägen das Image der Diven. Bestimmte Attribute wie der Bubikopf, die Hutkappen und die Zigarette sowie die ‚flapperhafte' Rastlosigkeit, die nervöse Energie und der Sex-Appeal, mit denen die Diven in Szene gesetzt werden, sind bis heute ikonenhaft mit dem Bild der Neuen Frau verbunden. „Vielleicht mehr noch als die Figuren, die sie verkörpern, sind sie – als Schauspielerinnen und damit Working Girls der Filmindustrie – Inkarnationen des neuen Frauentyps."[15]

Mitgeprägt wurde dieses Bild auch von zahlreichen Malerinnen wie Jeanne Mammen, Gabriele Lohse-Wächtler und Tamara de Lempicka sowie Fotografinnen wie Marianne Breslauer, Claude Cahun, Germaine Krull und Ilse Bing (Abb. 6 und 7). Dabei hat die weibliche Avantgarde durchaus das Bild der Neuen Frau für ein Spiel mit den Geschlechtergrenzen produktiv gemacht; althergebrachte Geschlechterstereotypen wurden lustvoll-ironisch gefeiert, kommentiert und persifliert. Zudem wurde die eigene Autor- und Künstlerschaft in Selbstporträts in den Blick genommen und problematisiert. Denn seit den 1920er Jahren waren die Frauen nicht mehr nur Objekte *vor* der Kamera, sondern auch Subjekte *hinter* der Kamera.

Im neuen Medium Film eroberten die Frauen selbstbewusst die Position hinter der Kamera: Germaine Dulac, Lotte Reiniger, Alice Guy, Leontine Sagan stehen hier repräsentativ für viele andere Filmemacherinnen, die eine neue Filmsprache und -ästhetik entwickelt haben und prägend für surrealistische Filmemacherinnen der 1940er und 1950er Jahre sowie für den deutschen Frauenfilm der 1970er Jahre waren.

Girls in Action

> Schöne Berlinerin. Du bist tags berufstätig und abends tanzbereit. Du hast einen sportgestählten Körper, und deine herrliche Haut kann die Schminke nur erleuchten.
>
> *Franz Hessel in der* Vogue *(1922)*

Zeitschriften wie *Vogue, Die elegante Dame* und *UHU* zeigen die in den 1920er Jahren aufkommende Verbindung von Sportlichkeit und modischem Look. Boxen, fechten, schwimmen, segeln, Golf und Tennis spielen, reiten, Ski und Fahrrad fahren, Autorennen und Fliegen sind *en vogue* und verlangen den *Girls in Action* eine neue Mode ab, die ihnen

Bein- und Bewegungsfreiheit ermöglicht (Abb. 8-10). Die Röcke werden kürzer und Hosen werden getragen, was teilweise heftige Debatten erregt. Um tagsüber zu arbeiten und nach Feierabend tanzbereit zu sein, bedarf es eines exzessiven Körpertrainings. Bei den beliebten Sportarten handelt es sich vielfach um Kampfsport, der aber nicht nur körperliche Fitness verspricht, sondern auch bei den Frauen Durchsetzungsvermögen im Berufs- und Großstadtalltag trainieren soll. Durchzuboxen galt es sich auch bei der Eroberung der Schnellstraßen und der Lüfte, die zuvor in fester männlicher Hand waren.

Geschwindigkeitsrausch und Bewegungsdrang werden in Film und Literatur inszeniert und gefeiert und äußern sich auch in neuen Tänzen. Tanzwütig bewegen sich die Frauen im Charleston über das Parkett, während Avantgarde-Tänzerinnen wie Josephine Baker, Anita Berber und Valeska Gert in Varietés und Nachtlokalen das hektische Gliederwerfen aufgriffen und persiflierten. Valeska Gert spielte sogar mit der Sportbesessenheit ihrer Zeit, indem sie den Sport tanzte: Radrennen, Schwimmen, Florettfechten, Tennis. Anita Berber frönte in ihren *Tänzen des Lasters, des Grauens und der Ekstase* dem Rausch. Die Tänze hatten groteske Namen wie *Gruß aus dem Mumienkeller, Canaille, Kupplerin, Kokain* und *Pritzelpuppe*. Die skandalträchtigen Tänze haben in ihrer Provokation und Modernität spätere Tanzformen und Performances vorweggenommen.

Nicht zuletzt daran wird deutlich, wie aktuell das Bild der Neuen Frau bis heute im kulturellen Gedächtnis verankert ist. Die Neue Frau kann dabei als modische Ikone bzw. Zitat fungieren oder auch als Gallionsfigur der Emanzipation aufgerufen werden.

Abb. 8 Fliegerin in: *UHU* (Heft 10, 1932)

Abb. 9 Rennfahrerin in: *UHU* (Heft 7, 1929)

Abb. 10 Autopanne in: *UHU* (Heft 2, 1931)

Das vorliegende Buch geht auf das Symposium anlässlich des 65. Geburtstages von Christina von Braun und Inge Stephan mit dem Titel *City Girls. Dämonen, Vamps & Bubiköpfe in den 20er Jahren* zurück, das vom 2. bis 4. Juli 2009 im Kino *Babylon* und im *ICI Kulturlabor* Berlin stattgefunden hat.

Als Geburtstagssymposium und ,Festschrift' für Inge Stephan haben wir ein medienübergreifendes Thema gewählt, das Autorinnen und Filmemacherinnen, Weiblichkeit und Emanzipation, Blick und Geschlecht – Forschungsfelder, die ihr am Herzen liegen – in sich vereint. Und schließlich assoziiert man mit ihr nicht nur Universität, Wissenschaft und Forschung, sondern auch Mode, Metropole und Medien. Neben ihrer schillernden Persönlichkeit hat Inge Stephan – auch zusammen mit Christina von Braun – das Profil der Humboldt-Universität zu Berlin mit ihrer jahrelangen Lehre und Forschung in den Gender Studies und in der Literatur- und Kulturwissenschaft sowie mit der Gründung des Graduiertenkollegs *Geschlecht als Wissenskategorie* geschärft und erweitert – ähnlich wie die beiden Humboldt-Brüder, Wilhelm und Alexander, 200 Jahre zuvor (Abb. 11). Die zwei City Girls von Jeanne Mammen (Abb. 12), die auch das Cover dieses Bandes zieren, wären in diesem Sinne ein durchaus passendes neues Logo für die Humboldt-Universität und als solches weit über Berlin hinaus Vorbild für angehende und zukünftige Wissenschaftlerinnen.

Abb. 11 Logo der HU Berlin

Abb. 12 Jeanne Mammen:
Revuegirls (um 1929-1930)

Dank

Gedankt sei an dieser Stelle dem Kino *Babylon* dafür, dass wir in *dem* Stummfilmkino Berlins mit der einzigen Kinoorgel Europas, die noch in ihrem Originalkino steht und spielbar ist, die Filmvorführungen unseres Symposiums umsetzen konnten. Unser Dank gilt insbesondere dem Pianisten Carsten-Stephan Graf von Bothmer, der sofort begeistert von unserem City Girls-Stummfilmprogramm war und sich gerne bereit erklärt hat, die Filme *IT* (1926/27), *Norrtullsligan/Weibliche Junggesellen* (1923), *Engelein* (1913/14), *Dirnentragödie* (1927), *Die Austernprinzessin* (1919) auf dem Flügel oder der Kinoorgel zu begleiten.

Ohne die Hilfe von vielen Personen hätte der vorliegende Band nicht realisiert werden können. Deshalb möchten wir uns noch einmal ganz herzlich bei allen Mitwirkenden bedanken. Danken möchten wir allen Studierenden der City Girls-Seminare in Berlin und Hamburg, die uns durch ihr Interesse und ihre Teilnahme am Symposium wertvolle Denkanstöße gegeben haben. Sonja Dickow war uns eine aufmerksame und genaue Korrekturleserin, während Götz Zuber-Goos mit wie stets großem Engagement und *know how* das Layout gestaltet hat. Nicht zuletzt gilt unser Dank den Autor/innen sowie den Künstler/innen, Fotograf/innen und Verlagen, die uns freundlicherweise ihre Bildrechte überlassen haben.

Anmerkungen

1 Fabienne Liptay: Lulu, Lotte und die anderen. In: City Girls. Frauenbilder im Stummfilm. Hrsg. v. Gabriele Jatho u. Rainer Rother. Berlin 2007, S. 122-155, hier S. 125.

2 Robert Musil: Die Frau gestern und morgen. In: Die Frau von morgen wie wir sie wünschen. Hrsg. v. F.M. Huebner. Mit einem Vorwort v. Silvia Bovenschen. Frankfurt a. M. 1990, S. 85-93, hier S. 91.

3 Gesa Kessemeier: Sportlich, sachlich, männlich. Das Bild der ‚Neuen Frau' in den Zwanziger Jahren. Zur Konstruktion geschlechtsspezifischer Körperbilder in der Mode der Jahre 1920 bis 1929. Dortmund 2000, S. 106.

4 „Das waren die Fröste der Freiheit, sie mußte lernen zu frieren." Marieluise Fleißer: Avantgarde. In: Dies.: Gesammelte Werke. Bd. 3: „Erzählungen". Hrsg. v. Günther Rühle u. Eva Pfister, Frankfurt a. M. 1994, S. 117-269, hier S. 120.

5 Vgl. Börsenverein des Deutschen Buchhandels (Hrsg.): Was wir vom Buch erwarten! Antworten der 15- bis 20jährigen Mädchen. Vorberichte über das Ergebnis eines Preisausschreibens, erlassen vom Börsenverein der Deutschen Buchhändler zu Leipzig und vom Reichsverband des Deutschen Schrifttums. Leipzig 1931.

6 Ricarda Huch: Das junge Mädchen heute. Bemerkungen anlässlich eines Preisausschreibens. In: Die Literarische Welt, Sonderausgabe zum „Tag des Buches": Frau und Buch 7 (1931), H. 12, S. 1.

7 Kerstin Barndt: Sentiment und Sachlichkeit. Der Roman der Neuen Frau in der Weimarer Republik. Köln/Weimar/Wien 2003, S. 27.

8 Rudolf Braune: Das Mädchen an der Orga Privat. Frankfurt a. M. 2002, S. 125.

9 Vicki Baum: Es war alles ganz anders. Erinnerungen. Berlin 1962, S. 481.

10 Vgl. Friedrich Kittler: Grammophon – Film – Typewriter. Berlin 1986; Aufschreibesysteme 1800/1900. 4. vollständig überarbeitete Neuauflage, München 2003.

11 Barndt (wie Anm. 7), S. 47.

12 Ebd., S. 13.

13 Inge Stephan: Die Neue Frau. In: Wolfgang Beutin; Klaus Ehlert; Wolfgang Emmerich u.a. (Hrsg.): Deutsche Literaturgeschichte. Von den Anfängen bis zur Gegenwart. Siebte, erweiterte Auflage, Stuttgart/Weimar 2008, S. 402-406, hier S. 402.

14 Annette Brauerhoch: Arbeit, Liebe und Kino. In: Jatho; Rother: City Girls, S. 59-87, hier S. 73.

15 Brauerhoch (wie Anm. 14), S. 73.

I. Die neuen *Schreib*Kräfte

Gegenläufige Typisierungen

Sekretärinnen in Romanen von Irmgard Keun und Alice Berend

von Ariane Martin

Inge Stephan hat darauf hingewiesen, dass das politische und kulturelle Klima der Weimarer Republik grundlegend geprägt war durch die Neue Frau – „Schlagwort und Kampfbegriff"[1] für den damaligen Aufbruch der Frauen, wobei die weiblichen Angestellten und unter ihnen insbesondere die „Stenotypistinnen und Sekretärinnen" in den Bildern der Zeit als „Prototypen" und „Repräsentantinnen der ‚neuen Frau'" erscheinen.[2] Selbstbewusst, materiell unabhängig, sexuell ‚befreit' und äußerlich attraktiv durch eine Mode, die „sachlich, sportlich, sinnlich"[3] war – so entwerfen die zeitgenössischen Bildmedien das „Tippfräulein"[4], jenen neuen weiblichen Phänotyp, der Urbanität signalisiert und sich durch Berufstätigkeit konstituiert. Gilt die Neue Frau insgesamt als „Alltagsmythos"[5] der 1920er und frühen 1930er Jahre, so ist dieser in der Sekretärin verdichtet. Es verwundert nicht, dass die Sekretärin auch zum Romansujet avancierte.

Der Sekretärinnenroman, die Schreibmaschine und Irmgard Keuns literarisches Debüt

Von Beruf Sekretärin ist zum Beispiel die Titelfigur in Irmgard Keuns Erstlingsroman *Gilgi – eine von uns* (1931). Auf das von ihm repräsentierte Genre des Sekretärinnenromans, eine Variante des Angestelltenromans als charakteristischer Gattung der Weimarer Republik, macht der Text aufmerksam, wenn die Titelheldin in ihrem neusachlichen Habitus die gelegentlichen Widrigkeiten ihres Berufs und ihre Haltung dazu knapp reflektiert: „Bloß keine große Beleidigungstragödie à la ‚Schicksale hinter Schreibmaschinen'!"[6] Dies zielt in kritischer Abgrenzung auf den zeitgenössisch vielleicht bekanntesten Sekretärinnenroman, der im Vorjahr erschienen war: *Schicksale hinter*

Schreibmaschinen (1930) von Christa Anita Brück. Dieser Roman beschreibt „Frauenausbeutung – aus konservativer Sicht", denn nur auf „der Oberfläche scheint Brücks Anklage sozialer Mißstände in den Büros vehement", tatsächlich propagiert der Roman Ehe und Mutterschaft als wünschenswerte Alternative zur weiblichen Erwerbsarbeit.[7] „Heiliger Strom der Mutterahnung, wie fern von dir treiben wir alle dahin, wir Mädchen in Fron!"[8] Brück erzählt die Geschichte eines Fräulein Brückner, einer Offizierstochter, die im Beruf ihre Aufstiegswünsche realisieren will, deren Büroalltag dann aber in wechselnden Anstellungsverhältnissen als unerträglich trist und unwürdig geschildert ist, wie bereits der Klappentext verrät:

> Dieses Erlebnisbuch ist die Welt der abertausend Frauen, die Tag für Tag hinter der Schreibmaschine ihre Pflicht erfüllen, unterdrückt, beiseitegeschoben, vielfach mißbraucht und gedemütigt. Sie kämpfen gegen drei Fronten: die Sexualität des Mannes, den falschen Ehrgeiz ihrer eigenen Mitarbeiterinnen und gegen ihre eigene wirtschaftliche und seelische Not. Viele unterliegen in diesem verzweifelten Ringen um Anerkennung und Aufstieg, in ihrer Angst vor dem Altwerden, vor Arbeitslosigkeit und Krankheit […]. Die Heldin des Buches, selbst seelisch zerbrochen, heimat- und arbeitslos, findet in Verzweiflung und Einsamkeit zu sich selbst zurück und gestaltet […] mit jener Eindeutigkeit der ungeschminkten Wahrheit die „Schicksale hinter Schreibmaschinen", die die Anerkennung wahrer Arbeitsfreude ebenso in sich schließen wie Anklage und Hilferuf.[9]

Schon der in *Gilgi – eine von uns* zitierte melodramatische Titel *Schicksale hinter Schreibmaschinen* lässt erkennen, dass die Welt der Sekretärinnen in Brücks Roman als finster beleuchtet ist. Die ablehnende Bemerkung Gilgis zu diesem von ihr pointiert als ‚Beleidigungstragödie' charakterisierten Werk legt nahe, Keuns Roman als Gegenentwurf zu dem Brücks zu lesen. So unterschiedlich sich beide Texte darstellen, beide bedienen sich gleichwohl des genannten Genres, indem sie Geschichten von Sekretärinnen, Stenotypistinnen, Büroangestellten erzählen. Das zentrale gattungsspezifische Merkmal dieses Genres ist der Beruf der Protagonistin, der in ihrem markanten Arbeitsinstrument repräsentiert ist, der Schreibmaschine.

Das bestätigt ein weiterer wichtiger Roman dieses Genres. Schon mit seinem Titel gibt sich auch Rudolf Braunes Roman *Das Mädchen an der Orga Privat* (1930) als Sekretärinnenroman zu erkennen, der eine ganz bestimmte Schreibmaschine im Titel führt und so auf den Beruf und das spezifische Milieu der Protagonistin verweist. „Die Volksschreibmaschine"[10] – so wurde die äußerst preiswerte ‚Orga-Privat' beworben. Braunes Roman erzählt die Geschichte eines jungen Mädchens aus proletarischem Milieu, das Stenographie und Schreibmaschine gelernt hat und aus der Provinz nach Berlin kommt, um dort eine schlecht bezahlte Stelle in einem Büro anzutreten, die kaum sein Existenzminimum sichert. Er erzählt vom Alltag jener kleinen Sekretärin Erna Halbe und von ihrer Solidarität mit ihren Berufsgenossinnen, denn sie probt den Aufstand, als ihr Chef sich an einer Kollegin vergreift. *Das Mädchen an der Orga Privat* präsentiert in dieser jungen Sekretärin mit ihrer unverstellten Weltsicht eine aus Menschenfreundlichkeit und sozialem Verantwortungsgefühl heraus intuitiv politisch handelnde Frau mit moralischer Integrität – trotz oder gerade wegen der tristen Verhältnisse, aus denen heraus sie handelt. Ganz anders verhält es sich mit der Haltung der Protagonistin aus *Schicksale hinter Schreibmaschinen*. Zwar stehen bei Brück und Braune Sekretärinnen im Mittelpunkt ihrer Romane, aber ihr politischer Standort, der in der jeweiligen Analyse der Ursachen der geschilderten sozialen Misere der weiblichen Angestellten mitsamt den Überlegungen zu deren Handlungsmöglichkeiten dingfest gemacht werden kann, liegt weit auseinander. Während der von einem jungen Kommunisten verfasste Roman *Das Mädchen an der Orga Privat* politisch links anzusiedeln ist, gibt sich *Schicksale hinter Schreibmaschinen* als politisch rechts orientiert zu erkennen. In dieser Hinsicht kontrovers wurde *Gilgi – eine von uns* diskutiert, als der sozialdemokratische *Vorwärts* den Roman anlässlich der anstehenden Premiere der Verfilmung nachdruckte und ein Preisausschreiben initiierte, das sich insbesondere an die Stenotypistinnen und Büroangestellten unter den Abonnentinnen richtete.[11] Der Sekretärinnenroman konstituiert sich unabhängig von der politischen Tendenz im Rekurs auf den Beruf der Protagonistin mitsamt dem Arbeitsinstrument, das diesen Beruf charakterisiert, die Schreibmaschine.

Entsprechend bedeutsam ist dieses Arbeitsinstrument auch in Keuns Debütroman, für den die Autorin das zur Debatte stehende populäre Genre gewählt hat.

> Tick-tick-tick – rrrrrrrr – bezugnehmend auf Ihr Schreiben vom 18. des …
> tick-tick-tick – rrrrrrrr – einliegend überreichen wir Ihnen   tick-tick tick …
> im Anschluß an unser gestriges Telefongespräch teilen wir Ihnen mit …
> Die Stenotypistin Gilgi schreibt den neunten Brief für die Firma Reuter & Weber, Strumpfwaren und Trikotagen en gros. Sie schreibt schnell, sauber und fehlerfrei. Ihre braunen kleinen Hände mit den braven, kurznäglig getippten Zeigefingern gehören zu der Maschine, und die Maschine gehört zu ihnen.

Tick-tick-tick – rrrrrrrr … die Stenotypistin Gilgi geht zum Chef und legt
ihm die Briefe zur Unterschrift vor.[12]

Die onomatopoetisch zitierten rhythmischen Geräusche der Schreibmaschine und die gängigen Geschäftskorrespondenzformeln illustrieren das quasi mechanische Funktionieren der Stenotypistin im Büroalltag, die ihren Beruf perfekt erfüllt. Die Wiederholung der Schreib-
maschinengeräusche („tick-tick-tick – rrrrrrrr") und der Berufsbe-
zeichnung („die Stenotypistin") illustrieren, dass Gilgis Identität sich
durch ihren Beruf konstituiert. Ihre berufliche Tätigkeit hat ihren
Körper zugerichtet, das Maschinenschreiben hat ihre Finger modelliert, „die Zeigefinger mit den hartgetippten Kuppen" sind „Arbeits-
instrumente" wie die Schreibmaschine ein Arbeitsinstrument ist –
ihre Hände erscheinen als Teil der Maschine, die Maschine als Teil
von ihr.[13] Die Stenotypistin als Cyborg – Gilgi ist eine menschliche
Schreibmaschine, die reibungslos funktioniert, bevor eine leidenschaftliche Liebe, eine „Betriebsstörung"[14], sie in eine Krise stürzt,
welche die Romanhandlung vorantreibt.

Gilgi, die eigentlich Gisela heißt, hat im Roman mit ihrer eigenen
privaten Schreibmaschine, die sie sich mit Überstunden im Büro erarbeitet hat, um auch in ihrer Freizeit als Schreibkraft zu arbeiten, auf
der symbolischen Ebene eine bezeichnende Doppelgängerin, die
Erika heißt – wie Gisela ein dreisilbiger weiblicher Vorname mit den
drei hellen Vokalen e, i und a. Die ‚Erika' war eine in großen Stück-
zahlen hergestellte und aufgrund ihres geringen Gewichts äußerst be-
liebte kleine Reiseschreibmaschine. Mit dem Adjektiv ‚klein' (oder
eben mit diversen Diminutiva) ist entsprechend nicht nur Gilgi be-
vorzugt beschrieben, sondern mit diesem Adjektiv wird stereotyp
auch ihre „kleine Erika-Schreibmaschine"[15] etikettiert, „die kleine
Koffer-Erika"[16], an deren Zustand sich die Identitätskrise ihrer
Besitzerin sinnfällig ablesen lässt. Wenn konstatiert wird, eine „dünne
Staubschicht lagert auf der kleinen Erika-Schreibmaschine"[17], dann
ist damit illustriert, dass auch die weibliche ‚Schreibmaschine' Gilgi
mit ihrer sonst so „gut geölten Arbeitsmethode"[18] nun nicht mehr so
recht funktioniert, sie brach liegt. Der Sekretärinnenroman *Gilgi – eine
von uns* stellt das charakteristische Berufsbild der Neuen Frau kritisch
zur Debatte, indem er die Identifikation seiner neusachlichen Heldin
mit ihrer Arbeit, verbildlicht in der Quasi-Identität von Stenotypistin
und Schreibmaschine, im Handlungsverlauf als problematisch vor-
führt. Gleichwohl setzt der Roman zunächst aber Gilgis Glück am
reibungslosen Funktionieren, an der glatt laufenden Mechanik, nach-

drücklich in Szene, indem sie in ihrer Freizeit Erfüllung im Selbstlauf mit ihrer Schreibmaschine findet.

> Hab' jetzt schöne Zeit für mich. Und sie setzt sich vor die Erika Schreibmaschine, die Tasten fliegen. Sie schreibt zehn spanische Geschäftsbriefe – zur Übung. Sieht nicht einmal auf, stützt nicht einmal den Kopf in die Hände, um vor sich hin zu starren. Tick – tick – tick – rrrrrrrrr ...[19]

Keuns literarisches Debüt nimmt als Sekretärinnenroman mit der Titelheldin exemplarisch eine der nun in der Weimarer Republik mit der berufstätigen Neuen Frau endgültig professionalisierten „Schreibmaschinistinnen"[20] in den Blick. Sekretärinnen spielen außer der exponierten Gilgi auch sonst im Romandebüt und in Keuns zweitem Roman *Das kunstseidene Mädchen* (1932) eine Rolle. Es gilt das typologische Spektrum der Sekretärinnen in den Romanen der jungen Erfolgsautorin zu sichten – und dasjenige im Roman *Der Herr Direktor* (1928), den die bereits im Kaiserreich als Autorin etablierte Alice Berend in der Weimarer Republik veröffentlicht hat.

Irmgard Keun und Alice Berend: Humor und weibliche Autorschaft

Irmgard Keun (1905-1982) ist inzwischen längst keine vergessene Autorin mehr, was an der Fülle der in den letzten Jahren publizierten Forschungsliteratur zu ihren Texten ablesbar ist. Dagegen ist die Bestsellerautorin Alice Berend (1878-1938) weitgehend vergessen.[21] Zu ihren Texten existiert, von verstreuten Bemerkungen abgesehen, praktisch kaum Forschung.[22] Zeitgenössisch waren die Romane dieser heute nahezu unbekannten Autorin einem breiten Publikum ein Begriff. Während der aktuelle Brockhaus sie nicht mehr kennt, ist im Brockhaus von 1929 noch ein Eintrag zu ihr zu finden, der ihr Profil folgendermaßen skizziert: Ihre Romane „vereinen Kleinmalerei mit humorvoller Stilisierung"[23]. So oder ähnlich ist ihr Werk stets charakterisiert, wenn man in den Feuilletons des Kaiserreichs und der Weimarer Republik auf Stimmen über sie stößt. Sie habe einen Blick für Details und Menschenkenntnis gehabt und als Markenzeichen Humor. So konstatiert 1919 ein Rezensent: „Alice Berend ist längst als eine der seltenen Frauen von echtem, schöpferischem Humor anerkannt."[24] Offenbar aufgrund der von ihr in ironisch verhaltenem Stil realistisch geschilderten bürgerlichen Milieus in Berlin habe sie den Beinamen getragen: „Die kleine Fontane"[25] – so wird jedenfalls kolportiert. Das Attribut der „Schülerin und Fortsetzerin Theodor Fontanes"[26] gab ihr aber womöglich erst Kurt Pinthus – ein Jahr bevor die Nationalsozialisten die Werke der Schriftstellerin auf die ‚Liste des schädlichen und unerwünschten Schrifttums' setzten. Im Kaiserreich hatte sie „als waschechte Vertreterin des Berliner und wohl auch jüdischen Humors" großen Publikumserfolg, ihre Unterhaltungsromane „beeindrucken durch zielsichere Pointen und stehen fest auf dem Boden der Bürgerlichkeit, die sie abschildern und ironisch verulken"[27]. Dies setzte sich in der Weimarer Republik fort. So erreichte ihr Erfolgsroman *Die Bräutigame der Babette Bomberling* (1915), der heute eine weitgehend anonyme Popularität als narratologisches Exempel fristet,[28] nicht nur 1922 eine Neuauflage mit zahlreichen weiteren Auflagen, sondern er wurde auch verfilmt (Uraufführung in Berlin am 4. April 1927 im Ufa-Palast am Zoo). Zu ihrem im Vorjahr erschienenen Roman *Das verbrannte Bett* (1926) bemerkt eine Rezension, es handle sich um

> […] Erlebnisse, wie es tausende gibt, wie wir sie alle schon erlebt haben, fast ohne es zu merken. Aber Alice Berend hat sie gemerkt und erzählt sie mit einem verschmitzten Lächeln so trocken herunter, daß man manchmal laut herauslachen muß. Ein sehr lustiges Buch![29]

Berend hatte einen Ruf als Humoristin, auf den sich auch Kurt Tucholsky bezog. Vernichtend ist seine Bemerkung über die Autorin in der *Weltbühne* vom 19. Juli 1923: „Alice Berend, die ebenso spießig ist wie die Männlein und Weiblein, über die sie sich lustig zu machen vorgibt."[30] Nur unwesentlich freundlicher hatte er sich an anderer Stelle geäußert, in einer Kritik, in der er ihren Romanen die Glaubwürdigkeit authentischer Lebensschilderung absprach, weil es ihnen an „echten menschlichen Zügen" mangele, sie stattdessen künstliche Szenerien arrangierten; es handle sich um

> […] Marionettentheater, die Sie uns da aufgebaut haben, liebe Frau Verfasserin. Die Figuren schweben immer alle ein bißchen in der Luft und haben ihre wackelnden Beinchen nie auf der festen Erde. Sie fühlen nicht mit ihren kleinen Leuten […]. Sie fühlen über sie. Sie arrangieren Ihre Puppen ganz reizend, […] jedes Situätiönchen platzt, wenn es so weit ist, mit einem leisen Pointenknall. […] Das ist freilich entzückend bei Ihnen. Ein bißchen Sternheim, ein bißchen Busch, aber auch ein bißchen Berend.[31]

Der Vergleich mit Carl Sternheim, berüchtigt durch seine bürgerliche Ideologie entlarvenden Lustspiele, und Wilhelm Busch, bekannt für den schwarzen Humor seiner grotesken Bildergeschichten über die bürgerliche Gesellschaft, ist nur vordergründig ‚ein bisschen' ein Lob. Tatsächlich steht das Artifizielle in der Kritik, die Tatsache, dass die Texte der Autorin dem Kritiker ‚gemacht' und nicht ‚gefühlt' erscheinen. Tucholsky reproduziert somit eines der hartnäckigsten Vorurteile zu weiblicher Autorschaft: Wenn diese akzeptabel sein soll, dürfe sie nicht artifiziell kalkuliert sein, sondern habe sich vom Gefühl leiten zu lassen, um authentisch zu sein. Dem Roman *Das kunstseidene Mädchen* bescheinigte der Kritiker dagegen „Fülle von übersprudelndem Humor, sprühendem Witz" im „Lachen und Weinen echter Volkstümlichkeit" und somit Authentizität.[32] Schon zuvor hatte Tucholsky in der *Weltbühne* über die Verfasserin von *Gilgi – eine von uns* geurteilt: „Eine schreibende Frau mit Humor, sieh mal an!"[33] Abgesehen davon, dass diese in recht überheblichem Ton verfasste Kritik auch an Keun einiges bemäkelte, deutlich ist, dass er der jungen Autorin dasjenige Attribut verlieh, für das Berend bekannt war, nämlich eine Humoristin zu sein. Otto Ernst Hesse, Feuilletonchef der *B.Z. am Mittag*, würdigte Keuns Debütroman vermutlich inspiriert durch Tucholskys Urteil unter der Überschrift *Eine Frau mit Humor*. Er stellte allerdings den Vergleich an, der sich mit Blick auf das Profil der bereits als Schriftstellerin etablierten älteren Autorin anbot: „Humor bei Frauen ist selten. Alice Berend hat nicht viele Schwestern. Irmgard Keun […] stößt jetzt zu ihr."[34]

Der Aspekt Humor verbindet die beiden Schriftstellerinnen, außerdem die Tatsache, dass beide forciert Zeitromane schrieben. Nicht nur Keun, die um 27 Jahre jüngere Autorin, auch Berend nahm stets und so auch während der Weimarer Republik in ihren Romanen Themen der Zeit auf, etwa in ihrem Roman *Der Herr Direktor*. Merkwürdig ist, dass sie als eine der „Vertreterinnen der älteren Generation"[35] schreibender Frauen in der Weimarer Republik in der aktuellen Forschung zur Neuen Frau in ungünstigem Licht erscheint, wenn es etwa heißt, bei „Alice Berend" lasse sich „verfolgen, wie sie Vorstellungen oder auch Klischees der ‚Neuen Frau' in ihren Romanen der Zwanziger Jahre aufzugreifen sucht"[36]. Tatsache ist, dass sie Diskurse der Zeit aufgreift und zu ihren während der Weimarer Republik entstandenen Texten bisher keine Forschung existiert. Es wäre interessant, danach zu fragen, ob Berend das realistische Schreiben des 19. Jahrhunderts im 20. Jahrhundert zugespitzt hat oder was es mit ihrem Humor auf sich hat – gerade im Vergleich mit Keun.

Differenzen – gegenläufige Typisierungen der Sekretärin und deren Dialektik

Berends Roman *Der Herr Direktor* wurde wieder mit Blick auf ihr Profil als Humoristin rezensiert.

> Jedes Buch von Alice Berend ist einer großen Lesergemeinde willkommen, so auch ihr neuer Roman [...], weil sie auch hier wieder in ihrem eigenen Stil und der durch Ironie gemilderten Schärfe ihrer Beobachtungsgabe die Umwelt eines Berliner Direktors amüsant und scharf schildert, wobei ihr stärkster Vorzug, wie in allen anderen Werken, auch hier unaufdringlich zur Erscheinung kommt: der Glaube, daß all unser Tun sich nach bestimmten Gesetzen abspielt, so daß man auch das Törichteste mit einem Lächeln verstehen kann.[37]

Der Roman über den Direktor einer Glühlampenaktiengesellschaft vor der Weltwirtschaftskrise enthält eine aufschlussreiche Nebenhandlung, welche die Sekretärin dieses Direktors betrifft und in der dieser Beruf tatsächlich durch bestimmte ‚Gesetze‘ determiniert erscheint – dies alles, wenn man so will, ‚amüsant‘ und ‚scharf‘ geschildert. Die langjährig für die Firma überaus zuverlässig tätige Sekretärin Betty Wegfraß entschließt sich im Verlauf dieser Nebenhandlung, der mangelnden Anerkennung ihrer Leistung überdrüssig, sich selbständig zu machen, da sie endlich „Machtgefühl eintauschen" will „gegen Unterwürfigkeit".[38] Sie kündigt, als sie einen Mechaniker kennen lernt, der gebrauchte Schreibmaschinen reparieren, sie heiraten und mit ihr ein Schreibbüro eröffnen will. Daraus wird nichts. Sie heiratet stattdessen quasi notgedrungen einen Bekannten des Heiratsschwindlers und – ihre Kündigung war einfach ignoriert worden – ihr Gatte, Chauffeur bei einem Bestattungsunternehmen, verfasst einen Brief an die Firma:

> Darin bedauerte ein Herr Richter, nicht mehr gestatten zu können, daß sich seine Gattin Betty, geborene Wegfraß, durch fremden Dienst ihrer Häuslichkeit fernhalte.
> Aus der Ferne kostete Fräulein Wegfraß, verehelichte Richter, diesen Augenblick der Brieflektüre aus. Der Augenblick war da, wo jemand erfuhr, was sie bedeutete.
> Aber Wirklichkeit und Phantasie blieben zweierlei auch hier.
> Direktor Bohlen verstand erst gar nicht den Inhalt dieses gravitätischen Berichtes, der seine Eile hemmte.[39]

Die Anerkennung ihrer Person in der Firma wird der in ihren Illusionen verfangenen Sekretärin bis zuletzt nicht zuteil. Ihre Ehe, als eine Art Notbehelf geschlossen, erscheint im Licht einer bitteren Komik, kann sie doch nun die von ihr geliebte, zumindest perfekt beherrschte Sekretärinnentätigkeit nicht mehr ausüben. Dabei hatte sie vor, Beruf und Ehe zu vereinbaren. Die distanziert ironische Erzählung dieses hinsichtlich weiblicher Emanzipation absurden Geschehens hat auch in diesem Roman Berends den „Effekt", dass „der Leser […] eine wohlwollende und nachsichtige, aber auch distanzierte Sichtweise gegenüber den Figuren […] einnimmt", und es „gestaltet sich das Lesen als ein aktiver Prozess, da die eingefügten Kommentare zum Nachdenken anregen".[40] Ein solcher Kommentar ist die auktoriale Bemerkung zur Diskrepanz zwischen Phantasie (den auf Macht zielenden Wunschvorstellungen der vormaligen Arbeitnehmerin) und Realität (die Ohnmacht der Sekretärin, welche durch das Unverständnis des Chefs für den ihm völlig gleichgültigen Kündigungsbrief offenbar wird).

Die eigentliche (bittere) Pointe liegt aber darin, dass Betty Wegfraß gänzlich unspektakulär am Ende schlicht und einfach durch eine andere Sekretärin ersetzt worden ist, durch Lorhanne Fröhlich, die in ihrer Funktion präsent ist mit der Beschreibung eines Zeitungsfotos, das den erfolgreichen Unternehmer mit seiner Sekretärin zeigt, den Direktor, „ein Blatt in der Hand, lächelnd diktierend, einem jungen Fräulein…[41]. Mit diesen Worten schließt der Roman, der sich mit der skizzierten Nebenhandlung zugleich als ein verkappter Sekretärinnenroman darstellt.

Das junge Fräulein Lorhanne Fröhlich hat das ältliche Fräulein Betty Wegfraß ersetzt. Mit der Differenz zwischen dem Lebensalter der beiden Sekretärinnen ist einer der wesentlichen Unterschiede zwischen ihnen markiert, die auf generelle Differenz angelegt sind und auf Typisierung zielen. Mit den beiden Sekretärinnen präsentiert der Roman zwei auf der Oberfläche ihrer äußerlichen Erscheinung gegensätzliche Typen von Vertreterinnen dieses Berufs. Dem frischen, jugendlichen, modebewussten Typ, den auch Gilgi verkörpert und der zu den medial produzierten „Normaltypen"[42] der Angestelltenkultur zählt, die Siegfried Kracauer kritisch kommentiert hat, entspricht Fräulein Fröhlich.

Das kleine Fräulein, blond, zartwangig, graziös wie ein Filmstar, der sie
wahrscheinlich auch heimlich zu werden wünschte, folgte dem schnellen
Diktat mit gescheitester Anpassung. Eine entzückende Frische ging von ihr
aus.[43]

Als deren Gegentypus ist Betty Wegfraß konzipiert, die den Anschein
erweckt, „sie wäre immer da, aber man spüre sie nie", die „unschein-
bar" wirkt, von „farblosen kleinlichen Gedanken" erfüllt ist und sich
„bescheiden" gibt.[44] Mit ihren „knochigen Altmädchenlinien unter
der grauen, muffigen Langrockigkeit"[45] erscheint sie erotisch unat-
traktiv, weil unmodern gekleidet. Gleich zu Beginn, als sie in das
Romangeschehen eingeführt wird, ist sie bereits ausdrücklich vorge-
stellt als das Gegenteil „einer jener Frischen, Blonden, Niedlichen,
Kurzröckigen, Langbeinigen, Hellstrümpfigen, Parfümierten, Rotlip-
pigen, mit Glitzernägeln an den Tippfingern"[46]. Dem unscheinbaren,
grauen, ältlichen Typ zuzuordnen ist in Keuns Roman *Das kunstseidene Mädchen* „Therese, die auch auf dem Büro und meine Freundin
ist: […] ganz vertrocknet und 38 geworden […] und sagt 30 – und 40
sieht man ihr an"[47], wie Doris (die selbst alles andere als eine tüchtige
Sekretärin darstellt[48] und dann vor Büro und Berufswelt auch die
Flucht ergreift) die Kollegin charakterisiert. In *Gilgi – eine von uns* ist
der Typus vertreten durch die „Trostlosen" in der Straßenbahn, sie
„sind grau und müde und stumpf".[49] Die Monotonie ist ihnen in das
Gesicht geschrieben: „Achtstundentag, Schreibmaschine, Steno-
grammblock, Gehaltskürzung, […] immer dasselbe. Gestern, heute,
morgen – und in zehn Jahren."[50] In Keuns Romandebüt ist dieser
Typus als Gegentypus zur Titelfigur außerdem repräsentiert durch die
namenlose „Blasse" mit dem „alten Gesicht, der latschigen Haltung,
mit den matten, blicklosen Augen und den häßlichen Kleidern", wie
Gilgi ihre glücklose Konkurrentin auf dem Arbeitsmarkt wahrnimmt.[51]

Beide gegensätzlich angelegten Typen haben aber gemeinsam,
dass sie über ihren Beruf definiert sind. In *Der Herr Direktor* wird dem
„kleinen eifrigen Persönchen" Fräulein Fröhlich „Tüchtigkeit" attestiert, Kompetenzen im Diktat und in allem, was eben anliegt.[52] Der
Unterschied zu ihrer Vorgängerin liegt vor allem darin, dass ihre attraktive Erscheinung von ihrem Chef im Arbeitsalltag (noch) wahrgenommen wird. Anders bei ihrer Vorgängerin: „Fräulein Wegfraß,
hereingerufen, hinausgeschickt, ans Telephon gerufen, wieder geholt
und doch nicht bemerkt, stenographierte, tippte, kopierte, verbes-
serte."[53] Sie nimmt sich als „pflichtvolles Werkzeug"[54] wahr, das sich

gerade vor ihrer Kündigung nochmals forciert als funktionstüchtig erweist.

> Fräulein Wegfraß mußte sich eingestehen, ihre geschäftlichen Obliegenheiten in diesen Wochen nicht anders erledigt zu haben, wie wenn sie selbst eine Maschine wäre. Sie hatte getippt, sie hatte telephoniert, sie hatte Bestellungen ausgerichtet wie ein seit Jahren selbsttätig eingeschalteter Apparat.[55]

Die berufsbedingte körperliche Zurichtung der Sekretärin zu einer lebenden (Schreib-)Maschine erfolgt im Laufe ihres Berufslebens, aus einem Fräulein Fröhlich wird einmal ein trauriges Fräulein Wegfraß werden. Die zeitlich versetzte Identität der beiden Sekretärinnentypen klingt mit dem lapidar erzählten Austausch von ,alt' in ,jung' auf der Handlungsebene an. *Gilgi – eine von uns* thematisiert mit der Verwandlung von ,jung' in ,alt' dieses Entwicklungsschema umgekehrt, wenn es über die Titelfigur heißt: „Braves, dummes, kleines Bürgermädchen – arbeitest dir Spinnweben ins Gesicht – warum?"[56] *Der Herr Direktor* macht auch auf einer synchronen Ebene eine Verwandlung ,alt' in ,jung' sichtbar, in dem ironisch geschilderten Emanzipationsversuch von Betty Wegfraß, die mit beruflicher Selbständigkeit mitsamt modischer Neuorientierung eine Neue Frau werden will. Als der Versuch scheitert, heißt es über die nun nicht mehr berufstätige Ehefrau, die so gerne ein eigenes Schreibbüro betrieben hätte, „sie behielt die moderne Kleidung bei"[57].

Mit den dialektisch aufeinander bezogenen Differenzen in den gegenläufigen Typisierungen der Sekretärin erweist sich der Alltagsmythos Neue Frau als eine äußerst ambivalente kulturelle Konstruktion – dies ist in den Texten von Irmgard Keun und Alice Berend kenntlich. „Das steht doch schon alles in den Romanen"[58] – mit diesen Worten einer Sekretärin über ihr Büroleben hatte Kracauer 1930 sein inzwischen berühmtes Buch *Die Angestellten* eröffnet, auch aus heutiger Sicht mit guten Gründen, wenn man sich die erörterten Sekretärinnenromane vergegenwärtigt.

Anmerkungen

1   Inge Stephan: Die Neue Frau. In: Wolfgang Beutin; Klaus Ehlert; Wolfgang
    Emmerich u.a. (Hrsg.): Deutsche Literaturgeschichte. Von den Anfängen bis
    zur Gegenwart. Stuttgart/Weimar 2008, S. 402-406, hier S. 402.

2   Ute Frevert: Kunstseidener Glanz. Weibliche Angestellte. In: Kristine von
    Soden; Maruta Schmidt (Hrsg.): Neue Frauen. Die zwanziger Jahre. Berlin
    1988, S. 25-31, hier S. 25.

3   Vgl. Christiane Koch: Sachlich, sportlich, sinnlich. Frauenkleidung in den
    zwanziger Jahren. In: von Soden; Schmidt (wie Anm. 2), S. 16-19.

4   Stephan (wie Anm. 1), S. 402. Der Begriff ‚Tippfräulein' war allerdings be-
    reits im Kaiserreich verbreitet, wie eine Bemerkung von Karl Kraus in der
    Fackel vom 16. Juli 1913 belegt: „Aber wie erkennt man die Tippfräulein?
    Tragen sie jede ihre Schreibmaschine? Nicht doch. Also laufen sie wohl so:
    tipp, tipp, tipp…" *Die Fackel* 15 (1913). Nr. 378/379/380, S. 15.

5   Vgl. Katharina Sykora: Die Neue Frau. Ein Alltagsmythos der Zwanziger
    Jahre. In: Katharina Sykora; Annette Dorgerloh; Doris Noell-Rumpeltes u.a.
    (Hrsg.): Die Neue Frau. Herausforderungen für die Bildmedien der Zwanzi-
    ger Jahre, Marburg 1993, S. 9-24.

6   Irmgard Keun: Gilgi – eine von uns. Roman. München 2002, S. 101.

7   Christa Jordan: Zwischen Zerstreuung und Berauschung. Die Angestellten in
    der Erzählprosa am Ende der Weimarer Republik. Frankfurt am Main 1987,
    S. 118.

8   Christa Anita Brück: Schicksale hinter Schreibmaschinen. Berlin 1930, S. 218.

9   So lautet der Klappentext auf dem Schutzumschlag der Erstausgabe.

10 So in einer Werbung aus dem Jahr 1924. Vgl. Leonhard Dingwerth: Die Ge-
    schichte der deutschen Schreibmaschinen-Fabriken. Bd. 2. Delbrück 2008, S.
    187.

11 Vgl. die Diskussion im *Vorwärts* innerhalb der Erstrezeption des Romans in:
    Stefanie Arend; Ariane Martin (Hrsg.): Irmgard Keun 1905 / 2005. Deutun-
    gen und Dokumente. Bielefeld 2005, S. 61-130.

12 Keun (wie Anm. 6), S. 16.

13 Ebd., S. 135.

14 Ebd., S. 106.

15 Ebd., S. 21.

16 Ebd., S. 100.

17 Ebd., S. 139.

18 Ebd., S. 121.

19 Ebd., S. 82.

20 Friedrich A. Kittler: Aufschreibesysteme 1800/1900. München 1987, S. 364.

21 Der Berliner Verlag AvivA hat seit 1998 immerhin aber drei Romane
    Berends wieder aufgelegt.

22 Soweit ich sehe, befasst sich lediglich eine neuere Studie ausführlicher mit
    dem Werk dieser Autorin, mit einigen ihrer Romane aus dem Kaiserreich.
    Vgl. Stephanie Günther: Weiblichkeitsentwürfe des Fin de Siècle. Berliner
    Autorinnen: Alice Berend, Margarethe Böhme, Clara Viebig. Bonn 2007.
    Vgl. außerdem Petra Budke; Jutta Schulze: Schriftstellerinnen in Berlin 1871-

1945. Ein Lexikon zu Leben und Werk. Berlin 1995, S. 50-53. Ansonsten ist die Autorin mit eher knappen Einträgen in einigen weiteren Autorenlexika aufgeführt.

23 Der große Brockhaus. Handbuch des Wissens in zwanzig Bänden. Bd. 2. Leipzig 1929, S. 540.

24 *Die neue Bücherschau*, H. 2 (1919), S. 16.

25 Walter Killy (Hrsg.): Deutsche Biographische Enzyklopädie. Bd. 1. Darmstadt 1995, S. 436. Vgl. Anke Heimberg: Fontanes Schülerin? Wieder-zuentdecken: die deutsch-jüdische Romanschriftstellerin Alice Berend. In: *literaturkritik.de* 3 (2001). Nr. 8 (letzter Zugriff 14.7.2009).

26 Pinthus (Rundfunk-Typoskript vom 26.8.1932, Deutsches Literaturarchiv Marbach); Budke; Schulze (wie Anm. 22), S. 51.

27 Peter Sprengel: Geschichte der deutschsprachigen Literatur 1900-1918. München 2004, S. 159f.

28 „Aber am Vormittag hatte sie den Baum zu putzen. Morgen war Weihnachtsabend." Alice Berend: Die Bräutigame der Babette Bomberling. Berlin 1915, S. 93. Diese beiden Sätze hat Käte Hamburger in ihrem Buch *Die Logik der Dichtung* zur Illustration des epischen Präteritums mit Angabe der Quelle zitiert und damit berühmt gemacht. Bei späteren Hinweisen auf diese beiden inzwischen in der Erzählforschung legendären Sätze wird die Quelle Hamburgers, Berends Roman, kaum mehr genannt, der Name der Autorin oft unterschlagen. Eine solche Anonymisierung wirft ein bezeichnendes Licht auf den Zusammenhang von weiblicher Autorschaft und Prozessen der Kanonisierung.

29 *Der Querschnitt* 7 (1927), S. 457.

30 *Die Weltbühne* 19/2 (1923), S. 65.

31 Kurt Tucholsky: Gesamtausgabe. Bd. 2. Hrsg. von Bernhard Tempel, Hamburg 2003, S. 73.

32 Tucholsky zitiert nach: Arend; Martin (wie Anm. 11), S. 78.

33 Tucholsky zitiert nach: Ebd., S. 66.

34 Hesse zitiert nach: Ebd., S. 75.

35 Walter Fähnders; Helga Karrenbrock (Hrsg.): Autorinnen der Weimarer Republik. Bielefeld 2003, S. 12

36 Fähnders; Karrenbrock (wie Anm. 35), S. 12f.

37 *Deutsche Rundschau* 55 (1929), S. 81.

38 Alice Berend: Der Herr Direktor. Roman. Mit einem Nachwort von Britta Jürgs. Berlin 1999, S. 112.

39 Berend (wie Anm. 38), S. 170.

40 Günther (wie Anm. 22), S. 362.

41 Berend (wie Anm. 38), S. 174.

42 Die neue Schicht der Angestellten habe „in Berlin und den übrigen großen Städten […] unstreitig zur Heraufkunft gewisser Normaltypen […] geführt", darunter die „Stenotypistinnen", welche „in den Magazinen und den Kinos dargestellt und zugleich gezüchtet werden. Sie sind ins Allgemeinbewusstsein eingetreten, das sich nach ihnen sein Gesamtbild von der Angestelltenschicht formt." Siegfried Kracauer: Die Angestellten. Aus dem neuesten Deutschland. Mit einer Rezension von Walter Benjamin. Frankfurt am Main 1971, S. 65.

[43] Berend (wie Anm. 38), S. 172.

[44] Ebd., S. 14ff.

[45] Ebd., S. 18.

[46] Ebd., S. 14.

[47] Irmgard Keun: Das kunstseidene Mädchen. Roman. Nach dem Erstdruck von 1932, mit einem Nachwort und Materialien hrsg. von Stefanie Arend u. Ariane Martin, Berlin 2005, S. 12.

[48] Vgl. zu Doris in diesem Band den Beitrag von Isabelle Stauffer: Von Hollywood nach Berlin. Die deutsche Rezeption der Flapper-Filmstars Colleen Moore und Clara Bow.

[49] Keun (wie Anm. 6), S. 15.

[50] Ebd., S. 14.

[51] Ebd., S. 84.

[52] Berend (wie Anm. 38), S. 172.

[53] Ebd., S. 51.

[54] Ebd., S. 93.

[55] Ebd., S. 156.

[56] Keun (wie Anm. 6), S. 104.

[57] Berend (wie Anm. 38), S. 156.

[58] Kracauer (s. Anm. 42), S. 10.

City Girls im Büro

Schreibkräfte mit Bubikopf

von Annegret Pelz

In dem Film *IT* von Clarence Badger (USA 1926/27) schneidet das It-Girl Clara Bow in Vorbereitung auf ein Abendessen im Ritz den weißen Kragen aus dem Verkäuferinnenkleid und verwandelt so das Alltagskleid des *Working Girls* in ein elegantes Abendkleid. Der eng anliegende knabenhafte Bubikopf, das Symbol der Neuen Frau in der Weimarer Republik,[1] braucht bei diesem Verwandlungsakt nur geschüttelt zu werden und schon ist das *Outfit* perfekt. Auf den Schnitt – ins Kleid und in die Hochsteckfrisur des Kaiserreiches – kommt es an. Er markiert den Traditionsbruch an der Oberfläche der Erscheinung. Es waren die Schneider und nicht die Vorkämpferinnen der Emanzipation, meint daher Robert Musil in seinem Essay *Die Frau gestern und morgen,* die die entscheidende Schlacht um den neuen internationalen Frauenstil geschlagen haben.[2] Alle weiteren Übergänge, so auch Heinrich Mann in seinem Essay *Der Bubikopf* von 1926, sind nach vollzogenem Schnitt mit Leichtigkeit zu meistern. Die Frisur sei „nicht nur hübsch, [sondern] auch praktisch", man kann mit dem Bubikopf „sowohl tanzen und Sport treiben wie auch in Fabriken arbeiten".[3] Doch der Film von Clarence Badger macht deutlich, dass der neue Stil von den Trägerinnen des Bubikopfs weit mehr als einen oberflächlichen Schnitt verlangt. Das gewisse Etwas ist nicht allein mit einer neuen Frisur zu haben. Das zeigt sich an der Figur der wohlhabenden, blonden Gegenspielerin des It-Girl, die ebenfalls die Haare bubikopfkurz trägt, doch hier verträgt sich die neue *Physical Attraction* nicht mit traditionsgebundener Gemessenheit und Etikette, sie entsteht vielmehr aus der Bereitschaft konventionelle und soziale Grenzen zu überschreiten und verlangt auch biografisch tiefgehende Schnitte.

Auch in Carl Sternheims Roman *Europa* (1920) markiert eine Haarschneideszene der 17-jährigen Tochter eines Amsterdamer Kunsthändlers den Willen zum Aufbruch in die moderne, großstädtische Welt des gründerzeitlichen Berlins.[4] Das junge Mädchen war von seinem Vater in der pazifistischen Hoffnung, ihr Leben möge ein Beitrag zur Einigung des gespaltenen Kontinents sein, auf den Namen Europa getauft worden. Diese moderne, christlich-jüdische Allegorie der Europa wird nicht mehr von Zeus auf einer Blumenwiese, sondern von dem sprudelnden großstädtischen Leben Berlins verführt. Als Zeichen des Traditionsbruchs und des Neuen schneidet sich das Mädchen vor dem Eintauchen in die großstädtische Anonymität die langen roten Haare kurz. Zu Hause im fernen Amsterdam war die Krone ihrer „roten Haarflut", ein „Schopf rotgoldener Flechten", noch in „Hut und Netzen versteckt" geblieben, es wurden die Schlüssellöcher verhängt, „ehe sie aus Zöpfen Nadeln zog und den Kamm vom Scheitel bis in die Kniekehlen" schleifte.[5] Doch jetzt schnitt Europa, „weil zu Tennis und Golf sie rasch und fesch sein musste, [und weil] zur Silhouette des Rocks bis zum Knie und bubenhafter Knappheit irgendwelche Fülle nicht passte, ihr goldenes Vließ vom Kopf und ging mit kurzem Schopf zu Spiel und Sport"[6]. Die „Wallfahrtskirche" ihres neuen großstädtischen Lebens ist „Wertheims Warenhaus" und das Glück ihres beschleunigten Konsums besteht darin, dass dieser in allem die Antithese zu dem traditionellen Kunsthandel des Vaters bildet: „Keine Reliquien von ehemals, […] nichts saumselig Barockes, geklügelt Erdichtetes, für einzelne Anspruchsvolle Zurechtgebasteltes" wurde hier mehr bereitgehalten, vom „Aufstehen bis zum Schlafengehen" wurde alles Notwendige durch den banalen Zufall geregelt.[7]

Anders als Sternheims wohlhabende Konsumentin darf die „Frau im Beruf" jedoch nichts dem Zufall überlassen. Die Frage des *Outfits* ist hier keine individuelle Lebensentscheidung, sondern berufliche Überlebensnotwendigkeit. Die Modemagazine *Die Dame* (1928) und *UHU* (1932) werden nicht müde, auf die enge Verbindung von beruflichem Erfolg und äußerer Erscheinung hinzuweisen: „Wie das Gesicht des Werktags sich gewandelt hat, seit Frauen neben den Männern wirken!", heißt es in einer zeitgenössischen Shampoo-Werbung (Abb. 1).[8] „In Amtsstuben und Kontore haben sie Glanz und Helle getragen, an Schaltern strahlt ihr freundliches Lächeln, ihr Dasein erfrischt, ihre Arbeit erzwingt Respekt." Das Aufstiegsversprechen ist unmittelbar an das äußere Erscheinungsbild gebunden: „Wenn wir ihnen nach Dienstschluß begegnen, in Theatern und Restaurants, an den Stätten des Sports oder auf Urlaubsreisen", heißt es weiter, „dann bemerken wir, angenehm überrascht, daß sie den Damen der großen Welt in jeder Hinsicht gleichen – das macht, weil sie, gleich diesen, streng auf sich achten, den Körper mit Sorgfalt pflegen." Bei allem ist die Frisur der Ausweis und die Quelle des Erfolges: „Fragst Du sie einmal von ungefähr, mit bewunderndem Blick auf ihr Haar, erhältst Du die lächelnde Antwort: ‚*Ganz einfach, mit Pixavon!*‛" Die Anzeige einer Praxis für künstlerische Chirurgie am Kurfürstendamm sagt auch hier, dass der Schnitt tiefer geht und nicht oberflächlich bleiben kann. Denn wenn eine Bewerbung erfolglos bleibt, und „trotz großen Könnens" wieder „eine andere […] die so sehr begehrte gute Position" erhielt, liegt es vermutlich daran, dass „eben Ihre äußere Erscheinung nicht ansprechend genug [war]. Das müssen Sie ändern! Kommen Sie zu uns, wir beraten Sie, wir helfen Ihnen!"[9] (Abb. 2)

Abb. 1 Pixavon-Werbeanzeige (1926)   Abb. 2 Bihlmaier's Institut-Werbeanzeige
in: *UHU* (1932)

Biografischer Schnitt und Typeninszenierung

In den Romanen der 1920er Jahre vollzieht sich der entscheidende biografische Schnitt mit dem Wechsel von der Provinz in die Großstadt. Erst die Trennung aus dem Herkunftsmilieu setzt das freie Spiel von Aufstieg und Absturz in Gang. In Irmgard Keuns Erfolgsroman *Das kunstseidene Mädchen* (1932), der ursprünglich „Mädchen ohne Bleibe" heißen sollte,[10] kündigt das Mädchen seine Arbeitsstelle in der mittleren Stadt Köln, um in Berlin ein Teil der großstädtischen

Masse zu werden. Ausgestattet mit einem Handkoffer und angezogen
von der trügerischen Hoffnung, in der Großstadt auch als Indivi-
duum von innen her Glanz zu entfalten, beginnt ein großstädtisches
Leben in Warteposition auf den großen Moment. Auch das KPD-
Mitglied, der Schriftsteller und Journalist Rudolf Braune, lässt in seinem Roman *Das Mädchen an der Orga Privat. Ein kleiner Roman aus Berlin* (1930) (Abb. 3) ein schüchternes 18-jähriges Mädchen aus einer
kleinstädtischen Industrieregion im Frühjahr 1928 allein und mit einem großen Koffer auf dem Berliner Anhalter Bahnhof ankommen:
„Niemand erwartet sie. Niemand beachtet sie in dem Gewühl dieses
Berliner Arbeitsmorgens.“[11] Die ausgebildete Stenographin Erna
Halbe geht an Wertheim und Tietz vorbei zum Alexanderplatz, mie-
tet ein möbliertes Zimmer, durchquert an ihrem ersten Arbeitstag
lange Gänge mit Schreibmaschinengeklapper und trifft nach der Er-
mahnung ihres Chefs, sich „in Berlin ein bißchen in acht“[12] zu nehmen und die Arbeit gut und sorgfältig zu machen, im Sekretariat auf
ihre neue Kollegin, die sie an Clara Bow erinnert: „Die braunen
Haare fallen der Lotte anmutig in die Stirn, Ponyfrisur, dichtes wei-
ches Haar.“[13] Der Roman entwirft seine Protagonistin jedoch als eine
standfeste Gegenfigur der immer in zappeliger Bewegung befindli-
chen Clara Bow.[14] Wie diese beginnt auch das Mädchen aus der Provinz den Akt der Selbstherstellung mit einem Schnitt ins Kleid. Die
Angestellte präpariert sich aber nicht für einen Abend im Ritz, sie
braucht ein schönes, modernes Alltagskleid für das Büro und für die
Straße. Und indem sie dieses selbst schneidet und näht, behält sie die
Fäden beim Übergang in die Großstadt im wahrsten Sinn des Wortes
selbst in der Hand: „Als sie zu schneiden anfängt, […] trennt [sie] die
Schnüre los und näht einige Falten zusammen“[15] und erschrickt vor
ihrem frechen, modischen Gesicht im Spiegel. Dann aber kämmt sie
sich „das Haar vorn in die Stirn und schneidet kurz entschlossen mit
der Schere eine Ponyfrisur“, so dass sich „jetzt ihr flammender
Schopf in die hohe Stirn [wellt und] die hässliche Erna verschwindet.
Hurra!“[16]

Anders als die anderen Schreibkräfte, die Fabrikarbeiterinnen waren, bevor sie Stenotypistinnen wurden, und die vor allem das Ziel haben, viel Geld zu verdienen, ist Erna Halbe entschlossen, auch als moderne Großstädterin kein ortloses und entfremdetes Leben zu führen.
Zwar will auch dieses 19-jährige Büromädchen, das in einer „strengen
klaren Arbeiterwelt“[17] aufgewachsen ist, in der Großstadt ihr Glück
versuchen, doch ist das Ziel nicht der soziale Aufstieg um jeden Preis.
Anders zu handeln bedeutet hier, die Bindung an die einfache Her-

kunft als klare Orientierung in der verwirrenden großstädtischen Sphäre zu behalten. Das verdiente Geld soll der Familie zugutekommen: „Zu denen gehöre ich und nicht hierher, das werde ich nie vergessen."[18] Aus diesem ungebrochenen Herkunftsbezug entwickelt der Roman seine Perspektive auf die Lösung von Klassenkonflikten. Erna Halbe vollzieht keine Trennung, sie löst sich nicht aus ihren bisherigen familiären und sozialen Zusammenhängen, sondern ist, wie der Name schon sagt, nur halbe, niemals ganze Großstädterin. Falls das Berliner Experiment misslingt, kann die Angestellte auf familiäre Solidarität rechnen. Das hebt diese eine, vor dem Hintergrund ihrer Klassenzugehörigkeit furchtlos agierende Schreibkraft aus der Masse der anderen heraus, die sich nicht nur vor Arbeitslosigkeit, sondern auch vor der eigenen Familie fürchten müssen – nach einer misslungenen Abtreibung vor den Blicken der Mutter oder davor, dass dem Ehemann bei einer Scheidung die Kinder zugesprochen werden.

Siegfried Kracauer beschreibt die Romane von Braune und den gleichzeitig erschienenen Roman *Schicksale hinter Schreibmaschinen* von Christa Anita Brück (1930) (Abb. 4) in einer Rezension als „Anklage und Hilferuf" und als Beweis für das Literaturfähigwerden der Angestellten.[19] Tatsächlich will der als „Erlebnisbuch" angekündigte Ro-

Abb. 3   Abb. 4

man von Christa Anita Brück den namenlos arbeitenden weiblichen Schreibkräften, die „Tag für Tag hinter der Schreibmaschine ihre Pflicht erfüllen", eine Stimme geben.[20] Die Art und Weise, in der die Ich-Erzählerin im Roman ihren Arbeitsplatz hinterlässt, der „Maschine das Wachstuchverdeck" überstülpt, die „Papiere im Material-schränkchen" ordnet, „Mitteilungen [...] auf Mitteilungen" schichtet und die „Blaubogen", wie es gehört, „in die langen Pappkästen" und so wie es Fräulein Miltz gelehrt hat, das Durchschlagpapier „streng getrennt nach ganzen und halben Bogen in das Mittelfach" legt und „noch rasch den Papierkorb unter den Schreibtisch" rückt, so dass sie am Ende sagen kann, dass sie ihren „Arbeitsplatz in mustergültiger Ordnung verlasse", dieser Umgang mit den Schreibmaterialien macht deutlich, dass eine gute Schreibkraft darum bemüht sein muss, beim Ausüben ihrer Tätigkeit keinerlei individuelle Spuren zu hinterlassen.[21]

Kracauer sieht den Verdienst und die Stärke der Romane von Braune und Brück darin, dass diese dem Schicksal der Schreibkräfte eine feste, nicht mehr übersehbare Kontur gegeben haben. Gleichzeitig zeige sich die besondere Schwäche der Texte jedoch in ihrer individuellen Betrachtungsart und in der Darstellung der weiblichen Berufstätigkeit als einem Durchgangsstadium auf dem Weg zur Eheschließung. Wenn im Roman an einer Stelle zu einem jungen Kollegen, der sich über einen Arbeitgeber beklagt, gesagt wird: „Es liegt am Charakter. Auch unter euch sind viele, die nichts taugen ..."[22], ist das für Kracauer ein Beispiel dafür, dass die Romane Einzelne für ihr Scheitern individuell verantwortlich machen, ohne an die Gesellschaftskonstruktion zu rühren, die das Angestelltenschicksal bestimmt. Weil sie den gesellschaftlichen Ort unkenntlich machen, an dem sich die Angestellten in Wahrheit befinden, können die Romane kein Bewusstsein für die kollektive Situation der Angestellten vermitteln. Das trennt, nach Kracauer, die Romane von Braune und Brück von dem Roman *Job* (dt. *Erwerb* 1929) von Sinclair Lewis, der dem aufreibenden Leben der Stenotypistin, dem zermürbenden, leerlaufenden täglichen Einerlei an der Schreibmaschine und dem Alltag dadurch gerecht wird, dass er den Angestellten und dem Büroleben typische Züge abgewinnt.

Wie Kracauer kritisiert Tucholsky in der *Weltbühne*, dass den Romanen mit der Schilderung einzelner edler, hilfreicher und guter Angestelltenschicksale die Fähigkeit zur Gestaltung eines Kollektivschicksals fehle. Für die adäquate Darstellung des Angestelltenlebens fordert daher auch Tucholsky typologische Schemata, die bewusst auf die Gestaltung individueller Charaktere verzichten.[23] Tucholsky arbeitet in seinen Texten mit stereotypen Merkmalen ganzer Berufsgruppen, die zudem nicht mehr in linearer Form aufgezeichnet – oder wie es in dem kurzen Text *Die Hände an der Schreibmaschine* heißt, nicht mehr „wichtig gepinselt"[24] werden dürfen –, sondern wie die Drucktypen, die die Schreibmaschine in das Papier schlägt, im Takt, mit tausend Fingern, wirbelnden Hebeln und knackendem Wagen in die Maschine gehackt (griech. *typos* = Schlag, Gestalt) werden sollen. In *Bilder aus dem Geschäftsleben* entwirft Tucholsky auch gleich eine Typenreihe von Schreibkräften, wonach eine Schreibmaschinendame ein manchmal hübsches junges Mädchen ist, das an der Schreibmaschine tippt:

> Sie kommt morgens, zwei Minuten nach neun, ein bisschen atemlos ins Geschäft, weil sie die Straßenbahn versäumt hat. Sie lacht den Portier an und geht rasch an ihre Mitrailleuse. Das Schreibmaschinenmädchen klappt die Maschine auf, ordnet ihre Papiere und raschelt damit. Dann beginnt sie, ihren anwesenden Freundinnen eine lange Geschichte von gestern zu erzählen.[25]

Die Sekretärin ist demnach eine ausgekochte Dame,

> der keiner etwas erzählen kann. Das Haus munkelt, sie habe mit dem Chef ein Verhältnis. Das stimmt aber nicht: dazu ist sie viel zu schlau. Die Sekretärin ist zuckersüß zur Gattin des Chefs, was diese mit besonderem Mißtrauen erfüllt. Die Sekretärin ist Herrin über die Zeit des Chefs. Sie sitzt im Vorzimmer […].[26]

An den Typ der Privatsekretärin und Vorzimmerdame, die gleichzeitig Gouvernante, Bollwerk und Amme des Chefs ist,[27] erinnert das „Fräulein Flamm" in Vicky Baums *Menschen im Hotel* (1929), das „mit mißfarbenem Haar, einem Schreibärmel am rechten, einer Schutzmanschette aus Papier am linken Arm"[28] emsig die Worte in ihren Block mit den blauen Linien notiert und dabei mit saurer Miene unerwünschte Besucher im Vorzimmer zurückhält. „Fräulein Flamm zwo", ihre unähnliche Halbschwester, die ohne feste Stellung lediglich einspringt, wenn es etwas zu schreiben gibt, ist dagegen ein veritables *City Girl*, das mit Aktfotografien etwas Geld verdient und am liebsten nicht im Büro, sondern beim Film wäre. Ihren neuen Arbeitgeber erwartet das höchstens 20-jährige Mädchen in der Halle des Berliner Grand Hotels, in „einen Klubstuhl hingelehnt, als wenn sie hier zu Hause wäre"[29], dabei wippt sie mit Schuhen aus blitzblauem Leder und sieht aus, „als ob sie sich köstlich amüsieren wollte"[30].

Irmgard Keun treibt das Spiel mit den Typen zudem in ihrem 1932 erschienenen Text *System des Männerfangs* mit einer Typologie der Chefs auf die Spitze, in der Empfehlungen für den strategischen Umgang aus der Perspektive der Schreibkräfte gegeben werden.[31] Von den hier aufgeführten Kategorien a) Künstlerische Berufe (Schauspieler, Maler, Verleger, Redakteure), b) Bürgerliche Berufe (Ärzte, Rechtsanwälte, Ingenieure, Kaufleute, Beamte) und c) Nabobs, ist die letzte eindeutig die begehrteste. Im Umgang mit den misstrauischen und mit großem Reichtum und Einfluss ausgestatteten Nabobs wird beispielsweise empfohlen, diese zunächst als Hochstapler und arme Schlucker zu behandeln und im ersten Stadium der Bekanntschaft jedes Geschenk zurückzuweisen.[32]

Massenornament

Abb. 5 Szenenbild „Die lebende Schreibmaschine" aus der Revue-Posse *Das lachende Berlin* von James Klein (Fotografie, 1925)

In seinem berühmten Essay *Das Ornament der Masse* von 1927 stellt Siegfried Kracauer einen Zusammenhang her zwischen den dynamischen Szenenfolgen der Revue und dem Tempo der veränderten Körperwahrnehmung des modernen Großstadtlebens. Daraus geht auch hervor, dass die eigentliche Form der Typeninszenierung in der Weimarer Republik nicht der Roman, sondern die Revue ist, die die

Masse zur Figur verdichtet. Die neue Form der Spiel-, Gesangs- und Tanzszenen, die ein Produkt der amerikanischen Zerstreuungsfabriken ist, stellt die Masse in regelmäßigen Mustern und als „Ornamente[n] aus Tausenden von Körpern"[33] auf die Bühne, die teilweise von über 300 Personen gebildet werden. In diesen Inszenierungen der Masse tauchen besonders häufig Girls auf, als Verkörperung des nicht-militaristischen, aber normalisierten Kollektivismus[34] und als Repräsentantinnen gängiger Produkt- und Konsumwünsche.[35] So übersetzt das Szenenbild der Revue *Das lachende Berlin* von James Klein aus dem Jahr 1924/25, in dem die kopflosen Körper der Schreibkräfte die Typen der Maschine bilden, die Wünsche nach selbsttätiger maschineller Erledigung von Schreibarbeit in das *Tableau vivant* einer lebendigen Schreibmaschine (Abb. 5). Die darin zum Ausdruck gebrachte Kombination von gesichtslosem weiblichem Körper und Maschine bringt die weibliche Funktion Schreibmaschine auf die Bühne, jenes Bindeglied zwischen Autor und Text, dem Kittler und Theweleit zufolge seit je die Liebe des Schriftstellers gilt.[36] Bei Franz Kafka zeigt sich diese beispielsweise in dem Moment, als er hört, Felice Bauer liebe es, Manuskripte in Typoskripte zu verwandeln und also männliches Diktat in die Maschine aufzunehmen.[37] Die besondere Wirkung des Bühnenbildes der Revue *Das lachende Berlin* geht von der Überlagerung der weiblichen Funktion Schreibmaschine und der Funktion des Massenornaments aus, das Einzelpersönlichkeiten in anorganische Formen verwandelt, indem es, wie Kracauer schreibt, „von den Massen, die [diese] zustande bringen, nicht mitgedacht"[38] wird. Indem die Schreibkräfte als Masseteilchen zu nichts weiter notwendig sind als zur Gewinnung eines Musters, bestätigt das Massenornament die Rolle, die der stumme Körper ohne jeden Überbau in der Realität des industrialisierten Wirtschaftslebens spielt.

Hände an der Schreibmaschine

In dem Text *Hände an der Schreibmaschine* (1928), dessen äußere Form typographisch zwischen Flattersatz, Blocksatz, Lyrik und Prosa wechselt und der in ungeordneter Folge Adresse, Datum, Ort, Anrede, inneren Monolog und Bewusstseinsinhalte über das Schreiben mit der Maschine zusammenfügt, zeigt Tucholsky, was geschieht, wenn die Gedanken beim Tippen den von den Händen angeschlagenen Tasten und nicht mehr der ununterbrochenen Linie der Handschrift folgen.[39]

Dann nämlich lösen die Finger die Lettern aus der Linie des Textzusammenhangs und das Nebeneinander der Dinge kann nicht mehr in
die geordnete Folge einer Zeile gebracht werden. Die Auftragsarbeit:
„Sehr geehrter Herr!", die Gedanken an die Geliebte „Dir nur sagen,
daß ich Dich so *leidenschaftlich* liebe" und der Brief „An den Herren Regierungspräsidenten" geraten dann in ein simultanpräsentes Durcheinander, für das allein das Schreiben mit der Maschine, die alles weiß und
immer startbereit ist, verantwortlich ist:

> Alles weißt du, Maschine, immer stehst du startbereit!
> In dir ist unser Beruf unser Leben und unsre ganze Zeit.
> Sogar auf Reisen kommst du mit, praktisch und gut verpackt,
> bis eines Tages zum letzten Male dein Hebel knackt.
> Millionen Konzerte steigen täglich aus Stahl und Papier.
> Was wären wir ohne dich, du Geschäftsklavier.[40]

Auch in Irmgard Keuns Roman *Das kunstseidene Mädchen*, formt sich,
wenn das Mädchen zeitgemäß in Bildern „wie Film" schreiben will,
aus den Schriftkörpern und leeren Zwischenräumen der Maschinenschrift ein neuer ornamentaler Schreibstil, bei dem die Textoberfläche als eine Textur begriffen wird, die beim Schreiben mit der Maschine tätowiert, zerschnitten und durch vielfältige Eingriffe montiert
und arrangiert wird.

Ein solches, von den Möglichkeiten der Maschinenschrift inspiriertes, arrangierendes und montierendes Schreibverfahren möchte
auch ich für den letzten Teil meines Beitrags in Anspruch nehmen,
um in dem Szenenbild der Revue *Das lachende Berlin* einige Tasten anzuschlagen. Indem ich die Tasten M und L, G und K sowie C und W
anschlage, rühre ich an die anonyme Oberfläche des Ornaments, um
an einigen wenigen Stellen hinter der jeweiligen Type in Form von
Biographemen – Erinnerungssplittern – ein vergangenes Schriftstellerinnenleben ins Gedächtnis zu rufen. Die drei Autorinnen – Maria
Leitner, Gina Kaus und Christa Winsloe – gehören wie die namenlosen Schreibkräfte in den europäischen Großstädten der Generation
der „Übergangsgeschöpfe"[41] an, und sie nutzten das moderne
Arbeitsgerät mobil und flexibel als namhafte Journalistin, Autorin
und Dramatikerin, um Romane zu verfassen, die den Aufbruch der
1920er Jahre im Motiv des Unterwegsseins und der Überfahrt verarbeiten. Die drei Autorinnen verbindet außerdem das Schicksal eines
Lebens in Exil und Migration, so dass die Frage, die von dem amerikanischen, in Deutschland und Österreich tätigen Animationsfilmer
Louis Seel bereits im Jahr 1925/26 in *Wiener Bilderbogen Nr.1* aufge

worfenen wurde, die Frage nämlich, was nach dem Bubikopf kommt[42], hier auch noch einmal in Bezug auf drei individuelle literarische Karrieren gestellt werden soll.

M und L – Maria Leitner (1892-1941)

Die 1892 im ehemaligen Österreich-Ungarn, dem heutigen Kroatien, geborene und in einer deutschsprachigen jüdischen Familie in Budapest aufgewachsene Schweizer Studentin der Kunstgeschichte und des Sanskrit, schreibt während des Ersten Weltkriegs für linke Budapester Zeitungen und muss aufgrund ihrer Arbeit als Auslandskorrespondentin und ihrer Mitgliedschaft in der Kommunistischen Partei Ungarn im Jahr 1920 verlassen. Leitner emigriert über Wien und Moskau nach Berlin, arbeitet seit 1925 als sozialkritische Reporterin für die Magazine und Zeitschriften *Uhu*, *Vorwarts*, *Arbeiter-Illustrierte-Zeitung*, *Weg der Frau* und *Welt am Abend*. Im Auftrag des Ullstein-Verlages geht sie Ende der 1920er Jahre auf eine Reportagereise für den 1930 erschienenen Roman *Hotel Amerika*. Als der Roman 1933 auf die Liste der verbotenen Schriften gesetzt wird, flieht Leitner über Prag und Wien nach Paris, wo sie ab 1934 als Sekretärin und Hausangestellte arbeitet. Mit falschen Papieren unternimmt sie von Paris aus eine Reise in das faschistische Deutschland und veröffentlicht ab 1937 in der *Pariser Tageszeitung* den Fortsetzungsroman *Elisabeth, ein Hitlermädchen*.[43] Zum Zeitpunkt, als der Roman erscheint, lebt Maria Leitner bereits in schwierigen finanziellen und gesundheitlichen Verhältnissen in Frankreich und erhält trotz der Fürsprache Oskar Maria Grafs keine Unterstützung von der *American Guild for German Cultural Freedom*. Leitner wird im Frauenlager Gurs interniert, von wo aus ihr die Flucht nach Toulouse gelingt. Zuletzt gesehen wurde sie von Anna Seghers und Alexander Abusch 1941 in Marseille.[44] Man nimmt an, dass sie deportiert wurde und in einem Konzentrationslager umkam.[45]

Hotel Amerika (1930)

Die Sozialreportagen des Romans *Hotel Amerika*[46] beginnen im ver-
dreckten Personaltrakt unter dem Dach eines renommierten New
Yorker Hotels mit dem Aufstiegstraum des Mädchen Shirley von
Reichtum und Glück. Die Tochter einer Arbeiterin, die seit 50 Jahren
als Scheuerfrau im vornehmsten Hotel der Welt arbeitet, träumt sich
in eine bessere Welt und muss doch aus der Traumwelt auf die un-
terste Hierarchiestufe hinabsteigen, die die Scheuerfrauen in der
Rangfolge der Angestellten im Hotel innehaben. Shirley, die nach
dem Willen der Mutter keines jener „Büromädel" werden soll, die auf
andere, die noch schwerer arbeiten, herabblicken, sondern das Leben
da, wo es spielt, kennenlernen und sozusagen im Hotel in die Schule
gehen soll,[47] will jedoch mit Hilfe von Bekanntschaften „[h]eraus aus
diesem Dreck"[48]. In weiteren Geschichten, die in dem Roman zu
dem Kollektivschicksal der Arbeitenden und Angestellten und zu einem Bericht über moderne Arbeitssklaven unter unmenschlichen
Bedingungen des modernen Kapitalismus montiert werden, führt ein
Herr Fish in der Frühstücksbar des Hotel Amerika ein Gespräch mit
dem Kellner Alex über die besonderen Möglichkeiten, das internatio-
nale Treiben in einem Hotel zu beobachten. Herr Fish will mit dem
schönen Alex tauschen, um an einer großen Hochzeit als Beobachter
teilzunehmen. Heinrich Klüter aus Hamburg und Fritz Globig aus
Berlin, die bislang vergeblich auf Arbeitssuche sind, finden sich im
Vorzimmer des mächtigen Timekeepers ein, der im Hotel Amerika
die Bediensteten einstellt. Mit dem Erscheinen von Fritz dem Dre-
her, der gekündigt worden war, weil er sich mit anderen Arbeitern
solidarisiert hatte, nimmt die Geschichte eine Wendung. Dieser Ar-
beiter hatte, bis ihn die Not zwang, im Hotel Amerika auf Arbeitssuche zu gehen, die Zeit genutzt und in der Bibliothek die Geschichte
der Arbeiterbewegung studiert. Er weiß, dass das, was ihm und den
anderen widerfährt, kein Einzelschicksal ist.

G und K – Gina Kaus (1891-1985)

Gina Kaus (geb. Wiener, verh. Zirner, Zirner-Kranz, Ps. Andreas
Eckbrecht), die Tochter einer wohlhabenden Wiener jüdischen Familie verkörpert – mit Bubikopf, Kleidung im Garçonschnitt und in
der Öffentlichkeit rauchend – die großstädtische, berufstätige, eman-

zipierte Frau.[49] Sie verkehrt in Berliner und Wiener Intellektuellenkreisen (Franz Blei, Karl Kraus, Otto Soyka), publiziert ab 1917
Dramen, Novellen, Feuilletonbeiträge und ab 1928 ihren ersten Roman in Berlin (*Die Verliebten*, Ullstein). Nach einem bewegten Leben
mit diversen Ehen, einer Adoption (1913 Musiker Josef Zirner, 1920
Psychologe und Schriftsteller Otto Kaus, Frischauer) und entsprechend wechselnden Nachnamen flieht Kaus 1938 über die Schweiz
und Frankreich in die USA. Ab 1939 lebt sie im amerikanischen Exil,
zuerst in New York, dann in Santa Monica/Kalifornien, wo sie seither, abgesehen von kurzen Besuchen in Europa (erstmals 1948), lebt
und im Jahr 1985 verstirbt.[50] Unter den hier genannten Autorinnen
ist Kaus die einzige, die nicht nur als Sekretärin arbeitet, sondern in
dem Autor und Kritiker Franz Blei, den der Millionär Josef Kranz
(der Kaus 1916 adoptiert) für sie engagiert, einen Sekretär für ihre
Schreibarbeiten zur Verfügung hat. Mit Blei gründet Kaus im Jahr
1917 die Zeitschrift *Summa*. Mitte der 1920er Jahre lebt Kaus in Berlin, schreibt für die *Vossische Zeitung* und für die *Literarische Welt*, ihr
Bestseller-Roman *Die Überfahrt* (Neuauflage unter dem Titel: *Luxusdampfer. Roman einer Überfahrt* bei Allert de Lange, Amsterdam 1937)
erscheint erstmals 1932.

Die Überfahrt (1932) / *Luxusdampfer* (1937)

Der Roman beginnt im Moment des Umbruchs, als in dem Kurort
Bad Kissingen das Unerwartete in eine Situation äußerer Geordnetheit einbricht. Die junge Gattin des redlichen Badearztes kehrt nicht
von der Reise nach Berlin zurück, sondern teilt brieflich ihren Entschluss mit, den Ehemann für immer zu verlassen. Der aus der Bahn
geworfene Arzt will sich rächen und heuert als Schiffsarzt auf einem
Luxusdampfer für eine Überfahrt nach Amerika an, um seiner Frau
nachzureisen. Auf dem Schiff, das wie ein Hotel ein ‚Nicht-Ort‘ ist,
an dem sich alle im Zustand des Übergangs befinden, fährt auch die
schöne Gräfin von Mergentheim als Passagierin der Ersten, ihr morphinsüchtiger Bruder Boris indes als Passagier in der Dritten Klasse.
Die Gräfin ist, wie sich bald herausstellt, eine berufsbedingt Heimatund Ruhelose. Da sie aufgrund ihrer adeligen Herkunft „nun einmal
nicht dafür erzogen wurde, Modistin oder Tippfräulein zu werden"[51],
für die Mode und für den Film zu groß ist, und sich die Aussichten
auf eine Ehe zerschlagen haben, ist sie genötigt, sich von dem reichen

Herrn Stephenson aushalten zu lassen. Stephenson, Herr über die
Schifffahrt zwischen Amerika und Europa, wiederum träumt davon,
auf der Überfahrt zwischen den Erdteilen mit der Baronin Mergentheim ein anderer Mensch, ein Privatmensch, zu werden.[52] Die Baronin geht jedoch ihrem Beruf, auf reiche Männer Jagd zu machen, „in
hochmütiger Verachtung" nach und empfindet „nichts als das graue
Missbehagen, mit dem [auch] Tippmädels ins Bureau und Verkäuferinnen in ihren Laden gehen".[53] An Bord der Schiffsgesellschaft
befindet sich auch ein berühmter österreichischer Chirurg, der wider
Erwarten nicht auf den Lehrstuhl in München berufen wurde, und
der nun hemmungslos der Spielleidenschaft verfallen ist. Mit dabei ist
ein altes Mütterchen, das all seine Ersparnisse zusammennimmt, um
den Sohn und die Enkel vor dem Tod noch einmal zu sehen, sowie
eine gealterte Sängerin und ein Baron, der sich als Barmusiker ver-
dingt, und schließlich ein junges Mädchen aus der Dritten Klasse, das
wie alle anderen mit Aufstiegshoffnungen der Ankunft in der Neuen
Welt entgegensieht.

Den Hintergrund des in sich geschlossenen Schiffskosmos bilden
Nachrichten über politische Ereignisse – über den Aufstieg Mussoli-
nis, Kommunisten in Shanghai, ein Grubenunglück in Belgien, Fa-
schisten in Rom –, aber die Nachrichten aus der Welt interessieren
die Reisenden nicht, die auf dem Schiff in ihre eigenen Hoffnungen
und Enttäuschungen verstrickt sind. Der Arzt, dessen Perspektive als
einzige zwischen der Dritten und der Ersten Klasse wechselt und der
Teil hat an den kleinen und großen Geheimnissen der Reisenden,
sieht dem Treiben angeekelt zu. Er sieht allenthalben verwerfliche
Käuflichkeit und Prostitution, auch in dem Aufstieg des gräflichen
Bruders in die Erste Klasse dank der Beziehungen der Schwester.
Aber auch der Arzt verändert sich durch die Überfahrt, auch er wird
im positiven Sinn, „schiffbrüchig"[54], d.h. er verliert sein Ziel, die
Liebe der Ehefrau zurückzugewinnen und ihren Weggang zu rächen,
aus den Augen und beginnt das Leben von Menschen zu teilen, die
nie an Land gehen, um ewig auf der Überfahrt zu bleiben.

C und W: Christa Winsloe (1888-1944)

Die 1888 in Darmstadt geborene, deutsch-ungarische Bildhauerin und Schriftstellerin Christa Winsloe, die im Juni 1944 zusammen mit ihrer Lebensgefährtin, der Schweizer Schriftstellerin Simone Gentet in der Nähe von Cluny in Südfrankreich erschossen wurde, ist die Verfasserin von Bühnenstücken, Feuilletons und Drehbüchern. Bekannt wurde Christa Winsloe 1931 mit dem Roman *Das Mädchen Manuela*, der Vorlage des Films *Mädchen in Uniform*[55], in dem sie ihre Jugendjahre als Zögling im Kaiserin-Augusta-Stift in Potsdam literarisch aufarbeitet. Anne Stürzer beschreibt das zwischen der Alten und Neuen Welt hin- und hergerissene Leben Christa Winsloes, die sich im Jahr 1933 bereits am Ziel aller Emigranten, bei ihrer Freundin Dorothy Thomson in den USA aufhält, von dort aber wieder in ihr Haus nach München zurückkehrt und seither zwischen Italien, Ungarn, Österreich, Deutschland und wieder Amerika pendelt, als „aristokratische Rebellin"[56]. In Europa geht Winsloe, durch einen ungarischen Pass aus der Ehe mit ihrem Ex-Mann Ludwig Hatvany beweglich, 1938 nach Paris, um mit dem Filmregisseur Georg Wilhelm Papst (der bereits *Mädchen in Uniform* gemacht hatte) das Drehbuch für einen neuen Film zu schreiben.

Passeggiera (1938)

Sylvia Carlsen, eine wohlerzogene 27-jährige Hamburger Kaufmannstochter, die einst konventionell verheiratet worden war, erlebt nach einer Konzerttournee in den USA auf der Überfahrt von Los Angeles nach Europa im Jahr 1938 einen Prozess emanzipatorischer Veränderung. Die Reise in der „Wiege"[57] der Schiffskajüte wird zum Anlass, bürgerlich weibliche Rollen und sexuelle Konventionen des bisherigen Lebens über Bord zu werfen. Auch hier kündigt der Übergangsritus einer Haarschneideszene den Aufbruch und die Aufnahme der ‚Novizin' in die Gemeinschaft der Matrosen an: „Höchste Zeit, murmelte der Friseur und griff zu einer Schere. Und schon fielen blonde kleine Locken auf den Boden."[58]

Sabine Rohlf, die sich zuletzt mit dem Roman beschäftigt hat, zählt *Passeggiera* zu den Exilromanen und sieht in dem Akt der Deterritorialisierung und in dem Aufenthalt an dem Heterotopos Schiff die Voraussetzung für die Beschreibung des Anders-Werdens.[59] Dem in

Amsterdam erschienenen Roman *Passeggiera* ist ein Zitat aus dem *Dizionario Pratico* zur Erläuterung des Titels vorangestellt: „*Passare: fahren, reisen, schiffen, wandern, ziehen. Passaggiere: Durchziehende, Reisende, Vorübergehende.*"[60] Motto und Titel des Romans betonen das Transitorische, so dass auch dieser Roman wie die von Leitner, Kaus und die zeitgenössischen Büroromane mit der Darstellung von „Übergangsgeschöpfen" (einem von Hedwig Dohm in dem Roman *Christa Ruland* 1902 geprägten Begriff)[61] an dem Diskurs über die Neue Frau als Übergangsphänomen teilhaben, der die 1920er Jahre insgesamt bestimmt.[62]

Anmerkungen

[1]   In Deutschland wurde der Bubikopf 1921 durch den Film *Hamlet* (Regie: Svend Gade, Heinz Schall. Produktion: Asta Nielsen) popularisiert. Djiga Vertovs Experimentalfilm *Der Mann mit der Kamera* (1929) zeigt Bubiköpfe in Bewegung – als Sportlerin, als Fräulein vom Amt und als elegante Dame im offenen Wagen. Der Wiener Trickfilmpionier Louis Seel macht sich über die Bubikopfmode im Zeitalter des Rundfunks lustig. (Vgl. Anm. 43). In Frankreich wurde der neue Stil durch Coco Chanel salonfähig gemacht, in den USA durch die Filme Clara Bows in Szene gesetzt. Aus Moskau kommt 1925 Viktor A. Trivas nach Berlin und produziert zusammen mit Ragnar Hyltén-Cavallius den deutsch-schwedischen Film *Majestät schneidet Bubiköpfe* (1928).

[2]   Zur Praxis und Inszenierung des Schneidens: Juliane Vogel: Mord und Montage. In: Bernhard Fetz; Klaus Kastberger (Hrsg.): Die Teile und das Ganze. Bausteine der literarischen Moderne in Österreich. Wien 2003 (Reihe Profile, Bd. 10), S. 22-44. Robert Musil: Die Frau gestern und heute. In: Ders: Gesammelte Werke in 9 Bden, Bd. 8: „Essays u. Reden". Hrsg. v. Adolf Frisé, Reinbek b. Hamburg 1978, S. 1193-1199, hier S. 1197.

[3]   Heinrich Mann: Der Bubikopf (1926). In: Ders.: Sieben Jahre. Chronik der Gedanken und Vorgänge. Berlin/Wien/ Leipzig 1929, S. 300-304.

[4]   Carl Sternheim: Europa. Roman. In: Ders.: Gesamtwerk. Prosa II. Hrsg. v. Wilhelm Emrich, Köln 1964, S. 159-478.

[5]   Sternheim (wie Anm. 4), S. 170.

[6]   Ebd., S. 175.

[7]   Ebd., S. 177.

[8]   Alle Zitate der Pixavon-Anzeige in: Helmut Gold; Annette Koch (Hrsg.): Das Fräulein vom Amt. Katalog zur Sonderausstellung d. Dt. Postmuseums Frankfurt. München 1993, S. 171.

[9]   Bihlmaier's Institut für Künstlerische Chirurgie in: Gold; Koch (wie Anm. 8), S. 171.

[10] Vgl. Ariane Martin: Kultur der Oberfläche, Glanz der Moderne. Irmgard Keuns Roman *Das kunstseidene Mädchen* (1932). In: Matthias Luserke-Jaqui; Monika Lippke (Hrsg.): Deutschsprachige Romane der klassischen Moderne. Berlin/New York 2008, S. 349-367, hier S. 349.

[11] Rudolf Braune: Das Mädchen an der Orga Privat. Ein kleiner Roman aus Berlin (1930). München 1975, S. 5. Zum linken Trivialroman vgl. Michael Rohrwasser: Saubere Mädel – Starke Genossen. Proletarische Massenliteratur? Frankfurt a. M. 1975.

[12] Braune (wie Anm. 11), S. 37.

[13] Ebd., S. 30.

[14] Zum Film als Orientierungsmuster der Angestellten vgl. Gerd Peter Rutz: Darstellungen von Film in literarischen Fiktionen der zwanziger und dreißiger Jahre. Münster/Hamburg/London 2000, S. 135-196 (Beiträge zur Medienästhetik und Mediengeschichte 8).

[15] Braune (wie Anm. 11), S. 61.

[16] Ebd., S. 62.

[17] Ebd., S. 55.

[18] Ebd., S. 83.

[19] Siegfried Kracauer: Ein Angestelltenroman. Rezension in: *Frankfurter Zeitung*, 06.07.1930, Literaturblatt.

[20] Christa Anita Brück: Schicksale hinter Schreibmaschinen. Berlin 1930, vgl. Klappentext.

[21] Brück (wie Anm. 20), S. 42.

[22] Kracauer (wie Anm. 19)

[23] Kurt Tucholsky (Peter Panter): Auf dem Nachttisch: Christa Anita Brück, Schicksale hinter Schreibmaschinen, Rezension in: *Die Weltbühne*, 23.12.1930, Nr. 52, S. 940.

[24] Vgl. Kurt Tucholsky: Die Hände an der Schreibmaschine. In: Ders.: Gesammelte Werke in 10 Bänden. Bd. 6, 1928. Hrsg. v. Mary Gerold-Tucholsky; Fritz J. Raddatz, Reinbek b. Hamburg 1975, 114-116, hier S. 114..

[25] Kurt Tucholsky: Bilder aus dem Geschäftsleben. In: Ders.: Gesammelte Werke in 10 Bden. Bd. 3, 1921-1924, S. 492-494, hier S. 492f. Vgl. Evelyne Polt-Heinzl, die in: Ich hör' dich schreiben. Eine literarische Geschichte der Schreibgeräte. Wien 2007, S. 206f. auch auf die Büroszenen in Joe Lederers Roman *Das Mädchen George* (1928) verweist.

[26] Tucholsky (wie Anm. 25), S. 493.

[27] Kurt Tucholsky: Die Dame im Vorzimmer. In: Ders.: Gesammelte Werke in 10 Bden. Bd. 6, 1928, S. 321-323.

[28] Vicki Baum: Menschen im Hotel. Frankfurt a. M. 1988, S. 59.

[29] Baum (wie Anm. 28), S. 59f.

[30] Ebd., S. 59f. Vgl. Heide Volkening: Körperarbeiten. Das Working Girl als literarische Figur. In: Michael Cowan; Kai Marcel Sicks (Hrsg.): Leibhaftige Moderne. Körper in Kunst und Massenmedien 1918 bis 1933. Bielefeld 2005, S. 136-153.

[31] Irmgard Keun: System des Männerfangs. In: Dies.: Wenn wir alle gut wären. Hrsg. mit einem Nachwort von Wilhelm Unger, Köln 1983, S. 93-98, hier S. 93. Vgl. dazu: Kerstin Barndt: Sentiment und Sinnlichkeit. Der Roman der Neuen Frau in der Weimarer Republik. Köln/Weimar/Wien 2003, S. 187-194.

[32] Keun (wie Anm. 31), S. 98.

[33] Siegfried Kracauer: Das Ornament der Masse. Frankfurt a. M. 1977, S. 51.

[34] Vgl. Heide Volkening: Working Girl - Eine Einleitung. In: Sabine Biebl; Verena Mund; Dies. (Hrsg.): Working Girls. Zur Ökonomie von Liebe und Arbeit. Berlin 2007, S. 7-22, hier S. 15.

[35] Vgl. Anne Fleig: Tanzmaschinen – Girls im Revuetheater der Weimarer Republik. In: Sabine Meine; Katharina Hottmann (Hrsg.): Puppe – Huren – Roboter. Körper der Moderne in der Musik zwischen 1900 und 1930. Schliengen 2005, S. 102-117. Und: Jost Lehne: Massenware Körper. Aspekte der Körperdarstellungen in den Ausstattungsrevuen der zwanziger Jahre. In: Michael Cowan; Kai Marcel Sicks (Hrsg.): Leibhaftige Moderne, S. 264-278.

[36] Vgl. dazu Helmut Lethen: Schreibkräfte im Männerhorizont. In: Biebl; Mund; Volkening (Hrsg.): Working Girls, S. 42-54, hier S. 47ff.

[37] Vgl. Friedrich Kittler: Aufschreibesysteme 1800/1900. München 2003, S. 437f.

[38] Kracauer (wie Anm. 33), S. 52.

[39] Vgl. Tucholsky (wie Anm. 24), S. 114-116.

[40] Ebd., S. 116.

[41] Kerstin Barndt weist in ihrer Untersuchung *Sentiment und Sachlichkeit. Der Roman der Neuen Frau in der Weimarer Republik* (Köln/ Weimar/ Wien 2003) auf S. 9 darauf hin, dass dieser von Hedwig Dohm im Roman *Christa Ruland* von 1902 geprägte Begriff „Übergangsgeschöpfe" den Diskurs über die Neue Frau als Übergangsphänomen bis in die 1920er Jahre prägt.

[42] Louis Seel: WIENER BILDERBOGEN NR. 1, ca. 1925, Animation: Louis Seel, Format: 35 mm, stumm, viragiert, Länge: 140 Meter, Laufzeit: 5,6 Minuten (22 Bilder/Sekunde), deutsche Zwischentitel. Filmarchiv Austria. Herzlicher Dank für den Hinweis an Paolo Caneppele, Leiter der Sammlungen des Österreichischen Filmmuseums. Vgl.: Annika Schoemann: Der deutsche Animationsfilm. Von den Anfängen bis zur Gegenwart 1909-2001. Sankt Augustin 2003.

[43] Maria Leitner: Elisabeth, ein Hitlermädchen. Roman der deutschen Jugend. In: *Pariser Tageszeitung*, 2. Jg., Nr. 315, 22. April 1937, bis Nr. 367, 21. Juni 1937. Neuauflage: Maria Leitner: Elisabeth, ein Hitlermädchen. Erzählende Prosa, Reportagen und Berichte. Hrsg. v. Helga W. Schwarz, Berlin/Weimar 1985.

[44] Vgl. Schwarz: Nachwort. In: Ebd., S. 469.

[45] Helga W. Schwarz: Maria Leitner – eine Verschollene des Exils? In: Exilforschung. Ein internationales Jahrbuch, Bd. 5 (1987): „Fluchtpunkte des Exils und andere Themen", S. 123–134. Biobibliographie und weiterführende Links: http://de.wikipedia.org/wiki/Maria_Leitner, letzter Zugriff 24.05.2010.

[46]   Ich zitiere die 1932 in der Berliner Universum-Bücherei erschienene Aus-
       gabe.
[47]   Maria Leitner: Hotel Amerika. Berlin 1932, S. 54.
[48]   Leitner (wie Anm. 47), S. 9.
[49]   Hildegard Atzinger: Gina Kaus. Schriftstellerin und Öffentlichkeit. Zur Stel-
       lung einer Schriftstellerin in der literarischen Öffentlichkeit der Zwischen-
       kriegszeit in Österreich und Deutschland. Frankfurt a. M./Wien 2008, S. 88.
[50]   Vgl. Hartmut Vollmer: Gina Kaus. In: Andreas B. Kilcher (Hrsg.): Metzler
       Lexikon der deutsch-jüdischen Literatur. Jüdische Autorinnen und Autoren
       deutscher Sprache von der Aufklärung bis zur Gegenwart. Stuttgart/Weimar
       2000, S. 301-303.
[51]   Gina Kaus: Luxusdampfer. Roman einer Überfahrt. Amsterdam 1937, S.
       110f.
[52]   „Auf dieser Überfahrt bin ich ein anderer Mensch geworden: ein Privat-
       mensch. Herrlich!" Kaus (wie Anm. 51), S. 221.
[53]   Ebd., S. 224.
[54]   Ebd., S. 306.
[55]   Der Film Mädchen in Uniform, zum besten Film der Weltproduktion von 1931
       erkoren, machte Christa Winsloe weltweit bekannt. Heute ist vor allem die
       dritte Verfilmung (1958), mit Romy Schneider, Lilli Palmer und Therese
       Giehse bekannt. Christa Winsloe: Mädchen in Uniform, mit e. Nachwort v.
       Christa Reinig, Berlin 1983; Dies.: Mädchen in Uniform, mit e. Nachwort v.
       Susanne Amrain, Göttingen 1999.
[56]   Anne Stürzer: Christa Winsloe – eine aristokratische Rebellin. In: Dies.: Dra-
       matikerinnen und Zeitstücke. Ein vergessenes Kapitel der Theatergeschichte
       von der Weimarer Republik bis zur Nachkriegszeit. Stuttgart u.a. 1993, S. 96-
       111. Anne Stürzer: „Schreiben tue ich jetzt nichts… keine Zeit". Zum Bei-
       spiel: die Dramatikerinnen Christa Winsloe und Hilde Rubinstein im Exil. In:
       Exilforschung. Ein internationales Jahrbuch, Bd. 11 (1993): „Frauen und
       Exil. Zwischen Anpassung und Selbstbehauptung", S. 127-142.
[57]   Christa Winsloe: Passeggiera. Amsterdam 1938, S. 44.
[58]   Winsloe (wie Anm. 57), S. 209.
[59]   Dort auch eine aktuelle Zusammenstellung der Forschungsliteratur zum Ro-
       man: Sabine Rohlf: Exil als Praxis – Heimatlosigkeit als Perspektive? Lektüre
       ausgewählter Exilromane von Frauen. München 2002, S. 241-295.
[60]   Winsloe (wie Anm. 57)
[61]   Hedwig Dohm: Christa Ruhland. Roman. Hrsg. v. Nikola Müller u. Isabel
       Rohner. Berlin 2008.
[62]   Vgl. Anm. 42.

Die ‚Nullität' der Frau und der Einspruch gegen das autonome Subjekt

Mela Hartwigs Roman *Das Weib ist ein Nichts*

von Ulrike Stamm

Im Jahr 1929 erscheint ein Roman mit dem provozierenden Titel *Das Weib ist ein Nichts*. Während andere Schriftstellerinnen zur gleichen Zeit an der Konzeption der Neuen Frau arbeiten, scheint die Autorin Mela Hartwig in ihrem ersten Roman derartige Bemühungen um positive Modelle unmittelbar zu konterkarieren, gewinnt doch ihre Protagonistin nur in der vollständigen Anpassung an ihre verschiedenen Liebhaber den Status eines Subjekts und ist ansonsten ein „Nichts".[1] Titel wie Inhalt des Romans stellen daher für gegenwärtige wie schon für zeitgenössische Rezipient/innen eine Provokation dar, die mehrfach mit dem Argument beantwortet wurde, es handle sich bei Hartwigs Roman um eine kritisch intendierte Darstellung von patriarchalen Strukturen und deren weiblicher Internalisierung.[2] Diese Deutung ist zwar einleuchtend und sicher zutreffend, bleibt aber doch unbefriedigend, da sie an der spezifischen Form des Romans vorbeigeht, der ganz bewusst und geradezu zitathaft zeitgenössische abwertende Weiblichkeitsideologeme aufnimmt und hypostasiert, um sie sodann mit verschiedenen narrativen Strategien kritisch zu unterlaufen.[3] Über eine derartige mimetische Annäherung und Entfaltung vorgegebener Geschlechterklischees, – hier hat vor allem Otto Weiningers Schrift *Geschlecht und Charakter* zentrale Bedeutung – gelingt es der Autorin, sowohl die zunächst radikalisierte Geschlechterpolarität als auch Vorstellungen autonomer Subjektivität in Frage zu stellen.

I.

Der Roman *Das Weib ist ein Nichts* schildert die Lebensgeschichte einer Frau, die einzig unter dem wechselnden Einfluss ihrer verschiedenen Liebhaber zum Subjekt wird oder genauer: sich als solches fühlen kann. Die Protagonistin, die den – nach Aussage eines ihrer Liebhaber – „hysterischen"[4] Namen „Bibiana" trägt, lebt nur durch die vier Männer, an die sie gebunden ist, und geht vollständig in dercn jeweiligen Lebensentwürfen auf. So ist sie im Verlauf des Romans zuerst mit einem Abenteurer oder Hochstapler verbunden, durch den sie zur russischen Adligen und Spionin wird, dann mit einem Musiker und Komponisten in der Funktion als Muse, anschließend als Sekretärin und als Verkörperung des großstädtischen, vergnügungssüchtigen Girls mit einem Großbankier und zuletzt mit einem Revolutionär, der sie veranlasst, Arbeiterin in einer Fabrik zu werden; bei einer Demonstration gegen dessen Verhaftung kommt sie schließlich eher zufällig zu Tode.

Mit diesen Männern lebt sie vier völlig verschiedene Leben, wobei die Autorin durch den sprunghaften Wechsel zwischen den unterschiedlichen gesellschaftlichen Sphären, in denen sich Bibiana wiederfindet, sowohl die rasante historische Entwicklung wie auch den Zerfall der Gesellschaft in einzelne Segmente illustriert. Innerhalb dieser gesellschaftlichen und persönlichen Umwälzungen erscheint Bibiana als Wesen ohne jeden eigenen Weltbezug und ohne einen substanziellen Kern, der innerhalb ihrer Verwandlungen als konstante Größe erhalten bliebe; vielmehr ist sie derart anpassungs- und wandlungsfähig, dass sie sich sogar vom Aussehen her an ihre verschiedenen Liebhaber angleicht.[5]

Der Roman erscheint somit auch in seinem Verlauf nahezu als Programmschrift: der Titel stellt eine These auf, die vom Gang der Romanhandlung bestätigt wird – die Frau wird literarisch immer wieder als jenes „Nichts" vorgeführt, das – vergleichbar der von Pygmalion geschaffenen Skulptur – erst innerhalb des sie prägenden männlichen Modus Kontur und Substanz gewinnt. Vornehmlich in der Schilderung dieser „Imprägnierbarkeit durch die männlichen Anschauungen"[6] wiederholt und illustriert der Roman, wie u.a. Bettina Fraisl in ihrem Nachwort zu dem Roman bemerkt hat, Thesen des österreichischen Geschlechtstheoretikers Otto Weininger, dessen 1903 erschienene Schrift *Geschlecht und Charakter* nach der Jahrhundertwende äußerst populär war. Weininger definiert den Idealtypus des Weibes, nämlich „W", als polaren Gegensatz zu dem männlichen Idealcharakter „M" und bestimmt diesen vornehmlich über seine „Suggestibilität":

> Ganz allgemein schmiegt sich W an M vollständig an, wie ein Etui an die Kleinodien in ihm, seine Anschauungen werden die ihren, seine Lieblingsneigungen teilen sich ihm mit wie seine ganz individuellen Antipathien, jedes Wort von ihm ist für sie ein Ereignis, und zwar um so stärker, je mehr er sexuell auf sie wirkt. [...] Sie schließt sich immer nur gern an, und ihr Warten

auf den Mann ist nur das Warten auf den Augenblick, wo sie vollkommen passiv sein könne.[7]

Genau solche Vorstellungen einer grundlegenden Passivität – allerdings mit einer deutlich dem Expressionismus verpflichteten Diktion[8] – wiederholt Mela Hartwig, wenn sie Bibiana mit folgenden Worten sich selbst beschreiben lässt:

> Ströme der Passivität, begriff sie einen Augenblick lang, durchpulsten ihren Körper, der vegetativen Fruchtbarkeit der Erde vergleichbar, die nur die zeugende Kraft eines despotischen Gehirns das eine Mal, eines leidenschaftlichen Willens das andere Mal, und nur eine Zeitspanne lang, in Blut verwandelt hatte, und sich jetzt, rückverwandelt, dumpf und drohend durch ihre Adern wälzten. (98)

Bibiana als das exemplarische Weib im Weiningerschen Sinne gelangt somit nur durch die männliche „zeugende" Kraft zu einer Form, ohne diese ist sie passive und damit leblose und blutleere Materie.[9]

Doch wiederholt die Autorin die Weiningerschen Thesen nicht, um sie zu illustrieren oder zu affirmieren, sondern sie stellt diese, wie im Folgenden gezeigt werden soll, durch verschiedene Strategien in Frage. So gilt es zunächst einmal zu beachten, dass die häufigen Aussagen über die Subjektlosigkeit Bibianas von dieser selbst oder von den Männern stammen, mit denen sie zusammen ist, deren Stimmen aber nicht mit der der Erzählinstanz verwechselt werden dürfen. Zwar gibt es keinen auktorialen Erzähler, jedoch tritt die Erzählstimme an manchen Stellen als eigenständige Instanz auf, die aber gerade nicht von der „Nichtigkeit des Weibes" spricht. Und auch durch die eintönige Wiederholung der These von der weiblichen Nichtigkeit – worin ebenfalls eine Imitation des Weiningerschen Buches liegt, das gleich einem Mantra immer wieder die weibliche „Imprägnierbarkeit" beschwört – werden ironische Untertöne hörbar, mit denen sich die Autorin gewissermaßen von ihrer Protagonistin distanziert; zudem eröffnet sich mit dem Verweis auf die bedrohliche Passivität und „Fruchtbarkeit der Erde", gerade in der mimetisch-rhetorischen Übernahme und Überzeichnung der entsprechenden Ideologeme, ein Abstand zwischen der Stimme der Protagonistin und der der Autorin.

Bibianas wiederholte Klagen über ihre fehlende Eigenständigkeit werden damit als Psychogramm einer Person lesbar, der keine Selbsttätigkeit und Selbstbehauptung möglich ist. An einer Stelle ist direkt davon die Rede, dass sich die Protagonistin „nur durch eine phantastische Fähigkeit der Einfühlung des Blutes sozial einordnen konnte" (98). Damit wird eine explizite Kritik an jenen gesellschaftlichen Strukturen zum Ausdruck gebracht, die der Frau nur über Bezug zu einem Mann Zugang zu Welt und Subjektstatus zugestehen; da solche Ausdrücke nicht zum Wortschatz der Protagonistin gehören, ist dies als Kommentar der Autorin zu verstehen. Solche eher subkutanen Wertungen und Distanzierungen lassen die Beschreibung weiblicher Suggestibilität als kritische Illustration eines Geschlechterverhältnisses lesbar werden, in dem die Frau aufgrund fehlender symbolischer Verortung der männlichen überwältigenden Formung ausgeliefert ist.

II.

Es gibt noch andere Momente innerhalb des Romans, durch die die titelgebende These in Frage gestellt wird. So wird auch durch den Verlauf der Handlung das Ideologem von der Weiblichkeit als passiver Materie kritisch hinterfragt. Nicht nur arbeitet Bibiana durchaus erfolgreich bei einem Großbankier und nützt die neuen Möglichkeiten, die Frauen nach dem ersten Weltkrieg in beruflicher Hinsicht offen stehen; sie sucht dementsprechend die Erfüllung ihres Lebens nicht als Gattin und Mutter, sondern in der Teilhabe an einer männlichen Welt. Zudem ist – wie immer wieder betont wird – ihr Ehrgeiz leitend für ihr Verhalten.[10] Auch durch die Tatsache, dass der Impuls zu den einzelnen Beziehungen – mit Ausnahme ihrer ersten Beziehung – immer von ihr ausgeht und die Männer irgendwann von der Liebe „der Willenlosen bezwungen" (57) sind, zeigt sich eine Kraft des Begehrens, die zwar keine rational-männliche Willenskraft ist, aber doch das Bild rein passiver Weiblichkeit entschieden konterkariert.[11] Insofern gibt es – trotz Bibianas schier unendlicher Anpassungsfähigkeit und Bereitschaft zur Selbstaufgabe – durchaus einige Ähnlichkeiten zwischen ihr und dem Typus der Neuen Frau.[12]

Zudem tritt Bibiana in der Entwicklung des Romans zunehmend selbsttätiger auf, was schon der Abenteurer erstaunt vermerkt, als sie seine Pläne vorausahnt und vorwegnimmt: „Eine Figurine in meinem Spiel ist lebendig geworden, ein Schattenriß, eine Federzeichnung von einem Menschen, von meinem Gehirn ausgedacht, ist lebendig geworden. Das ist das einzige, was ich nicht vorgesehen habe." (48) Hier wird die Möglichkeit einer zunehmenden Verselbständigung des ‚Geschöpfs' gegenüber seinem Schöpfer angesprochen, eine Entwicklung, die schon in Goethes *Zauberlehrling* zentrale Bedeutung hat. Dass dies für Hartwig aber nicht der entscheidende Punkt ist, zeigt sich an ihrer kritischen Bearbeitung des von Hebbel stammenden Titels des Romans.

Vollständig lautet der Spruch Friedrich Hebbels, der dem Roman in gekürzter Form auch als Motto vorangestellt ist: „Das Weib ist ein Nichts; nur durch den Mann kann sie etwas werden [...] sie kann Mutter durch ihn werden."[13] Innerhalb des Romans wird Bibiana aber die weibliche Subjektwerdung durch das Kind gerade versagt; nicht durch die Mutterschaft, sondern einzig durch ihre Anpassungsfähigkeit erreicht sie zumindest ansatzweise den Status eines Subjekts, wenn auch eines abhängigen und männlichem Einfluss unterworfenen. Mit dieser inhaltlichen Entscheidung wendet sich die Autorin gegen die konventionell übliche ‚Lösung' weiblicher Subjektproblematik. Vor diesem Hintergrund gewinnt der am Anfang des Romans von Bibiana geäußerte Wunsch nach einem Kind eine besondere Bedeutung, lässt doch die Autorin den Hochstapler direkt das aussprechen, was Hebbel verschweigt:

> [D]u wirst bedenken müssen, dass du aufhören wirst, du selbst zu sein, dieses süße Nichts, das du bist. Du wirst bedenken müssen, dass du in eben dem Maße aufhören wirst, Frau zu sein, als du Mutter werden wirst, und du wirst, Nastasja, so ausschließlich Mutter werden, wie du heute ausschließlich Frau bist. Ich fürchte, du wirst auf mich oder auf das Kind verzichten müssen, Nastasja, und du hast die Wahl. Ich könnte vielleicht teilen, aber du selbst kannst es nicht. (26)

Innerhalb des kollektiven Imaginären des 19. und auch noch des frühen 20. Jahrhunderts schließen sich Mutterschaft und Frausein aus. Durch die hier angesprochene Parallelisierung der Beziehung zu Mann oder Kind wird zudem verdeutlicht, dass weder Partner- noch Mutterschaft der Frau eine gewissermaßen vollgültige Subjektposition ermöglichen, sie vielmehr in beiden Konstellationen gleichermaßen ‚Spiegel' für den Anderen ist.[14] Bleibt Bibiana – in der Logik, die Hebbel vertritt – als kinderlose Frau ein „Nichts", so ist sie innerhalb der Logik des Romans Subjekt nur durch den – sie zugleich negierenden – männlichen Einfluss, der zudem die Möglichkeit einer zusätzlichen Bezugnahme zu einem Kind ausschließt.

Am Ende des Romans, als sich der Revolutionär ebenfalls ein Kind mit Bibiana wünscht, fallen noch einmal fast genau die gleichen Worte. In ihrer Antwort – bei der sie „unter dem Schatten einer

dunklen Erinnerung" (163) auch äußerlich dem Hochstapler ähnelt –
verwendet sie die gleichen Worte, nun auf sich selbst gewendet:

> Aber du wirst bedenken müssen, dass ich aufhören werde, ich selbst zu sein,
> dieses Nichts, das ich bin und das spurlos in deinem Leben aufgeht. [...] Ich
> fürchte, du wirst auf mich oder auf das Kind verzichten müssen, Liebster.
> Meinst du denn, ich könnte dich und das Kind zugleich lieben? (163)

Es scheint weiterhin nur die Alternative zu geben, Frau oder Mutter
zu sein, und Bibiana entscheidet sich für ersteres. Durch die fast
identische Wiederholung dieser Passage entsteht eine Art
Ritornellstruktur und das Ende des Romans mündet wieder in den
Anfang. Es wird damit zum einen zum Ausdruck gebracht, dass
Mutterschaft nicht die Lösung der weiblichen Subjektproblematik
sein kann, und zum andern, dass eine wirkliche Entwicklung – der
Protagonistin und des Geschlechterverhältnisses – nicht stattgefun-
den hat, obwohl es auf Seiten Bibianas Ansätze zu einer verstärkten
Selbstreflexion gibt.[15] Mela Hartwigs Roman schildert somit sowohl
Bibianas Unterwerfung unter den männlichen Willen als auch die
Fragwürdigkeit einer patriarchalen Deutung von Weiblichkeit.[16]

III.

Aber der Autorin geht es – wie die Analyse der männlichen Figuren
zeigt – zugleich um eine weitergehende Problematisierung von Auto-
nomiekonzepten, wodurch wiederum die These von der weiblichen
,Nichtigkeit' einen völlig anderen Stellenwert erhält. Überdeutlich
werden nämlich auch die männlichen Gestalten des Romans als ,Un-
terworfene' charakterisiert: Sie verlieren sich entweder an Intrigen, an
die Musik, an ihren Machtwillen oder an das Ziel gesellschaftlicher
Veränderungen und sind selber ,Besessene', die nicht mehr autonom
über sich bestimmen können. Dies ist umso bedeutsamer, als alle vier
als Willensmenschen auftreten und von Bibiana auch so eingeschätzt
werden. Der Abenteurer spricht gegenüber Bibiana „von der Dikta-
tur" seines „Willens" (19), die verhindert, dass die Welt in Trümmern
über ihr zusammenschlägt. Doch genau diese Aussage wird durch
den weiteren Verlauf der Handlung widerlegt: er selbst kommt durch
das Scheitern seiner Pläne und die von ihm angezettelte Doppelspio-
nage zu Tode, während Bibiana durch die Protektion eines russischen
Diplomaten verschont bleibt.

Der Komponist ist dagegen der Musik ausgeliefert, einem „Brand, der mich verkohlt, und was übrig bleibt von mir ist Asche, in der zu immer neuem Brand ein winziger Funke weiterglimmt" (54). Er ist folglich gleichermaßen von der Musik besetzt und überschwemmt, wie Bibiana von ihm; in ihrer Perspektive sind es die Ströme von Klang, die „das lebendige Leben aus seinen Adern, aus seinem Gehirn, aus seinem Blut wegzuschwemmen schienen" (86). Und als er seine eigene Komposition dirigiert, kommt sie zu der Einsicht: „Das war kein Mensch mehr, das war Musik, kein Gehirn, kein Herz, kein Blut." (91)[17] Wieder ist es der ganze Mensch – versinnbildlicht durch die Dreiheit von Verstand, Körper und Gefühl –, der okkupiert und überlagert ist von einem Anderen, in diesem Fall der Musik.[18]

Und auch der Revolutionär zweifelt: „[G]ehöre ich denn mir? Eine unsichtbare Geißel peitscht mich durch mein eigenes Leben hindurch. Ich lebe nicht, es lebt mich." (162) Er bezieht folglich seinen Willen erst aus der Masse der ihm Zuhörenden: „Der träge und gewalttätige Wille, spürte sie, der ihm aus allen Herzen, auch aus ihrem, bedingungslos zuströmte, in seinem Herzen verwandelte er sich in Dynamit." (132) Auch der Revolutionär ist somit auf andere verwiesen, durch die er lebt. Am Beispiel der männlichen Figuren illustriert Mela Hartwig somit den Zusammenbruch programmatischer Selbstermächtigung und das Versagen eines Willens, der sich die Welt zu erzwingen sucht.

Der Roman demonstriert somit, dass selbst extreme Willenskraft dem Subjekt keine andauernde Selbsttätigkeit und Herrschaft über das eigene Selbst ermöglicht. Mit Blick auf die Männergestalten wird somit die Frage nach der Möglichkeit autonomer Subjektivität überhaupt verhandelt; ihr Entwicklungsgang verdeutlicht gleichermaßen männliches Streben nach Autonomie wie auch dessen Scheitern. Wie dies allgemein für die Literatur der Moderne aufgewiesen wurde, stellt auch Mela Hartwig das Subjekt als „Unterworfenes oder Zerfallendes: als Produkt von Machtkonstellationen oder Ideologien, als Spielball von unbewussten, libidinalen Impulsen, als Opfer von [...] Kontingenz"[19] dar.

Mit der Demaskierung männlicher Autonomievorstellungen formuliert die Autorin darüber hinaus einen Einspruch gegen alle polaren Geschlechtertheorien, die die These der weiblichen Passivität benötigen, um Vorstellungen männlicher Autonomie und Unabhängigkeit zu entwerfen. Wenn, wie Inge Stephan am Beispiel der mythischen Konfiguration von Ödipus und Sphinx gezeigt hat, seit der Jahrhundertwende der Subjektdiskurs „als Geschlechterdiskurs"[20] ge-

führt wird, dann dreht Mela Hartwig am Ende der 1920er Jahre diese
Konstellation wieder um und entlarvt die Definition der Frau als
Versuch einer Ablenkung von jenem Zerfall, der die Konzeption des
autonomen Subjekts befallen hat.

Die Frage, vor der alle Figuren, jenseits ihres Geschlechts, damit
stehen, ist die nach ihrem Menschsein. So bekennt Bibiana gegenüber
dem Revolutionär:

> Ich war immer nur Geliebte, ich war kein Mensch. Ich habe mich in Rase-
> reien verwandelt, in Musik, in Gold, jeden Blutstropfen, jeden Atemzug habe
> ich hingegeben und war doch kein Mensch. (152)

Das 'Menschsein' erscheint folglich – und dies ebenfalls in deutlicher
Nähe zur Perspektive des Expressionismus – als geradezu utopisches
Moment, das eine Lösung weiblicher Fremdbestimmung und Selbstaufgabe beinhalten würde. Von einer solch positiv-humanistisch ge-
deuteten Existenz sind auch die männlichen Figuren weit entfernt. So
lassen sich vor allem der Hochstapler und der Bankier als Verkörpe-
rungen des von der Neuen Sachlichkeit entworfenen gepanzerten
Charakters[21] lesen. Zwar steht der Bankier, der „Petroleum in den
Adern hat statt Blut" (118), im deutlichen Gegensatz zu Bibianas unendlicher Liebes- und Hingabefähigkeit und gehört einer als zerstöre-
risch beschriebenen Sphäre an, doch dieser Gegensatz wird nun gerade nicht aufgelöst zugunsten der Affektivität und gegen die sach-
lich-rationale Welt. Insofern wird hier keine Entscheidung getroffen
zwischen einer 'Verhaltenslehre der Kälte' (Lethen), wie sie die Neue
Sachlichkeit propagiert, und einer exzessiven Emotionalität, wie sie
der Expressionismus sucht.[22]

Allerdings zeigt sich an dem Bemühen um Nüchternheit, das er-
staunlicherweise alle männlichen Figuren verbindet, dass die Balance
zwischen gegensätzlichen affektiven Zuständen – der Diagnose des
Romans zufolge, der deutlich die Zeit der 1920er Jahre spiegelt –
schwierig geworden ist. Schon der Hochstapler dekretiert: „Wer seinen Anspruch auf Verzückungen in einem einzigen Leben einlösen
will, muß sein Herz erst zur exzessivsten Nüchternheit erziehen."
(18) Das Ziel des Komponisten ist ebenso „inbrünstige Nüchternheit" (63) wie auch der Bankier „dämonische Nüchternheit" (106)
besitzt und seine Bank ein „Orchester der Nüchternheit" (102) darstellt. Alle männlichen Figuren sind somit vom Gegensatz von
Entgrenzung und kühler Beherrschung bestimmt, aber eine ausgewo-
gene Verbindung dieser polaren Gegensätze ist ihnen ebenfalls nicht

möglich. Nur einmal, in der Stimmung eines belebten Tagesbeginns, wie ihn Bibiana und der Komponist auf ihrem Weg nachhause erfahren, scheint eine solche Möglichkeit auf:

> Schweigend gingen sie zurück, torkelnd vor Müdigkeit, [...] bis die Straßen von den Geräuschen der Arbeit zu dröhnen begannen und Menschen, Straßenbahnwagen, Omnibusse und Automobile, wie Teile einer ungeheuren Maschine und wie von einem Transmissionsriemen getrieben, in einer bacchantischen Ordnung durcheinanderwirbelten und die beiden Müßiggänger zur Besinnung zwangen. (62f.)

In dieser „bacchantischen Ordnung", die zur Besinnung zwingt, fallen endlich einmal Rausch und Nüchternheit in eins, aber die Fähigkeit zu einer solchen Synthese ist auch den Liebenden nicht dauerhaft gegeben und stellt daher innerhalb des Romans einen Weltzugang von utopischer Dimension dar, der außerdem in literaturhistorischer Perspektive als Bemühen Mela Hartwigs um eine paradoxe Verbindung von Expressionismus und Neuer Sachlichkeit zu deuten ist.[23]

IV.

Wird somit die Polarität von weiblicher ‚Suggestibilität' und männlicher Autonomie durch den Roman unterlaufen, macht die Autorin – in einem darüber hinaus gehenden gedanklichen Schritt – deutlich, dass die These von der „weiblichen Nichtigkeit", so man sie ernst nimmt, auch positiv, nämlich als Potentialität, gedeutet werden kann. So lässt sie ihrer Protagonistin eine proteische Subjektivität zukommen, die gerade im Verzicht auf den eigenen Willen, auf die abgegrenzte bestimmte Individualität, ein Mehr an Subjektentfaltung möglich macht. Dies impliziert die Fähigkeit zur Verwandlung in die verschiedensten Gestalten wie auch eine Erfahrung der unterschiedlichsten gesellschaftlichen Bereiche, die wiederum als Polarität – von Kunst und Geld, von Armut und Reichtum, von Hochstapelei und Macht – gezeichnet werden.

Dass Bibianas mangelnde eindeutige Identität nicht nur als Defizit zu verstehen ist, wird gleich am Beginn des Romans deutlich, als Bibiana vor dem Aufbruch ihr Gesicht im Spiegel studiert, ja gewissermaßen liest: „Mein Gesicht ist abenteuerlich vielfältig, dachte Bibiana. Meine Mutter muß mich Zug um Zug empfangen haben. Wie soll ich je die geheimnisvollen Augen, den frechen Mund und die

schwermütigen Konturen meiner Wangen zu einem einzigen Gesicht
zusammenzwingen." (7)[24]

Bibianas vielfältige Anlagen können nicht zu einer eindeutigen Figur zusammenfinden; der Verlust an einheitlicher Gestalt wird dabei
aber durch den Gewinn an subjektiven Möglichkeiten gewissermaßen
aufgewogen. Hier besteht wiederum ein Bezug zu Otto Weininger,
der formuliert:

> Das Weib **ist** nichts, und darum, **nur** darum **kann es alles werden**: während
> der Mann stets nur werden kann, was er ist.[25]

Fast klingt es hier, als sei Weininger, entgegen seinen eigenen Intentio-
nen, fasziniert von dieser weiblichen Potentialität. Man kann insofern
die These aufstellen, dass Mela Hartwig gewissermaßen mit Weininger
gegen Weininger argumentiert, dass sie also in ihrem Roman dessen
Polarisierung der Geschlechtscharaktere bewusst unterläuft und zugleich seinen Hinweis auf die Suggestibilität des Weibes in ein unendli-
ches Reservoir an Entwicklungsmöglichkeiten umdeutet.

Insofern lässt sich Bibianas Formlosigkeit auch als Figur einer pa-
radoxen Ermächtigung lesen und als Beschreibung dessen, was den
männlichen Willenssubjekten abgeht. Von hier aus lässt sich eine Linie ziehen zu jenen Reflexionen über Subjektivität, wie sie sich beispielsweise ungefähr zeitgleich in Hugo von Hofmannsthals Drama
Der Schwierige finden, dessen Protagonist Hans-Karl von Bühl ebenfalls nicht als selbstbestimmtes Wesen und selbstmächtige Einheit
seiner Erfahrungen auftritt, sondern als ein äußeren Einflüssen und
inneren Getriebenheiten ausgeliefertes Subjekt.[26] Nicht zuletzt erinnern Bibianas Wandlungen, gerade weil sie auch ihren Körper und ihr
Aussehen so radikal verändert, von Ferne an Virginia Woolfs ein Jahr
zuvor erschienenen Roman *Orlando*, in dem ebenfalls eine sich un-
endlich verwandelnde Protagonistin im Zentrum steht. Ähnlich wie
Orlando gelingt auch Bibiana durch ihre phantastische Fähigkeit zur
mimetischen Veränderung die Anverwandlung an gänzlich verschiedene Gesellschaftsbereiche und Schichten. Ihr Weg von der Welt des
Hochadels zur der der Künstler, von der Großfinanz zur aufbegeh-
renden revolutionären Arbeiterbewegung bezeugt dabei zugleich jene
soziale Mobilität, die für die Zeit der Weimarer Republik und für das
Aufbrechen vertrauter Orientierungsschemata bezeichnend ist.

Anders aber als in *Orlando* führt Bibianas Weg in eine immer düs-
tere Welt; vor allem in der zweiten Hälfte entsteht das Bild einer Gesellschaft, die von den Auswirkungen der Globalisierung und dem-

entsprechend von gewaltigen Finanz- und Medienströmen bestimmt und von inneren Zerfallserscheinungen erschüttert wird. Im Zusammenhang mit dieser zunehmend hoffnungslosen gesellschaftlichen Bestandsaufnahme, die der Roman leistet, muss auch der Tod Bibianas gedeutet werden. Sie wird bei einer Demonstration getötet, zu der sie eigentlich nur geht, weil ihr Geliebter in Haft ist und sie daher „gegen das Leben selbst [...] demonstriert" (171). Dieser Tod ist aber nun gerade nicht jenes von ihr ersehnte Opfer, sondern eher ein zufälliges und sinnloses Vorkommnis. Mit diesem Ende gewinnt der Roman verstärkt eine politische Dimension: Die Problematik des Geschlechterverhältnisses wird nun in Bezug gesetzt zu anderen gesellschaftlichen Missständen, vor allem dem Phänomen gesellschaftlicher Ungleichheit, womit die Kritik an einer weiteren Form ungerechter sozialer Differenzierung zu der an der Hierarchie der Geschlechterdifferenz hinzutritt.

Während Bibianas Körper als der Bereich, an dem sich ihre Anziehung auf Männer festmacht, von Pferdehufen völlig „zerstampft" wird, ist ihr Gesicht, so der Schlusssatz des Romans, „unversehrt und um ihren Mund kerbte ein ganz kleines und sehr kindliches Lächeln eine fragende Spur" (175). Dieses Ende verrät, dass die Fragen des Romans offen bleiben – nach weiblicher Identität jenseits männlicher Formung, nach einem geglückten Liebesverhältnis, nach einem Ausgleich der Geschlechter. Bibianas Tod verweist somit auf die eher pessimistische Dimension des Romans, der weder Hoffnung auf gesellschaftliche Entwicklung noch auf eine Veränderung des Geschlechterverhältnisses wecken will.

V.

Jene für Bibiana kennzeichnende Subjektlosigkeit erscheint aber innerhalb des Romans nicht zuletzt auch in Hinblick auf die Liebesthematik gewissermaßen als Begabung oder Gabe. So wird Bibianas Fähigkeit zur Verwandlung mehrfach direkt als Ergebnis ihrer Liebesfähigkeit gekennzeichnet, der sie – im Gegensatz zu den männlichen Figuren – geradezu hilflos ausgeliefert ist. Während ihrer Beziehung zu dem Bankier stellt sie sich daher die Frage:

> War denn jedes Herz, fragte sie sich verstört, mit irgendeinem Panzer umgürtet, aus Gehirnsubstanz, aus Musik, aus Geld, konnte man denn wirklich an keinen Menschen näher herankommen, als bis an unsichtbare Mauern der

Selbstsucht, konnte man denn immer nur in ihre Eitelkeiten, ihre Interessen, ihre Begierden und niemals in sie selbst eindringen und war es deshalb so schmerzhaft zu lieben? (123)

Bibiana erscheint damit als Frau liebesfähig – im Gegensatz zu den auf Abgrenzung bedachten und in ihren Interessen eingemauerten männlichen Gestalten. Damit kehrt Mela Hartwig – in einer fast an die Frauenliteratur der 80er Jahre anmutenden Weise – die Defizienzdiagnose noch einmal um: Nicht der ‚imprägnierbaren‘ Frau fehlt etwas, sondern die vermeintlich autonomen männlichen Subjekte sind allesamt gepanzerte Individuen, die aus diesem Grund von der Liebe nicht wirklich berührt werden können.[27]

Hartwigs Analyse einer mangelnden weiblichen Subjektivität erweist sich somit als mehrschichtige Umschrift einer Weiningerschen Diagnose, bezieht sich aber zugleich auf Veränderungen in der Konzeption von Subjektivität, wie sie die literarische Moderne seit der Jahrhundertwende entwickelt, sowie auf die von der Neuen Sachlichkeit entworfenen literarischen Themen. Aufgrund dieser eigenwilligen und vielschichtigen Auseinandersetzung mit der Geschlechterproblematik, mit dem „Polarisierungsdruck"[28] der Neuen Sachlichkeit und der bewussten Kritik an Vorstellungen autonomer Subjektivität steht Mela Hartwigs Werk ebenbürtig neben dem anderer Autorinnen der Weimarer Republik. Ihre seit 1992 einsetzende Wiederentdeckung muss dabei als späte, wenngleich unzureichende Wiedergutmachung an einer Autorin gelten, die aufgrund ihrer jüdischen Herkunft nach 1933 nicht mehr veröffentlichen konnte und deren gerade erst beginnende schriftstellerische Karriere durch das Exil unwiederbringlich zerstört wurde.[29]

Anmerkungen

1 Zur Thematik Neue Frau vgl. Antje Wischmann: Auf die Probe gestellt: Zur Debatte um die „neue Frau" der 1920er und 1930er Jahre in Schweden, Dänemark und Deutschland. Freiburg i. Br. 2006. Kerstin Barndt: Sentiment und Sachlichkeit. Der Roman der Neuen Frau in der Weimarer Republik. Köln 2003.

2 Alice Rühle-Gerstel wollte daher in dem geschilderten Frauenschicksal nur einen Einzelfall sehen. Vgl. dazu Bettina Fraisl: Körper und Text. (De-)Konstruktionen von Weiblichkeit und Leiblichkeit bei Mela Hartwig. Wien/Graz 2002, S. 263.

3 So sieht Petra Maria Wende in der Protagonistin eine „Frau, die auf die Frage nach ihrem Subjektstatus keine Antwort erhält, in einer männlich dominierten Welt ‚ein Nichts' bleibt." „Eine vergessene Grenzgängerin zwischen den Künsten." Mela Hartwig 1893 Wien – 1967 London. In: *Ariadne. Almanach des Archivs der deutschen Frauenbewegung*, H. 31: „Avantgarde und Tradition. Schriftstellerinnen zwischen den Weltkriegen", Mai 1997. S. 32-38, hier S. 35. In eine ähnliche Richtung zielt Bettina Fraisl, wenn sie schreibt: „Weibliche ‚Nichtigkeit' gerinnt damit zum Effekt einer patriarchalen Ordnung, die spezifisch ‚andere' Seinsweisen eliminiert." Fraisl (wie Anm. 2), S. 183.

4 Mela Hartwig: Das Weib ist ein Nichts. Hrsg. von Bettina Fraisl. Graz/Wien 2002, S. 141. Im Folgenden werden die Seitenangaben des Romans direkt im Text zitiert.

5 Als sie sich in den Komponisten verliebt, verwandelt sich ihr Gesicht „jäh" und wird „eine weiße Flamme, die ihre Züge um und um schmolz, jeden Rest frecher Lüsternheit aus ihren Mundwinkeln tilgte, ihre Augen träumerisch verdunkelte und zwischen ihnen und den keusch verschlossenen Lippen eine neue, kindliche Eintracht schuf." (53) Und anlässlich ihrer Beziehung zu dem Großbankier heißt es: „Ihr Gesicht straffte sich, wurde härter, fast kantig. Ihre Augen, die nur mehr von Kursschwankungen, Aktiengesellschaften, von Kreditgeld und Wechseldiskont träumten, schienen einzufrieren." (112)

6 Otto Weininger: Geschlecht und Charakter. Eine prinzipielle Untersuchung. Wien/Leipzig 1926, S. 228f. Weininger könnte ebenso gut der Titelgeber des Romans sein, denn auch er spricht immer wieder von der „Leerheit und Nullität der Frauen" (S. 247f.) und konstatiert: „das Weib ist nichts" (S. 254), an anderer Stelle ‚philosophischer': „Die Frauen haben keine Existenz und keine Essenz. (S. 248)

7 Weininger (wie Anm. 6), S. 227f. Allerdings ist diese absolute Trennung zwischen dem Männlichen und dem Weiblichen für Weininger nicht eindeutig gesichert, sondern er sieht Subjektivität als Mischungsverhältnis von weiblichen und männlichen Anteilen, wobei sich allerdings die männliche Seite um eine Abgrenzung vom Weiblichen bemühen sollte.

8 Mela Hartwigs Roman ist trotz des ausdrucksstarken Vokabulars nur teilweise als expressionistisch zu beschreiben; so wird das Satzgefüge nicht aufgesprengt und es fehlt überhaupt die Tendenz zur Verknappung wie auch inhaltlich utopische Elemente, die höchstens in der Gestalt des Revolutio-

närs anklingen. Hartwig verbindet in diesem Roman vielmehr Elemente des Expressionismus und der Neuen Sachlichkeit, insofern sie zwar an expressiver Wortwahl festhält, zugleich aber eine Realitätsnähe anstrebt, wie sie für die Neue Sachlichkeit bestimmend ist. Vgl. dazu Ursula Töller: Etwas Seltenes Überhaupt. Über das Verhältnis zwischen Schriftstellerinnen und literarischen Stilen. In: *Ariadne. Almanach des Archivs der deutschen Frauenbewegung*, H. 31: „Avantgarde und Tradition. Schriftstellerinnen zwischen den Weltkriegen", Mai 1997, S. 16-21, hier S. 19.

9 Auch der Begriff der Materie findet sich bei Weininger in diesem Sinne verwendet: „das Weib ist nichts, es ist **nur** Materie." Weininger (wie Anm. 6), S. 254.

10 Ehrgeiz spielt für alle Figuren des Romans eine entscheidende Rolle – hier zeichnet sich ein Bezug ab zur Literatur der Neuen Sachlichkeit, auf den später noch eingegangen wird.

11 So auch Fraisl (wie Anm. 2), S. 272.

12 Hartwigs Roman entsteht zeitlich etwas früher als die literarisch bedeutsamen Entwürfe der Neuen Frau. Nur Vicki Baums Roman *stud. chem. Helene Willfüer* erscheint ebenfalls 1929, Marieluise Fleißers *Mehlreisende Frieda Geier* im Jahr 1931, Irmgard Keuns Roman *Das kunstseidene Mädchen* 1932. Die zeitliche Nähe dieser Romane verrät, dass die gesellschaftlichen Veränderungen im Geschlechterverhältnis auch eine neue Bestimmung von Weiblichkeit dringlich machten.

13 Friedrich Hebbel: Judith. Stuttgart 1984, S. 17.

14 Hier klingt wiederum Weininger an, der für die Frau ebenfalls nur die Alternative sieht, Mutter oder Dirne zu sein. Sigrid Schmid-Bortenschlager stellt die Metaphorik des Spiegels ins Zentrum ihrer Diskussion der Werke Mela Hartwigs. Sigrid Schmid-Bortenschlager: Der zerbrochene Spiegel. Weibliche Kritik der Psychoanalyse in Mela Hartwigs Novellen. In: *Modern Austrian Literature*, 12. Jahrgang, 1979, S. 77-95.

15 Bettina Fraisl zitiert eine Passage am Ende des Romans, die auf Bibianas zunehmenden Wunsch nach „erlebbarem Eigensinn" (259) verweist, doch dieser Wunsch wird am Ende des Romans nicht erfüllt, sondern bleibt in Ansätzen stecken.

16 Es gilt somit zu unterscheiden zwischen Ambivalenz auf Seiten der Protagonistin, die als Widerspruch zwischen Formbarkeit und Eigentätigkeit aufscheint, und Ambivalenz auf Seiten der Autorin, die in diesem Roman von Mela Hartwig auszuschließen ist. Heide Soltau hat in ihrer Studie *Trennungs-Spuren. Frauenliteratur der zwanziger Jahre* (Frankfurt a. M. 1984) über die Frauenliteratur der zwanziger Jahre Ambivalenz als wesentliches Charakteristikum diagnostiziert.

17 In vergleichbarer Weise heißt es über den Revolutionär, den Bibiana plötzlich aus der Masse der Revoltierenden hervor steigen sieht: „Das war kein Mensch, begriff Bibiana verstört, [...] das war nur der Kopf dieser Masse und ihr Mund". (131)

18 Dementsprechend wird auch der Musiker als „rasender Spiegel" beschrieben, „der unersättlich das Leben empfing, es in sich hineinstürzte, in sich aufstaute" (92). Zwar ist er schöpferisch tätig, aber gleichwohl ein Empfangender, der sich passiv und rezeptiv verhält und daher als Spiegel bezeichnet

werden kann. Hier unterläuft Hartwig auch in der Metaphorik die Dichotomie von weiblich-passiv und männlich-aktiv-schöpferisch.

[19] Peter V. Zima: Theorie des Subjekts. Subjektivität und Identität zwischen Moderne und Postmoderne. Tübingen 2000, S. 324.

[20] Inge Stephan: Musen und Medusen. Mythos und Geschlecht in der Literatur des 20. Jahrhunderts. Köln/Weimar/Wien 1997, S. 24.

[21] Vgl. Helmut Lethen: Verhaltenslehren der Kälte. Lebensversuche zwischen den Kriegen. Frankfurt a. M. 1994, S. 41.

[22] Vgl. dazu Lethen (wie Anm. 21), S. 40ff.

[23] Es geht Hartwig damit um eine ähnliche Verbindung von Konstruktion und Irrationalität, wie sie Birgit Haas für das Werk Marieluise Fleißerst beschreibt: Vgl. Birgit Haas: Marieluise Fleißers Schreiben zwischen ‚innerer Stimme' und neuer Sachlichkeit. In: Sabina Kyora; Stefan Neuhaus (Hrsg.): Realistisches Schreiben in der Weimarer Republik. Würzburg 2006, S. 215-235.

[24] Nach Bettina Fraisl steckt in dieser Passage aber auch ein Bezug zu Freuds Diktum von der „Anatomie als Schicksal" und d.h. vor allem als weibliches Schicksal. (Nachwort zu *Das Weib ist ein Nichts*, S. 179). Allerdings impliziert dies auch eine Kritik an Freud, denn die Anatomie eröffnet hier gerade viele Möglichkeiten und bedingt insofern eben kein Schicksal, da sie keine eindeutigen Festlegungen und Zuordnungen erlaubt.

[25] Weininger (wie Anm. 6), S. 255.

[26] Vgl. Zima (wie Anm. 19), S. 91ff.

[27] Bettina Fraisl verweist ebenfalls darauf, dass die Anpassungsfähigkeit Bibianas auch als Fähigkeit gewertet wird: „Hingabe rückt gleichermaßen als Selbstaufgabe wie als Liebesfähigkeit und Einfühlungsvermögen ins Blickfeld, erfährt also eine ambivalente Besetzung durch Hinweis auf Gefahr und Gewinn einer solchen Eigenschaft." Fraisl (wie Anm. 2), S. 266.

[28] Lethen (wie Anm. 21), S. 43.

[29] Mela Hartwigs Wiederentdeckung begann mit der Neuausgabe ihres ersten Erzählungsbandes *Ekstasen* im Ullstein-Verlag im Jahr 1992; in den folgenden Jahren erschienen im Droschl-Verlag zum ersten Mal ihr bisher unveröffentlichter Roman *Bin ich ein überflüssiger Mensch?* (2000) und ihr Roman *Das Weib ist ein Nichts* (2002).

„Ich bin Indianer! Bedenken Sie das!"

Else Lasker-Schülers Spiel und Verwandlung im Großstadtdschungel

von Lydia Strauß

> Ich bin in Theben (Ägypten) geboren, wenn ich auch in El-
> berfeld zur Welt kam im Rheinland. Ich ging bis 11 Jahre zur
> Schule, wurde Robinson, lebte fünf Jahre im Morgenlande,
> und seitdem vegetiere ich.[1]
>
> *Else Lasker-Schüler (1920)*

Als Kurt Pinthus, Herausgeber der Anthologie *Menschheitsdämmerung,* Else Lasker-Schüler 1920 um ihre biografischen Angaben für seinen expressionistischen Gedichtband bat, musste er damit rechnen, dass die Dichterin ihren Lebenslauf spontan umschreiben und ihm ein kleines Märchen übersenden würde. Denn zu dieser Zeit war die echte Else Lasker-Schüler bereits hinter Gerüchten und Legenden verschwunden, die sie selbst, wann immer sich die Möglichkeit bot, schriftlich und mündlich verbreitet hatte. Sie liebte es, Geschichten über ihre Person zu erfinden. So verlegte sie ihren Heimatort kurzer-hand von dem kleinen Dorf Elberfeld in die prächtige Wüstenstadt Theben, setzte ihr Geburtsjahr von 1869 auf 1876 und gab sich neue Namen, die fremd und geheimnisvoll klangen. Tino von Bagdad, Prinz Jussuf und Indianerin Pampeia heißen literarische Gestalten und Bildakteure im Werk der Dichterin. Gleichzeitig sind es wohl die bekanntesten Rollen, in die Lasker-Schüler im Verlauf ihres Lebens selbst schlüpfte. Dabei reichen ihre Verwandlungen weit über eine bloße Umbenennung hinaus. Jede ihrer Kunstfiguren setzt sich kritisch und ironisch mit bestimmten Aspekten der gesellschaftlichen Realität auseinander. Die Männergestalten, die sie verkörpert, sind durch Wesenszüge wie Stärke, Gerechtigkeitssinn und Menschenliebe gekennzeichnet. In der Rolle der empfindsamen Indianerin fordert sie den Rückzug aus der Großstadt und ein Leben im Einklang mit der Natur.

Für ihre fiktiven Charaktere verfasste Else Lasker-Schüler eigene Biografien, gestaltete deren Äußeres und schuf exotische Lebens-räume für sie. „Es ist heute eine peruanische Hitze", schrieb sie als Indianerin Pampeia 1932 an Gert Wollheim, „morgen ist Sonntag, da

muß ich über die Felder reiten und aus dem Cocoswald Cocos holen".[2] Tatsächlich entstand der Brief fernab von Feldern und Kokos-
wäldern in Berlin, wo Lasker-Schüler von 1894 bis 1939 in kleinen
Dachkammern und engen Hotelzimmern lebte. In diesen Jahren be-
mühte sich die Dichterin in der Hauptstadt um künstlerische Anerkennung bei Freunden, Verlegern und Redakteuren und bat sie, oftmals vergeblich, ihre Texte zu veröffentlichen. Doch trotz finanzieller
Sorgen und der verzweifelten Suche nach Bestätigung gelang es ihr,
sich mitten in der wachsenden Metropole Berlin eine zweite, buntere
Welt zu errichten, in der sie als verwandelter Prinz ein ganzes Volk
regierte oder als Indianerin glücklich durch den Urwald streifte.

Bemerkenswert an diesen Kunstfiguren ist, mit welcher Detail-
freude und Intensität Else Lasker-Schüler daran arbeitete, den erfun-
denen Charakteren Glaubwürdigkeit und den Anschein einer wahren
Existenz zu verleihen. Mit der Zeit wurden die literarischen Figuren
aus Gedichten und Prosatexten zu den Absendern privater Briefe
und Postkarten. Darin berichten sie über ein abenteuerliches Leben
in der Fremde, wo sie als Helden gefeiert und nicht mehr von Geld-
sorgen geplagt werden. Schließlich nahmen sie in kleinen Feder- und
Buntstiftzeichnungen der Dichterin Gestalt an. Indem Lasker-Schüler
selbst im Kostüm des Prinzen Jussuf oder der Indianerin Pampeia
durch Berlin zog und damit ihre Kunstfiguren in die eigene Lebenswelt übertrug, erreichte die Identifikation einen Höhepunkt. Die
Grenzen zwischen einer fiktiven Kunstwelt und dem realen Dichterleben vermischten sich allmählich immer stärker, und es gelang ihr,
damit sowohl Zeitgenossen als auch heutige Leser in ein fantastisches
Verwirrspiel zu verwickeln.

Verwandlung und Maskerade gaben Else Lasker-Schüler die Möglichkeit, dem ihr grau und langweilig erscheinenden Alltag zu entfliehen
und sich mit Hilfe ihrer Kunst in ein abenteuerliches Leben zu träumen. Als mittellose Dichterin, ständig darum bemüht, den Lebensun-
terhalt für sich und ihren kranken Sohn zu bestreiten, wurden ihr die
eigenen Text- und Bildwelten bald zu wichtigen Zufluchtsräumen, von
wo aus sie im schützenden Kostüm einer Fremden mit Künstlerfreunden und Verlegern kommunizieren konnte, aus denen sie aber auch
immer wieder neue Anregungen für weitere Figuren schöpfte. Gleichzeitig benutzte sie die Maskerade, um den von ihr empfundenen Män-
geln und Ungerechtigkeiten der realen Gesellschaft, in der sie lebte,
eine idealisierte Traumwelt gegenüberzustellen, in der Mann und Frau,
orientalischer Prinz und Indianersquaw gleiche Rechte genossen und
jeweils auf ihre Weise Gutes bewirken konnten.

„Spielen ist alles"[3]
Spielfiguren und poetische Zufluchtsräume

Die ungebremste Spiellust der Dichterin nimmt im Verwandlungsprozess eine zentrale Rolle ein und ist wichtige Voraussetzung für die Erschaffung neuer Ich-Figurationen. Klar stellt Else Lasker-Schüler die Bedeutung des Spiels in einem Brief an Ida Dehmel heraus und schreibt: „Kind sein, spielerisch sein, ist mir immer das Teuerste gewesen."[4] Sobald sie sich einen neuen Namen gibt und hinter der Maske einer fantastischen Figur verschwindet, eröffnet sie ein naives Spiel, in dem sie der Realität als Gestalt aus einer anderen Welt furchtloser entgegentreten kann. Verstärkt wird der kindliche Charakter des Maskenspiels durch die bewusste Entscheidung für Wesen, die ihr seit Kindheitstagen aus Märchenbüchern und Abenteuerromanen bekannt gewesen sein dürften. Prinzessinnen und Kaiser, Cowboys und Indianer sind die Rollen, in die sie am liebsten schlüpft. So berichtet sie in einem Brief an den Wiener Medizinstudenten Paul Goldschneider von ihrer jüngsten Verwandlung: „Manchmal, nein einmal, vor einigen Tagen nahm ich meinen herrlichen Indianerhut mit den schönen geschenkten Federn […] und setzte ihn auf – als ich mich vom Spiegel umdrehte, schrie das Zimmer laut vor Erregung."[5] Mindestens ebenso euphorisch verspricht sie Peter Altenberg, ein großes Kostümfest zu veranstalten, und bemerkt gleichzeitig, dass dem Freund wohl noch der richtige Partner zum Spielen fehle:

> O, Peter Altenberg, ich werde ein herrliches Fest geben, alle meine Bediensteten sollen gelungene Masken tragen, auch Tänzer und Tänzerinnen tanzen in Schellenröcken. [...] Aber nie hast Du jemand kennen gelernt, der so recht mit Dir spielen könnte, aus deinen Händen kleine Schlösser baute und dein Herz mit Bildern und Sternen tätowierte.[6]

Der unbedingte Wunsch der Dichterin, ihr wahres Ich hinter einer exotischen Maske zu verbergen, ist für sie eine mögliche Form, der Realität spielerisch zu begegnen. Hierzu schreibt Astrid Gehlhoff-Claes im Schlusswort der *Briefe an Karl Kraus*: „Spiel, steigernde Verwandlung sind ihr lebensnotwendig, weil sie Überwindung der Wirklichkeit, der Nüchternheit und der Langeweile sind. Für dieses Spiel hat sie viel geopfert, aber sie hat es nie lassen können."[7] Gleichzeitig gelang es ihr aber auch, in auffälliger Kleidung und mit ungewöhnlichem Verhalten das Interesse der Mitbürger zu wecken. Sobald sich die Dichterin in

Berlin als Tino von Bagdad oder Prinz von Theben präsentierte, wurde sie zu einer öffentlichen Gestalt, über die man redete und an die man sich erinnerte. Damit nahm sie vorweg, was von heutigen Künstlern in manchmal zweifelhafteren Formen als Imagepflege betrieben wird. In der männlich dominierten Künstlerwelt ihrer Zeit war das Auftreten der Dichterin im Kostüm des exotischen Einzelgängers zugleich eine Demonstration des Anspruchs auf Anerkennung.

Neben einer sichtbaren Verwandlung mit Hilfe von Schmuckstücken und Kostümen boten insbesondere Briefe und Postkarten für Lasker-Schüler einen idealen Raum zum Rollenspiel. In einer Korrespondenz haben beide Medien sehr unterschiedliche Eigenschaften. Eine Postkarte besitzt zwei Seiten, ohne dass sich bestimmen lässt, welche Seite die Vorderseite und welche die Rückseite ist.[8] Zudem ist der Verfasser auf eine begrenzte Größe festgelegt, die nur im Hoch- oder Querformat variieren kann und erwartet auf seinen Kartengruß in der Regel keine Antwort. Ein weiterer Unterschied ist die Öffentlichkeit der Postkarte, die in dem Bewusstsein an ihren Adressaten gelangt, dass auch Dritte sie lesen können.[9] Anders als in einem Brief besteht damit nicht die Möglichkeit, in einem verschlossenen Umschlag eine vertrauliche Nachricht zu übermitteln. Noch im Einführungsjahr erweiterte man die Postkarte um gedruckte Abbildungen.[10] Dies führte später vor allem bei den Künstlern des Expressionismus dazu, mittels des neuen Mediums selbst geschaffene Kunst auf sogenannten Künstlerpostkarten zu verschicken und die Karte als Bildträger für eigene Entwürfe zu nutzen, um sich mit anderen Künstlern darüber auszutauschen. Dabei entstand ein reger Schrift- und Bildwechsel, in dem die Funktion der Künstlerpostkarten als wichtiges Zeugnis spontaner Äußerungen deutlich wird. Sie verstärkten nicht nur den Zusammenhalt innerhalb einer Künstlergruppe, sondern dienten auch als „künstlerische Visitenkarten"[11] und Arbeitsproben.

Die Eigenschaften des jungen Kommunikationsmittels scheinen für die Ansprüche Lasker-Schülers an eine schriftliche Korrespondenz die ideale Voraussetzung zu sein. In ihrer Verwendung treibt sie die Möglichkeiten der Postkarte zu einem Höhepunkt und verbindet ihre künstlerischen Vorstellungen mit dem stetigen Wunsch nach schriftlicher Kommunikation. Fotokarten, Kunstpostkarten oder Blankokarten dienen ihr gleichermaßen dazu, sich ihrem Briefpartner auf vielfältige Weise mitzuteilen. Da sie sich an keine formalen Vorgaben hält, vereinen ihre kleinen Kunstwerke poetische Nachrichten und flüchtige Zeichnungen auf engstem Raum. Dadurch entsteht eine Einheit zwischen Text- und Bildwelt, die das Lesen der Postkarten für den Empfänger zu einem komplexen Erlebnis macht.

Wählte Lasker-Schüler hingegen die vertrauliche Form des Briefes, suggerierte sie dem Empfänger, dass sie ihn in ein Geheimnis einweihte und es ausschließlich mit ihm teilen wollte. Zudem erforderte ein Brief vom Adressaten eine Antwort, bei der er nun selbst vor die Entscheidung gestellt war, die Einladung zu einem Rollenspiel mit der Dichterin anzunehmen oder zu ignorieren. In letzterem Fall hatte er es meist für den Rest seines Lebens mit ihr verspielt.[12] Im günstigsten Fall jedoch entstanden in den Briefen feste Paarkonstellationen, wie Jussuf und sein Halbbruder Ruben oder Tino von Bagdad und der Herzog von Wien, die sich im Verlauf der Korrespondenzen zu untrennbaren Spielgefährten entwickelten. Zur Intention des Rollenwechsels und zu seiner Wirkung auf den heutigen Leser schreibt Anne Overlack in ihrer Abhandlung *Was geschieht im Brief*:

> Schon die Anrede signalisiert [dem Adressaten] den Spielcharakter des Briefes, dem späteren Leser aber seinen Übertritt in eine fiktive Welt. Und so werden beide, Adressat wie Leser, zunächst einmal ein ästhetisches Erlebnis (gehabt) haben.[13]

Besonders anschaulich gestaltete sich die Verwandlung dann, wenn die Dichterin ihren Briefen kleine Zeichnungen beilegte, in denen das abenteuerliche Leben ihrer Helden auch in Bildern dargestellt war. Sie zeigen deutlich, dass Lasker-Schüler ihre fantastischen Charaktere nicht nur mit Worten zum Leben erwecken wollte, sondern auch das Bedürfnis hatte, ihnen in separaten Zeichnungen sichtbare Konturen zu verleihen. Die Verflechtung von Text und Bild in den Briefen macht ihre Arbeiten zu Vorläufern der multimedialen Kunst und Lasker-Schüler zu einer Ausnahme in ihrer Zeit. Gleichzeitig bieten ihr sowohl Briefe als auch Zeichnungen die Möglichkeit, die Rolle der Dichterin neu zu entwerfen und sich selbst und ihre Umgebung immer wieder neu zu erfinden. Diese Entwicklung wird von Mary-Elizabeth O'Brien in einem Aufsatz über Maskerade und Geschlecht bei Else Lasker-Schüler folgendermaßen beschrieben: „[T]aking a new name and its corresponding identity is the ultimate gesture of self-creation."[14] Schließlich wird mit den Antwortschreiben der Briefpartner der Effekt des Rollentauschs verstärkt, da erst sie es der Dichterin ermöglichen, ihr neues Erscheinungsbild auch durch die Augen eines anderen wahrzunehmen und ihrem fantastischen Spiegelbild zu begegnen.

Metropolenleben und die Berliner Bohème: Neue Selbstentwürfe einer Dichterin

Das Spiel Lasker-Schülers erregte in Berlin großes Aufsehen und wurde mit Neugier und Erstaunen aufgenommen. Viele waren amüsiert, andere aber reagierten verständnislos oder ablehnend, wenn die Dichterin als Prinz von Theben in der Öffentlichkeit erschien. So berichtet die Fürstin zu Wied pikiert über eine Begegnung mit Lasker-Schüler im Kaufhaus des Westens: „Sie sah immer in meine Richtung – auffällig und höchst unangenehm."[15] Doch nicht nur die Berliner taten sich schwer, mit dem ungewöhnlichen Verhalten der Dichterin umzugehen, umgekehrt hatte auch Lasker-Schüler ein ambivalentes Verhältnis zu der Stadt und ihren Einwohnern. Zahlreiche Texte geben Auskunft darüber, wie sehr sie unter der Enge, der Lautstärke und der Anonymität in der modernen Metropole litt: „Ich kann die Sprache/ Dieses kühlen Landes nicht,/ Und seinen Schritt nicht gehen"[16], schreibt sie in dem Gedicht *Heimweh*. Dennoch versuchte sie mit dem hektischen Leben Schritt zu halten und sich Gehör zu verschaffen.

In Berlin begann sie die ersten Verwandlungsspiele und entwickelte immer wieder neue exotische Charaktere. Die Stadt war für sie abstoßend und inspirierend zugleich.[17] Warum es sie trotzdem immer wieder dorthin zog, begründet sie wie folgt: „Von hier aus reist man in Gedanken oft nach anderen Städten, hier will man wenigstens fort."[18] Das andauernde Fernweh, das Else Lasker-Schüler in Berlin verspürt, ist entscheidende Voraussetzung für ihr Rollenspiel. Es regt die Fantasie der Dichterin, die fort will und doch nicht kann, beständig an und ermuntert sie zu Figuren und Orten, die im starken Gegensatz zu den Stadtmenschen und ihrem Lebensraum stehen. So ist Berlin trotz des Lärms und der Einsamkeit, die Lasker-Schüler hier erlebt, gleichzeitig auch die Stadt, in der so bunte Persönlichkeiten wie der Prinz von Theben oder die Indianerin Pampeia entstehen können.

Über den befreundeten Dichter Peter Hille wird Lasker-Schüler in den Kreis der Berliner Bohème eingeführt und entwickelt sich schnell zu einer ihrer zentralen Gestalten. Peter Hille ist auch derjenige, der ihr den Namen Prinzessin Tino von Bagdad verleiht. Später tauschte sie diesen Titel für einige Jahre gegen ihren eigenen Namen ein, weil sie damit als orientalische Märchengestalt erscheinen wollte. Da sich für den Vornamen Tino das Geschlecht nicht eindeutig bestimmen lässt, deuten sich darin möglicherweise erste Anzeichen der bevorstehenden Verwandlung von einer Prinzessin in einen Prinzen an. Zentraler

Treffpunkt der Künstler ist das von Lasker-Schüler geliebte wie ver-
hasste Café des Westens am Kurfürstendamm. Es ist ein Ort, den die
Dichterin nach der Scheidung von Herwarth Walden häufiger aufsucht,
um nicht allein zu sein, sich mit Freunden auszutauschen oder einfach
zu beobachten. Hier ist sie unter Gleichgesinnten: Künstlerfreunden,
Kollegen und anderen Mittellosen, worüber sie schreibt:

> Weißt Du, das ist unsere Börse, dort muß man hin, dort schließt man ab.
> Dorthin kommen alle Dramaturgen, Maler, Dichter und viele Proleten, die
> gucken wollen. Damen mit Riesenhüten, Männer mit Monocle, nüchterne li-
> lapuderte Gesichter, auch Jungens, die sich pudern.[19]

Aus der Schilderung lässt sich ableiten, dass die Kaffeehäuser für Lasker-Schüler eine weitere wichtige Inspirationsquelle waren, weil die auffälligen Besucher sie dazu ermutigten, sich selbst zu verkleiden und im
orientalischen Kostüm dem Alltag der Großstadt zu trotzen. Zunehmend fand sie Gefallen an der Rolle der Außenseiterin und sorgte mit
ihren ungewöhnlichen Auftritten unter Künstlerfreunden für Aufsehen
und Diskussionsstoff. So erinnert sich Gottfried Benn 1952:

> Sie war klein, damals knabenhaft schlank, hatte pechschwarze Haare, kurz
> geschnitten, was zu der Zeit noch selten war [...]. Man konnte weder damals
> noch später mit ihr über die Straße gehen, ohne daß alle Welt stillstand und
> ihr nachsah: extravagante Röcke oder Hosen, unmögliche Obergewänder,
> Hals und Arme behängt mit auffallendem Schmuck [...].[20]

Zur Veranschaulichung kann eine Schwarzweißaufnahme der Dichterin von 1906 dienen (Abb. 1). Selbstbewusst sieht sie den Betrachter
an, dessen Blick zuerst auf eine ungewöhnliche Wollmütze fällt, die
sich die Dichterin schief auf den Kopf gesetzt hat. Verschiedene
Schmuckstücke wie eine fächerförmige Brosche, Hängeohrringe, eine
große Gürtelschnalle und eine gläserne Perlenkette auf einer hellen
Spitzenbluse decken sich mit der Beschreibung Benns. Es fällt nicht
schwer, sich vorzustellen, dass Lasker-Schüler mit dieser Gewandung
die Aufmerksamkeit der Menschen auf sich zog.

Mit den zahlreichen Lichtspielhäusern, Theatern und Varietés in Berlin findet sie weitere Orte, die ihre Vorstellungskraft beflügeln und sie zu
neuen Selbstentwürfen ermuntern. Insbesondere das Kino und der Zirkus begeistern die Dichterin. Auf der Leinwand sieht sie Abenteuerfilme
mit Cowboys, die auf Pferden durch die Prärie jagen, im Zirkus begegnen ihr Akrobaten in bunten Kostümen und wilde Tiere, die ihre Gedanken aus der Enge der Stadt in ein fernes Reich tragen.

Abb. 1 Else Lasker-Schüler (ca. 1906)

Weitere Anregungen für ihre Figuren kann sie Reklamebildern und Kaufhausschaufenstern entnehmen, in denen zu Beginn des 20. Jahrhunderts orientalische und koloniale Motive deutlich zunehmen.[21] Wie viele Kunden ist auch Else Lasker-Schüler fasziniert von dem fremden Erscheinungsbild farbiger Exoten, die für Kaffee, Tabak oder Schokolade werben, und schöpft hieraus vermutlich Ideen für immer neue Gewandungen. Film und Reklame beleben ihr Fernweh stets aufs Neue und die für sie unstillbare Sehnsucht verstärkt ihren Drang, sich an Ort und Stelle in eine Figur aus einem fernen Land zu verwandeln. So wappnet sie sich für ein Leben in der Wildnis und bleibt doch immer in ihrer Stadt:

> Ich trage drum mit Vorliebe Entweder meine Jaguarmütze oder meinen Wild West Kalkuttanischen Basthut und den Riemen meiner Indianertasche Über dem Schulterblatt und eine rote Jacke und ein grünseidenes gescheckstes Tuch um den Hals gebunden. So, lieber Indianer marschier ich durch die Straßen Berlins.[22]

Damit unterscheidet Lasker-Schüler sich von den anderen Bürgern der Stadt, die das Exotische nur bestaunen, während sie es in sich aufnimmt und lebt.

Die Dichterin wird ein Prinz –
Jussuf und sein Märchenreich Theben

Eine besonders markante Rolle reicht weit über das literarische Werk Else Lasker-Schülers hinaus. Es ist die Figur des Prinzen Jussuf, den sie auch den „Spielkaiser"[23] nennt und dessen Verwandlung sich auf verschiedenen Ebenen vollzieht. Eindrucksvoll inszeniert sie den Rollentausch und betont die Wichtigkeit ihrer Meldung mit einem Telegramm:

> Eben regierender Prinz in Theben geworden. Es lebe die Hauptstadt und mein Volk! Ich werde in meiner Stadt erwartet, kostbare Teppiche hängen von den Dächern bis auf die Erdböden hernieder. […] Ich bin Hoheit. Merkt euch das […].[24]

Mit dieser literarischen Botschaft an Herwarth Walden erhebt sich Lasker-Schuler zum Prinzen Jussuf, der viele Jahre lang eine zentrale Gestalt ihrer Texte sein wird. Im Geburtsjahr des Prinzen lässt sich Walden von der Dichterin scheiden. Plötzlich ist sie auf sich allein gestellt, muss selbst Geld verdienen, ihren Sohn versorgen und nach wie vor bei ihren Verlegern um eine bessere Bezahlung kämpfen. „In dieser Lage", schreibt Bauschinger, „fand und erfand sie die Figur des Prinzen von Theben, dessen Maske sie sich aufsetzte […] und als dessen Personifizierung sie fortan durch die Straßen Berlins wandelte".[25] Der Prinz erscheint in Texten Else Lasker-Schülers, wie in dem Roman *Mein Herz* (1912) und dem Geschichtenbuch *Der Prinz von Theben* (1914), er ist der Absender zahlreicher Briefe und Postkarten an den expressionistischen Maler Franz Marc und auf vielen ihrer Zeichnungen präsent. Dabei ist seine Person immer mit der Dichterin identisch.

In der Rolle des Prinzen kann Lasker-Schüler das Leben führen, das ihr in der Realität versagt bleibt. Hinter der Maske Jussufs erscheint sie als großzügige und wohlhabende Person, die ihrem Volk in der Wüstenstadt Theben goldene Paläste und Tempel errichtet und sich in der Rolle eines mächtigen Herrschers zu behaupten weiß. Durch bestimmte Handlungen und Wesenszüge des Prinzen verstärkt die Dichterin den Eindruck selbstbewusster Männlichkeit. Jussuf ist mutig, weiß Befehle zu geben und gegen feindliche Soldaten zu kämpfen. Einmal berichtet sie nicht ohne Ironie, wie Jussuf drei gefangen genommene Menschenfresser aus Mitleid mit „allerlei Waffenzeug, Perlengurten und glitzernden Steinen"[26] beschenkte. Beigefügte Zeichnungen zeigen den meist bewaffneten Prinzen in kriegerischer Haltung mit zornigem Blick in Begleitung seiner Dienerschaft (Abb. 2).

Es war vor allem Franz Marc, der Lasker-Schüler mit seinen bunten Tierpostkarten zu immer wieder neuen Abenteuern des Prinzen Jussuf anregte. In Briefen und Postkarten kommunizieren Jussuf, sein Halbbruder Ruben, auch Blauer Reiter genannt, und Goldmareia miteinander. Dabei handelt es sich um Lasker-Schüler und Franz Marc sowie um dessen Ehefrau Maria, die sich beide sofort

Abb. 2 Zeichnung von Else Lasker-Schüler: *Jussuf und der Neger Oßman* (um 1915)

auf den Rollentausch und das Spiel mit der Dichterin einließen. Insbesondere die Begegnung mit Marc war für Lasker-Schüler ein Glücksfall, da er es wie kein anderer Schreibpartner vermochte, auf die Briefe der Dichterin einzugehen. Meike Feßmann schreibt hierzu in ihrer Arbeit *Spielfiguren*: „Else Lasker-Schüler hatte in Franz Marc einen Freund gefunden, der bereit war, sich auf ihr Traumspiel einzulassen."[27] Schließlich fühlte sich die Dichterin selbst ermutigt, ihren Briefen Zeichnungen Jussufs beizulegen, die zu dem anschaulichen Gesamteindruck der Figur beitragen.

Eine kleine Zeichnung mit dem Titel *Jussuf prince Tiba* (1913) zeigt den Prinzen in orientalischer Gewandung vor einer Stadtsilhouette bei Nacht. Wie alle Porträts Jussufs ist auch diese Zeichnung als ein Selbstbildnis der Dichterin zu verstehen. Vertraute Symbole, die sich in Lasker-Schülers Werk regelmäßig wiederholen, ermöglichen dem Betrachter einen Zugang zum Bildmotiv. Jussuf, erkennbar am markanten Kurzhaarschnitt und der typischen Wangenbemalung – einer Mondsichel mit einem sechszackigen Stern darin – ist wie so oft im Profil gezeichnet und hat den Kopf zur linken Bildhälfte gedreht. Das spitze Kinn auf die rechte Hand gestützt, sieht er mit dem linken Auge, das zu einem schmalen Schlitz geformt ist, zum Betrachter. Seine linke Hand, die er ihm entgegenhält, ist mit zwei Sternen versehen. Am kleinen Finger trägt Jussuf einen auffälligen Ring und hat

am Handgelenk eine Sichel befestigt, womit das Motiv der Mondsichel noch einmal aufgegriffen wird. Im Hintergrund sind die Häuser
der Stadt Theben zu erkennen, die in der Bildwelt Else Lasker-Schülers als vertraute Silhouette erscheinen.

Die starke Identifika-
tion mit dem Prinzen gip-
felt schließlich in einem
Foto, auf dem Else Las-
ker-Schüler als Prinz Jussuf im orientalischen
Kostüm erscheint. Laut
Kerstin Decker war diese
Verkleidung ursprünglich
für eine Varietévorstel-
lung gedacht, die jedoch
nie stattgefunden hat.[28]
Das Bild von 1912 zeigt
die Dichterin in einem
seidenen Obergewand
und Pluderhosen (Abb.
3). Sie steht aufrecht in
hellen Stiefeletten und ist
wie in den Porträtzeich-
nungen Jussufs im Profil
zu sehen. In den Händen
hält sie eine lange dünne
Blockflöte, auf der sie zu
spielen scheint. An der
Wand im Hintergrund ist
ein ähnliches Instrument
angebracht. Die dunklen,

Abb. 3 Else Lasker-Schüler im Kostüm des
Prinzen Jussuf (1912)

schulterlang geschnittenen Haare sind gescheitelt und glatt zur Seite
gekämmt. Der Blick der Dichterin ist ernst und in die Ferne gerichtet,
dabei fällt die Ähnlichkeit mit der zuvor besprochenen Zeichnung auf.
An einem gemusterten Stoffgürtel, der eine langärmelige, dunkle Sei-
denjacke verschlossen hält, ist ein kleiner Dolch befestigt. Mit Inszenierungen dieser Art wagte Else Lasker-Schüler einen Schritt über die
Grenze ihres poetischen und bildnerischen Märchenreichs hinaus und
versuchte die Träume aus ihrer Fantasiewelt in die Wirklichkeit zu
übertragen. Mit den Künstlerpostkarten als Mischform aus literari-

schem Text und privatem Kommunikationsmittel und einem Spiel-
partner wie Franz Marc konnte diese Überführung gelingen.

„Und ich weiß nur, daß ich mit Euch einen Urwald aufbauen möchte"[29] Das ernste Spiel der Indianerin Pampeia

Im Alter von 63 Jahren schlüpft Lasker-Schüler noch einmal für
kurze Zeit in eine neue Rolle. Es ist die Figur der wilden Indianerin
Pampeia, die im Dickicht des Dschungels mit ihren Stammesbrüdern
ein naturverbundenes Leben führt.[30] Diese Welt steht in starkem Gegensatz zu der hellen Wüstenstadt Theben. Die Dichterin verlässt
hierfür die goldenen Paläste aus Jussufs Königreich und zieht als Indianerin in den feuchten Urwald ein. Feßmann umschreibt diesen
neuen Ort wie folgt:

> Die Dschungel- und Indianerwelt […] ist eine geheime Welt, unter Wasser,
> in den Lüften, im Dickicht des Urwaldes, eine Welt, die Lasker-Schüler nur
> mit wenigen geteilt hat [...].[31]

Anregungen für ihre Indianerfigur erhielt sie bei der Lektüre von
Abenteuerromanen und vermutlich auf aufwändig inszenierten
Wildwestshows und Völkerschauen, die um die Jahrhundertwende
ein breites Publikum anzogen. Ihre Selbstinszenierungen waren vielleicht ein ironischer Kommentar dazu. Das Interesse Else Lasker-
Schülers an den Naturvölkern wird auch in den Prosaskizzen *Der In-
kas* (1928) und *Mein Menschen-Ideal* (1929) deutlich. Doch anders als
die Gestalt Jussufs erscheint Pampeia hier nicht als literarische Figur.
Ihre neue Rolle bleibt auf private Briefe und Bilder der Dichterin beschränkt.

In nur neun Briefen an den jungen Künstler Gert Wollheim
errichtet die Dichterin im Jahr 1932 einen komplexen Lebensraum, in
dem sich ihre Wünsche und Ängste gleichermaßen widerspiegeln.
Schon im ersten Brief wird der Leser unmittelbar in die fiktive Welt
hineingezogen, wenn es heißt:

> Feuerspeiender Berg, […] ich weiß nur, daß ich mit Euch einen Urwald auf-
> bauen möchte und eine neue Prairie legen möchte und wilde Pferde bändi-
> gen möchte [...]. Denn unsere Indianerfreundschaft hat mit dem Leben, das
> wir sonst leben, nichts zu tun [...].[32]

Bereits zu Beginn des Briefwechsels ist alles zu einem fantastischen Gesamtgefüge verdichtet, in dem die echten Namen der Briefpartner nicht erwähnt werden und nur Pampeia und der Feuerspeiende Berg agieren. Gleichzeitig überrascht der ernste Tonfall der Indianerin, die anders als Jussuf nicht zu Scherzen aufgelegt ist, wenn der Briefpartner einmal nicht auf ihr Schreiben reagiert. Mit beigelegten Porträtzeichnungen der Indianer und ihrer Lebenswelt verleiht

Abb. 4 Brief von Else Lasker-Schüler an Gert Wollheim: *Im Waldgedanken* (1932)

sie den Brieftexten Glaubwürdigkeit und fügt, um die Illusion noch zu verstärken, Kommentare wie „Ich übe mich in Pfeil und Bogen"[33] oder „Unser Dorf mit dem Abendstern"[34] an (Abb. 4 und 5).

Fast jede Zeichnung zeigt das Abbild der Indianerin, die meist mit ernstem Blick, auffälligem Federkopfschmuck und einer Wangenbemalung im Profil dargestellt ist, und verdeutlicht ihre zentrale Rolle. Dabei scheinen sich in einzelnen Zeichnungen die Figuren Jussuf und Pampeia zu vermischen, wenn die Indianerin als Wangenschmuck die gleiche Kriegsbemalung wie Prinz Jussuf trägt oder sie mit ihren Stammesmitgliedern ebenso entschlossen wie Jussuf mit seinem Diener Oßman durch den Urwald schreitet.

Abb. 5 Brief von Else Lasker-Schüler an Gert Wollheim: *Unser Dorf* (1932)

Von dieser Korrespondenz sind nur die Texte und Bilder der Dichterin erhalten. Aus ihnen lässt sich ableiten, dass Lasker-Schüler offenbar lange oder vergebens auf die Antwortschreiben Wollheims warten musste, wenn sie folgende Zeilen an ihn richtet: „Ich weiß nicht, warum Du mir nicht mehr schreibst oder nicht mehr mit mir sprichst."[35] Nachdem schließlich ein Treffen zwischen der Dichterin und dem Künstler scheitert, weil dieser in der Öffentlichkeit in Verlegenheit gerät, fordert Else Lasker-Schüler ihre Briefe enttäuscht zurück und versieht sie mit dem Kommentar „Correspondenz mit einem bösen Indianer"[36].

Hier drängt sich die Frage auf, warum Else Lasker-Schüler noch einmal so viel Kraft und Hoffnung in den Austausch mit einem 26 Jahre jüngeren Mann steckte, der offenbar gar kein Interesse an einem gemeinsamen Spiel hatte. Es ist zu vermuten, dass die Dichterin, die zunehmend allein und zurückgezogen lebte, noch einmal an den vorangegangenen Briefwechsel mit Marc anknüpfen wollte und möglicherweise geglaubt hatte, mit Wollheim auf einen ebenso fantasievollen Schreibpartner zu treffen. Nachdem Marc im Ersten Weltkrieg gefallen war, hatte Else Lasker-Schüler eine wichtige Bezugsperson verloren und war auf der Suche nach neuen Spielkameraden. Hierzu schreibt Margarete Kupper:

Um menschliche Nähe und Phantasie eins werden zu lassen, musste nicht nur die eigene Person verwandelt, musste auch den anderen Personen zu einer zweiten Existenz verholfen, mussten die Briefpartner zu Spielpartnern werden [...].[37]

Laut Bauschinger glaubte Lasker-Schüler außerdem, zwischen sich und Wollheim eine starke Seelenverwandtschaft zu spüren.[38] Doch vermutlich gab es tiefer greifende Gründe, die sie dazu veranlassten, sich noch einmal in eine Fantasiewelt zurückzuziehen. Zum damaligen Zeitpunkt war es der jüdischen Dichterin nicht mehr möglich, die von ihr geliebten Ausflüge an die Ostsee zu unternehmen, da sich in den Ferienorten antisemitische Ausschreitungen zu häufen begannen. Das weite Meer war ihr bis dahin stets wichtiger Rückzugsort, an den sie reiste, um den Tod ihres Sohnes zu verdrängen und der Enge der Großstadt zu entkommen.[39] So erinnern die Texte an einigen Stellen an die Schilderung eines Fluchtversuchs auf einen anderen Kontinent, um sich dort mit dem Brieffreund ein neues Leben aufzubauen. Denkbar ist auch, dass Wollheim die Dichterin an den verstorbenen Sohn erinnerte, der im Jahr des Briefwechsels 33 Jahre alt gewesen wäre und ebenfalls Künstler werden wollte. Vor diesem Hintergrund ist verständlich, warum Lasker-Schüler die Welt der Indianerin Pampeia so eilig und ernsthaft errichtete und in ihren Schreiben weder Witz noch Ironie anklingt. Gerade deshalb ist die Figur der Indianerin Pampeia auch eine der stärksten und glaubwürdigsten Rollen in Lasker-Schülers Leben, die es mit Texten und Bildern vermochte, dem Adressaten, aber in erster Linie sich selbst eine bessere Welt vorzutäuschen.

Zwischen Realitätsflucht und Identitätsverlust? Else Lasker-Schülers Suche nach dem eigenen Ich

Im wahren Leben war Else Lasker-Schüler weit davon entfernt, Prinz oder Indianerin zu sein. Sie lebte weder in der sonnigen Stadt Theben noch im Dickicht des Urwalds, sondern verbrachte viele Jahre als verlassene Ehefrau und mittellose Dichterin in der Großstadt. Doch „wo keine Wunder sind, da erschafft man sie selbst"[40], beschreibt Overlack die Fähigkeit der Dichterin, sich ihren Alltag in Texten und Bildern bunter zu gestalten, als es der Realität entsprach. Die tiefe Verinnerlichung einzelner Rollen und die Intensität, mit der Else Lasker-Schüler spielte, führen dem Leser vor Augen, dass sie das Verwandlungsspiel oftmals als einzige Möglichkeit betrieb, das Leben in der Großstadt und ihr schwieriges Künstlerdasein zu meistern. Mit ungebremstem Einfallsreichtum schaffte sie es, glaubwürdig den Eindruck zu vermitteln, es handle sich bei ihren Verkleidungen um verschiedene – männliche und weibliche, alte und junge, zivilisierte und wilde – Persönlichkeiten, denen allen gemeinsam ist, dass sich hinter ihrer Maske die Dichterin Else Lasker-Schüler und ihre Forderungen an das Leben verbergen.

Die Selbstentwürfe und Fluchtversuche nehmen im Verlauf der Jahre zu. Barbara Lersch-Schumacher sieht darin eine verzweifelte Suche nach dem Ich und deutet die ständigen Rollenwechsel als Identitätsverlust.[41] Dabei wird von Literaturkritikern oft auf das von Lasker-Schüler entworfene Bild der Dichterin verwiesen, die im Spiegel der Wasseroberfläche ihr Antlitz nicht mehr erkennen kann: „Im Spiegel der Bäche/ Finde ich mein Bild nicht mehr."[42] Im 29. Brief des *Malik-Romans* schildert sie im Gewand Jussufs das Gefühl, ihr wahres Ich gegen ein anderes eingetauscht zu haben und schreibt:

> Kaiser sein – heißt atmendes Denkmal sein; unter ihm liegt des Kaisers Persönlichkeit begraben, Ich bin zum Anschaun, Ich bin zum geschmückt werden mitten in anderer Leben; das Meine hab' ich dafür gegeben [...].[43]

Auf den ersten Blick scheint es so, als sei die Dichterin sich durch die Verwandlungen selbst fremd geworden und in der Rolle ihrer fiktiven Charaktere erstarrt. Doch trifft diese Beschreibung tatsächlich auf Jussuf und Pampeia zu? Ermöglichten sie es ihr nicht erst, sich aus der erdrückenden Enge und Unbeweglichkeit der Gesellschaft zu befreien und neue Kreativität zu entfalten? Brauchte sie die Maskeraden nicht auch, um ihrer Zeit einen kritischen Spiegel vorzuhalten?

Andere Biografen verweisen auf den spielerischen Aspekt eines Rollentauschs und auf die zentrale Bedeutung des Spiels in Else Lasker-Schülers Werk.[44] So kann das ständige Ablegen und Annehmen neuer Masken als kindliches Versteckspiel vor dem Ernst des Lebens verstanden werden. Dazu leisten ihre Spielgefährten einen nicht unerheblichen Beitrag, wenn sie darum bemüht sind, die Fassade einer heilen Welt aufrecht zu erhalten. Roland Möning beschreibt die Rolle Marcs in seinem Aufsatz *Zwischen „Abendland" und „Morgenland"* wie folgt: „[Er war] ständig bestrebt, für Else Lasker-Schüler einen Kokon aus Träumen zu spinnen, in den diese sich vor der Gefährdung der Großstadt zurückziehen kann."[45] Beigefügte Zeichnungen, die als Spiegel ihrer Vorstellungswelt verstanden werden können und die Verwandlung im Bild dokumentieren, ermöglichen es zudem, die bunten Spielfiguren für Freunde, Kollegen und den heutigen Leser tatsächlich sichtbar zu machen.

Doch die Maskerade war für Else Lasker-Schüler mehr als nur ein Spiel. Sie gewährte ihr einerseits Schutz vor der oftmals unerträglichen Realität und verhalf ihr andererseits zu dem ersehnten Gehör für die Botschaft einer Dichterin in der von Männern dominierten Kunstszene. So zweifelte sie auch nicht daran, dass ihr Dichterleben nur in zwei parallelen Welten funktionieren konnte: „Der künstlerische Mensch lebt in zwei Welten zu gleicher Zeit, auf seiner Erdenwelt und in seiner Phantasiewelt."[46] Indem sie die Welt ihrer Helden in Text und Bild detailliert gestaltete und sie schließlich die Grenze zwischen Fantasie und Wirklichkeit übertreten ließ, ging sie daraus selbst nicht nur als beachtete Dichterin, sondern auch als fantasievolle Künstlerin hervor. Sie bewegte sich in einem Kunstfeld zwischen Dichtung, Zeichnung und Performance, das bis heute nur von wenigen betreten wurde und Else Lasker-Schüler zu einer Ausnahmeerscheinung macht. Lässt man sich auf das Spiel der Dichterin ein und folgt ihr in die fremden Städte, die weite Steppe oder das Dickicht der Wälder, tun sich die Welten ihrer exotischen Helden auf, die dem Leser die eigenen Sehnsüchte vor Augen führen.

Anmerkungen

1   Von Lasker-Schüler 1920 eingereichte Kurzbiografie für die Anthologie
    Menschheitsdämmerung von Kurt Pinthus. Zit. n. Kurt Pinthus (Hrsg.):
    Menschheitsdämmerung. Ein Dokument des Expressionismus. Berlin 2003
    (Erstausgabe 1920), S. 352.

2   Lasker-Schüler an Gert Wollheim. 20.8.1932. Else Lasker-Schüler: Werke
    und Briefe. Bd. 8: „Briefe. 1925-1933". Frankfurt a. M. 2005, S. 315. (Dies.:
    Werke und Briefe. Im Auftrag des Franz Rosenzweig-Zentrums der Hebräi-
    schen Universität Jerusalem, der Bergischen Universität Wuppertal und des
    deutschen Literaturarchivs Marbach am Neckar. Hrsg. v. Norbert Oellers;
    Heinz Rölleke; Itta Shedletzky u.a. Frankfurt a. M. 1996-2011.) Zitate aus
    den *Werken und Briefen* werden künftig unter Anführung der Sigle „KA Band-
    nummer, Jahreszahl, Seitenzahl" angegeben.

3   Lasker-Schüler an Karl Kraus. Kurz vor dem 8.11.1911. KA 6, 2003, S. 209.

4   Lasker-Schüler an Ida Dehmel. 22.2.1904. Ebd., S. 58.

5   Lasker-Schüler an Paul Goldschneider. 24.9.1927. KA 8, 2005, S. 155.

6   Lasker-Schüler an Peter Altenberg. 1.2.1910. KA 6, 2003, S. 136f.

7   Astrid Gehlhoff-Claes (Hrsg.): Else Lasker-Schüler. Briefe an Karl Kraus.
    Berlin/Köln 1959, S. 159.

8   Der Philosoph Jacques Derrida schätzt insbesondere den freien und nicht
    klar definierten Umgang mit einer Postkarte: „Was ich vorziehe an der Post-
    karte ist, daß man nicht weiß, was vorn oder hinten ist, hier oder da, nah
    oder fern [...], recto oder verso. Noch was das Wichtigste ist, das Bild oder
    der Text, und im Text die Botschaft oder die Legende oder die Adresse."
    Jacques Derrida: Die Postkarte – von Sokrates bis an Freud und jenseits.
    Erste Lieferung. Berlin 1982, S. 20. Zit. n. Postkarten von Michael Diers und
    Jan Rieckhoff. Hrsg. v. Bundespostmuseum Frankfurt a. M./Heidelberg
    1987, S. 31.

9   Auf Russisch heißt Postkarte *открытка* (otkrytka) und wird von *открыт*
    (otkryt) – „geöffnet" abgeleitet.

10 In Deutschland wurde die sogenannte „Correspondenz-Karte" am 1.7.1870
    eingeführt. Hans Werner Rothe: Zum 100. Jubiläum der Postkarte. Der
    Erfurter Literat Ignaz Cajetan Arnold und seine Schriften. Erfurter Heimat-
    brief Nr. 21. Frankfurt a. M. 1970.

11 Bärbel Hedinger: Künstler der ›Brücke‹. In: Dies. (Hrsg.): Die Künstlerpost-
    karte. Von den Anfängen bis zur Gegenwart. München 1992, S. 175.

12 So geschah es beispielsweise im Fall des jungen Künstlers Gert Wollheim,
    der es nicht vermochte, sich in der Öffentlichkeit auf das Spiel der Dichterin
    einzulassen. Vgl. hierzu auch: „Sobald er [Gert Wollheim] sich in Gesell-
    schaft bewegt und hier seiner Adressatin begegnet, fällt er aus der Rolle, ver-
    birgt sich hinter der Alltagsmaske." Anne Overlack: Was geschieht im Brief?
    Strukturen der Briefkommunikation bei Else Lasker-Schüler und Hugo von
    Hofmannsthal. Tübingen 1993, S. 159.

13 Overlack (wie Anm. 12), S. 17.

14 Mary-Elizabeth O'Brien: „Ich war verkleidet als Poet ... Ich bin Poetin!!" The
    Masquerade of Gender in Lasker-Schüler's Work. In: *The German Quarterly*,

Vol. 65, Nr. 1. Focus on Women. Hrsg. v. Blackwell Publishing on behalf of the American Association of Teachers of German, Durham 1992. Vgl. auch http://www.jstor.org/stable/406801, S. 1, letzter Zugriff am 11.3.2010.

15 Zit. n. Sigrid Bauschinger: Else Lasker-Schüler. Ihr Werk und ihre Zeit. Heidelberg 1980, S. 32.

16 Else Lasker-Schüler: Leise sagen. In: Dies.: Gesammelte Werke in drei Bänden. Bd. 1: „Die Gedichte. 1902-1943". Hrsg. v. Friedhelm Kemp. Frankfurt a. M. 1997, S. 168.

17 So heißt es in einem Text der Dichterin: „Groß ist eine Stadt nur, wenn man von ihr aus groß blicken kann. Berlin hat nur ein Guckloch, einen Flaschenhals, und der ist auch meist verkorkt, selbst die Phantasie erstickt." Else Lasker-Schüler: Mein Herz. Ein Liebesroman mit Bildern und wirklich lebenden Menschen. München 1989 (Erstausgabe 1912), S. 38.

18 Else Lasker-Schüler: Briefe und Bilder. 1913-1914. KA 3.1, 1998, S. 299-359, hier S. 306.

19 Lasker-Schüler an Jethro Bithell. 7.5.1910. Margarete Kupper (Hrsg.): Lieber gestreifter Tiger. Briefe von Else Lasker-Schüler. Bd. 1. München 1969, S. 67.

20 Gottfried Benn: Rede auf Lasker-Schüler. In: Ders: Gesammelte Werke in vier Bänden. Bd. 1: „Essays, Reden, Vorträge". Hrsg. v. Dieter Wellershoff. Wiesbaden 1959, S. 537-540, hier S. 537f.

21 Vgl. Sylke Kirschnik: Tausend und ein Zeichen. Else Lasker-Schülers Orient und die Berliner Alltags- und Populärkultur um 1900. Würzburger Wissenschaftliche Schriften. Band 555. Würzburg 2007, S. 69.

22 Lasker-Schüler an Paul Goldschneider. 2.6.1927. KA 8, 2005, S. 131. Die Schreiben Lasker-Schülers enthalten häufig orthografische Mängel und eine fehlerhafte Zeichensetzung. Alle Zitate wurden unverändert aus den Briefausgaben übernommen.

23 Else Lasker-Schüler: Der Malik. 1919. KA 3.1, 1998, S. 431-521, hier S. 520.

24 Lasker-Schüler (wie Anm. 17), S. 152.

25 Bauschinger (wie Anm. 15), S. 30.

26 Else Lasker-Schüler: Briefe an den Blauen Reiter Franz Marc. 1913-1915. In: Peter-Klaus Schuster (Hrsg.): Franz Marc – Else Lasker-Schüler: „Der Blaue Reiter präsentiert Eurer Hoheit sein Blaues Pferd". Karten und Briefe. München 1987, S. 85-112, hier S. 97.

27 Meike Feßmann: Spielfiguren. Die Ich-Figurationen Else Lasker-Schülers als Spiel mit der Autorrolle. Ein Beitrag zur Poetologie des modernen Autors. Stuttgart 1992, S. 247.

28 Vgl. Kerstin Decker: Mein Herz – Niemandem. Das Leben der Else Lasker-Schüler. Berlin 2009, S. 187.

29 Lasker-Schüler an Gert Wollheim. 2.3.1932. KA 8, 2005, S. 292.

30 Die Dichterin tauscht das Gewand des Prinzen zu diesem Zeitpunkt nicht zum ersten Mal gegen ein Indianerkostüm. Sie stand bereits als Blauer Jaguar von 1927 bis 1938 im Briefwechsel mit Paul Goldschneider.

31 Feßmann (wie Anm. 27), S. 256.

32 Lasker-Schüler an Gert Wollheim. 2.3.1932. KA 8, 2005, S. 292.

33 Brief an Gert Wollheim. Zeichnung auf einem Zettel im Querformat. 1932. Tinte. 8,8 x 22,3 cm. The National Library of Israel.

34 Brief an Gert Wollheim. Mit Zeichnung: Pampeia im Urwald. 18.8.1932. The National Library of Israel.

35 Lasker-Schüler an Gert Wollheim. Nach dem 20.8.1932. KA 8, 2005, S. 316.

36 Overlack (wie Anm. 12), S. 162.

37 Margarete Kupper (Hrsg.): Wo ist unser buntes Theben. Briefe von Lasker-Schüler. Bd. 2. München 1969, S. 221.

38 Vgl. Sigrid Bauschinger: Wortbilder und Bildworte in Else Lasker-Schülers Briefen 1925-1933. In: Verein August Macke Haus e.V.: Else Lasker-Schüler. Schrift, Bild, Schrift. Bonn 2000, S. 54-68, hier S. 66.

39 Vgl. Decker (wie Anm. 28), S. 361.

40 Overlack (wie Anm. 12), S. 161.

41 Vgl. hierzu: „Ins Allegorische entstellt, ist sie [Else Lasker-Schüler] ein Körper, der die Verfügungsgewalt über sich an andere abgetreten hat." Barbara Lersch-Schumacher: „Ich sterbe am Leben und atme am Bilde wieder auf." Zur Allegorese des Weiblichen bei Else Lasker-Schüler. In: Anne Linsel; Peter von Matt (Hrsg.): Deine Sehnsucht war eine Schlange. Ein Else Lasker-Schüler-Almanach. Wuppertal 1997, 53-86, hier S. 59.

42 Lasker-Schüler (wie Anm. 16), S. 163.

43 Else Lasker-Schüler: Briefe an den Blauen Reiter Franz Marc. 1913-1915. Schuster (wie Anm. 26), S. 99.

44 Vgl. hierzu: Gehlhoff-Claes (wie Anm. 7), S. 159 und Overlack (wie Anm. 12), S. 17.

45 Roland Mönig: Zwischen „Abendland" und „Morgenland". Zivilisationskritik und Paradiesvorstellung bei Else Lasker-Schüler, Franz Marc und Georg Trakl. Tagungsprotokoll 15/95. Tagung der Evangelischen Akademie Iserlohn vom 10.-12.02.1995. Hrsg. v. Evangelische Akademie Iserlohn, Iserlohn 1995, S. 56-82, hier S. 64.

46 Else Lasker-Schüler: Das Hebräerland. In: Dies.: Konzert. Bd. 2.2. Hrsg. v. Friedhelm Kemp. Frankfurt a. M. 1996, S. 197-383, hier S. 334.

„Lebenmüssen ist eine einzige Blamage"

Marieluise Fleißers Blick auf stumme Provinzheldinnen und Buster Keaton

von Julia Freytag

In den 1920er Jahren sind auf den Kinoleinwänden allerorts die populären Bilder der Neuen Frau zu sehen: die City Girls und Flapper, die den Asphalt der Großstädte und die nächtlichen Tanzböden erobern. Die Heldinnen der Leinwand sind Vorbilder und modische Ikonen für die modernen Großstadtfrauen. Die kurzen Röcke, die Halbschuhe und kappenartigen Hüte kleiden die Neuen Frauen beim Flanieren und Tanzen, im urbanen Treiben und beim Tippen und Telefonieren im Büro, bei windigem Tempo im Auto und in luftigen Höhen im Sportflugzeug und somit bei jeder Form ihrer mobilen Beweglichkeit. Während sich Irmgard Keuns Protagonistin Doris in *Das kunstseidene Mädchen* nicht nur in weiblichen Filmstars wie Colleen Moore und Marlene Dietrich spiegelt, sondern überdies ein „Glanz"[1] werden möchte, so als strahle sie selbst von einer Leinwand herab, orientieren sich die weiblichen Figuren in Marieluise Fleißers Texten nicht an den zeitgenössischen medialen Weiblichkeitstypen.

Fleißers Protagonistinnen treten weder im *Look* der Zeit mit kurzem Rock und Bubikopf auf noch bewegen sie sich leichtfüßig, souverän und zielstrebig durch die Großstadt. Sie kommen aus der Provinz und versuchen sich mit ihren tief verankerten religiösen Vorstellungen und kindlichen Sehnsüchten in der urbanen Lebenswelt zurechtzufinden. Sie sind keine emanzipierten berufstätigen Frauen, sondern verharren abhängig und sprachlos in ungleichen, sie verstörenden Liebesbeziehungen. Auf ganz andere Weise beschreibt Marieluise Fleißer im Rückblick sich selbst als junge Studentin und Schriftstellerin im München der frühen 1920er Jahre.

> Ich war eine echte Schwabingerin und lief in einer Männer-Regenjacke herum. […] Die Jacke war mir zu weit mit ihrem Raglanschnitt, aber ich zurrte den breiten Gürtel ganz eng, da hing die Jacke mir immer noch fast ans Knie und war mein Mantel, es sah verwegen aus. Und als ich an der Ecke Franz-Joseph-Straße an diesem Max Halbe vorüberlief, […] der sich mit einem Begleiter erging, da sagte der Halbe nur: „Kampf! Kampf!", und die beiden blieben stehen und schauten mir nach. Ganz laut hatte er es gesagt.

> Ich nahm es für einen Beweis, daß ich mich anders auswuchs, als seine Generation sich ein junges Mädchen vorstellt, und das befriedigte mich.[2]

Mit einer Männerjacke bekleidet, lässt Fleißer ihre Kindheit in Ingolstadt und ihre Klostererziehung hinter sich, distanziert sich aber auch vom zeitgenössischen Girl-Typ und behauptet sich in München vor ihren Schriftstellerkollegen. Anfang der 1920er Jahre erregt sie mit ihren frühen Erzählungen wie *Meine Zwillingsschwester Olga* (1923), *Der Apfel* (1925), *Die Stunde der Magd* (1925) Aufmerksamkeit und wird allmählich zu einer anerkannten Autorin. Mit ihrem erfolgreichen Drama *Fegefeuer in Ingolstadt* (1926) gelingt ihr schließlich der Durchbruch als gefeierte Dramatikerin. Trotz ihrer Erfolge muss sie sich stetig innerhalb des männlich dominierten Literatur- und Theaterbetriebes durchsetzen und sich ihre Position als Autorin der Avantgarde hart erkämpfen.[3]

Fleißer erzählt von den „Fröste[n] der Freiheit"[4], von „Modelle[n] des Überlebens", den „Mühen […] der kleinen Schritte" und weniger „von ungebrochenem Emanzipationspathos".[5] Die medialen Bilder der City Girls und deren Freiheitsversprechen werden in ihren Texten zwar aufgerufen, aber zugleich verworfen. Denn ihre weiblichen Figuren füllen diese Bilder nicht aus, distanzieren sich von ihnen oder bleiben ihnen aufgrund ihrer eigenen Lebensängste und -nöte sehr fern. Dafür wird aber eine ganz andere Figur des zeitgenössischen Kinos Inbegriff und Idealbild für Fleißers Schreiben: Buster Keaton, der in seinen Stummfilmen stets mit den Unwägbarkeiten der Welt kämpft und Meister grotesker Gestik ist.

Wie ich im Folgenden anhand von zwei paradigmatischen Erzählungen Fleißers, *Der Apfel* und *Die Ziege,* dem Roman *Eine Zierde für den Verein* und ihrem Essay *Ein Porträt Buster Keatons* zeigen möchte, ähneln die stummen, sprachlosen Provinzheldinnen ihrer Prosatexte Buster Keatons strauchelnden und wagemutigen Helden. Überdies ist Fleißers körpersprachliche Figurenzeichnung und das Gestische ihrer Sprache mit Keatons stummem gestischen Spiel vergleichbar.[6]

Ungelenk und taubstumm in der Großstadt

Das Leben in der Großstadt erweckt bei den Provinzmädchen in Fleißers Erzählungen keinerlei Aufbruchsphantasien. Sie sind „gekuschte, ausgepowerte Existenzen"[7] und sehen nur im geliebten Mann ihren Retter und Erlöser. Im Unterschied zu dem Wunsch von Keuns ‚kunstseidenem Mädchen', selbst ein ‚Glanz' zu werden, sieht das namenlose Mädchen in *Der Apfel* (1925) den ‚Glanz' in ihrem Freund: „Immer hatte sie, wenn sie an den Freund dachte, in einen Glanz gesehn."[8] Ihr Begehren speist sich aus einer religiös aufgeladenen Hingabe, die sie zwangsläufig in die weibliche Opferrolle drängt und den Mann wiederum in die des unterdrückenden Täters.[9] Das Mädchen bewegt sich kaum durch die Stadt, sondern zieht sich immer mehr in ihr kleines Mietzimmer und in sich selbst zurück:

> In der galoppierenden Armut fand sie sich nicht zurecht. […] Sie war wie in einem großen Wald, aus dem sie nicht herausfand. Oder sie war wie ein Taubstummer auf der Straße, und wen sie in der ihr eigentümlichen Sprache ansprach, siehe er ging weiter und machte sich nichts zu wissen von ihren ungelenken Zeichen. Was sie gelernt hatte, war brotlos. Sie wußte nicht, wie die Menschen sich untereinander bewegen und durch welche geheime Vergünstigung einer es so weit bringt, daß er seiner bestimmten und bezahlten Arbeit nachgeht. […] und da keiner ihr eine Anleitung gab, blieb sie immer verschreckter in ihren vier Wänden sitzen und scheute an den Menschen. […] Der Freund kam immer noch und tat, als merke er nicht, wie hungrig sie es hatte […] es wäre nicht angegangen, ihn aus seinen inspirierten Zuständen in ihre Niederungen herabzuziehen, wo es sie auf den Boden preßte. (18f.)

Das zentrale Bild der Taubstummheit zeigt, dass sich das Mädchen nicht nur durch die soziale Härte der Großstadt als fremd und verloren erlebt, sondern vor allem durch ihre Schüchternheit und Unsicherheit. Sie kann sich nur unbeholfen über stumme und sprachlose Körpergesten artikulieren, die nicht den zeitgenössischen urbanen Codes entsprechen und die gänzlich unverstanden bleiben. Auch von ihrem „unvergleichlichen" (19) Freund wird sie in ihrem sprachlosen Ausdruck nicht wahrgenommen, der sie vielmehr mit seiner Sprachgewalt überwältigt: „Er sprach eine Masse und legte sich hin im Sprechen […]. Tat er es mit dem Gang wie ein Panther, mit seinem freien Hals, tat er es mit den Augen […]? An ihn war sie verloren [….]." (19) Im Gegensatz von weiblicher stummer Körpersprache und männlicher Sprachgewalt zeigt sich die ungleiche Beziehung zwischen den beiden.

Mit einer stummen Geste drückt das Mädchen ihre Wünsche und ihr Begehren aus. Der titelgebende Apfel, den sie voller Erwartung für ihren „Adam" aufbewahrt hat, verfehlt aber als ‚ungelenkes Zeichen' die beabsichtigte Wirkung: „Sie stellte ihm die Schale mit dem einzigen Apfel hin. Noch freute sie sich daran, daß einem Leib, den sie liebte und der dampfend aus einem Bett stieg, die kühle in den Morgen duftende Frucht hingegeben werde." (22) Auf das Ersatzobjekt des Apfels projiziert sie ihre sexuellen von religiösen Bildern geprägten Wünsche. Wie den Apfel so auch sich selbst dem geliebten Anderen hinzugeben, bedeutet für sie Erlösung und Eintritt ins Paradies. Aber durch die Reaktion des Freundes wird sie aus diesem imaginierten Paradies sogleich wieder vertrieben. Denn für ihren Freund ist der Apfel lediglich ein Nahrungsmittel, das seinen morgendlichen Hunger nicht zu stillen vermag:

> Erst vor seinem wartenden Blick erblaßte sie. Er wartete eine ganze Weile auf die Zutat, aber sie schloß keinen Kasten auf, ihm zu bereiten, was drinnen war, es lag ja nichts drinnen. Sie hielt die Hände noch so hin in der zagen Erwartung eines guten Wortes, das von ihm zu ihr kam, und eine langsame Röte stieg in ihr Gesicht, weil sie ganz arm war. (22)

Durch sein Unverständnis und seine Missachtung fühlt sie sich beschämt und zweifach entblößt, sowohl in ihren intimen Wünschen als auch in ihrer materiellen Armut. Allein „im leeren Zimmer" muss sie schließlich „die natürliche Feindschaft unter den Menschen" (24) begreifen.[10]

Mit einer stummen Gestik stattet Fleißer auch in anderen Texten ihre Figuren aus, die ihre eigenen Wünsche und Antriebe nur unbeholfen zeigen oder versprachlichen können. Das verfehlende und ‚ungelenke' Sich-Ausdrücken ist aber auch ein zentrales Mittel von Fleißers Sprachästhetik selbst, wie sie Inge Stephan mit den folgenden Worten beschreibt:

> Fleißers Sprache ist (bewußt) karg, schmucklos, holprig und ungelenk. Sie lebt von grotesken Bildern und überraschenden Bildbrüchen und fügt sich nicht in die übliche grammatische Ordnung. Ihre Sprache ist geprägt von einer radikalen Distanz zur Logik der normalen Sprache. […] Sie taugt nicht für eine Autorin wie Marieluise Fleißer, die aus dem Bewußtsein der Nicht-Identität leben mußte. Der herrschenden Sprache, sei es dem Hochdeutschen oder dem Dialekt, konnte sie sich deshalb nur wie ein Kind oder eine Fremde annähern.[11]

Ähnlich wie in *Der Apfel* ist auch in der Erzählung *Die Ziege* (1926) die Protagonistin verunsichert und sprachlos in sich gekehrt und fühlt sich dem Trubel und Chaos der Großstadt schutzlos ausgesetzt:

> Und sie ist eine Ziege, das heißt nicht so selbstsicher, wie sie sein sollte, man bemerkt ihren Atem. Eine falsche Erziehung hing ihr wohl nach. […] Sie hatte es noch nicht gelernt, sich zu wehren. Sie vermochte noch nicht, aus sich herauszustellen, was drinnen war, die Lippe war ihr nicht gelöst. Vor lauter Angst, daß sie es nicht richtig machen könnte, war sie ein wenig fahrig. Sie hatte ja eine Scheu vor dem eigenen hörbaren Atem in sich entwickelt. […] So ahnungslos war sie im Dschungel. Sie dachte die Wahrheit wie ein Kind.[12]

Die Protagonistinnen in den beiden Erzählungen werden aber auch von intensiven und eindringlichen Wünschen bestimmt, aus sich herauszukommen und sich zu öffnen. Während sich hinter den stummen Gesten des Mädchens in *Der Apfel* religiös übersteigerte Hingabe- und Erlösungswünsche verbergen, wünscht sich die Protagonistin in *Die Ziege*, wahrgenommen und anerkannt zu werden – „sieht mich denn keiner wirklich?" (78). In der Stadt, in dem „Durcheinanderwimmeln von Lebewesen" (78), stößt sie auf die Girl-Mode, die ein neues weibliches Selbstbewusstsein verheißt:

> Da waren neue Köpfe aufgekommen, die hatten ihre Mode in sich. Die Haare trug man jetzt fliehend aus den Wurzeln heraus, das Gesicht hatte keinen Rand mehr. Es kam ganz auf den Umriß der Backenknochen an, ob es wirkte. Da war es eben auch schon bei der Geburt parteiisch zugegangen. Die Frisur sollte leicht aussehn, aber ihr Gesicht machte sie befremdend schwer. (78f.)

Die neue Frisur steht ihr nicht, und sie bleibt sich damit selbst fremd. Fleißer zeigt den Kontrast zwischen den medialen Bildern der City Girls mit deren neuem *Look* und den realen Frauen, die diesen Bildern oftmals nicht entsprechen. Sie weist darauf hin, dass der neue Frauentyp nicht unbedingt mit realen Möglichkeiten der Emanzipation einhergeht. Auch das Mädchen in *Die Ziege* vergleicht sich zwar zunächst mit anderen Frauen, die sich an der Girl-Kultur orientieren, identifiziert sich aber nicht mit ihnen:

> Verstohlen schaute sie die Genossinnen von der Seite an […]. So mußte man also werden. Aber mußten sie denn nicht schreien in manchen Nächten vor der inneren Leere? Seht ihr nicht, dachte sie, wie nötig sie haben, daß man eine Hand auf sie legt und einen Typ aus ihnen macht? Sie hatten keine Leistung in sich selbst, kein eigenes Gesicht und keine gen Himmel schießende Flamme. Sie stellten sich tief hinein in ihren einzigen Reiz. Ohne ei-

nen Gedanken daran, wie sie stehen blieben, wirkten sie frisch. Dann sagten
sie, wir haben wenig Jahre gebraucht und sind schon was geworden. Die Zeit
hängte ihre Fahne über sie, auf der der Name stand dieser Kreatur: Girl. Die
Männer liebten das Girl, gerade weil es nicht dachte. (79)

Mit kritischem Blick erkennt sie, dass die „neue[n] Köpfe" jedoch
nur eine äußerliche Veränderung, eben nur eine neue Frisur bedeu-
ten. Das Girl bleibt auf den Mann ausgerichtet, und das polare Geschlechterverhältnis unhinterfragt. Denn trotz Bubikopf nehmen die
Frauen nicht die herkömmlich männlichen Attribute der Selbstbe-
stimmung, der Intellektualität und der Genialität für sich in Anspruch, nach denen allerdings die Protagonistin in *Die Ziege* strebt.

> Gott der Wille hatte mit ihr wohl nichts Entscheidendes vor. Er legte eine
> schwache Ahnung in sie und gab ihr den Namen Sehnsucht. Sie rannte mit
> dem Kopf gegen den Himmel an, wie wenn er zerreißen müßte am ge-
> krümmten Weiß ihres Augs, an der bestürmenden Gebärde ihrer winzigen
> Hände. Der Himmel wich von ihr zurück, die nach dem Sinn und der Deut-
> lichkeit suchte mit gespreizten Sinnen. (79)

In der grotesk anmutenden Kollision von Kopf und Himmel zeigt
sich ihr unbändiger Drang nach schöpferischem Ausdruck. Sie will
nicht nur aus sich selbst herauskommen, sondern auch die beengen-
den Grenzen ihrer Welt durchstoßen. Aber zugleich gehen ihre ex-
plosiven und expressiven Gesten auch ins Leere. In der him-
melsstürmenden Ausdruckskraft der jungen Frau, die auf ihre künstlerische Begabung stößt, wird nicht nur eine Reflexion von Fleißers
eigener Schreibbiographie erkennbar, sondern auch von ihrer cha-
rakteristischen Sprache, die Walter Benjamin mit den folgenden
Worten beschreibt:

> Die Worte Fleißers […] haben […] schöpferische Gewalt, die sich zu glei-
> chen Teilen aus einem entschiedenen Ausdruckswillen und aus Verfehlen
> und Ausgleiten zusammensetzt, vergleichbar der Geste eines Exzentrikers.[13]

Die stumme Gestik und ungelenke Ausdrucksweise von Fleißers
weiblichen Figuren zeigt einerseits ihre Verzagtheit und Lebensangst
und andererseits ihre übersteigerten Liebeswünsche und Wünsche
nach schöpferischem, künstlerischem Selbstausdruck, mit denen sie –
auch angesichts der bestehenden Geschlechterordnung – oftmals
scheitern.

In Fleißers Roman *Eine Zierde für den Verein* ist es in einer umgekehrten Konstellation die weibliche Figur Frieda, die sich selbstbewusst und sprachlich eloquent artikulieren und sich der männlichen Figur Gustl gegenüber durchsetzen kann. Gustl hingegen muss sich seiner übermächtigen Mutter und Frieda gegenüber immer wieder in seiner Männlichkeit behaupten. Seine Anstrengungen und sein Misslingen, diesen *Gender Trouble* zu bewältigen, werden von Fleißer über eine grotesk-komische Körperlichkeit Gustls dargestellt.

Frieda Geier: Gewandt und rasant durch die Provinz

In ihrem Roman *Eine Zierde für den Verein. Roman vom Rauchen, Sporteln, Lieben und Verkaufen* (1931) entwirft Fleißer mit Frieda Geier eine Gegenfigur zu den Provinzmädchen in ihren Erzählungen. Frieda ist von Beruf „Mehlreisende"[14], eine Vertreterin für Mehl, die täglich mit ihrem Auto, dem „Laubfrosch"[15], in der Provinz rund um Ingolstadt unterwegs ist. Sie ist mobil und gewandt, sei es mit ihrem Auto oder im Umgang mit ihren Kunden:

> Vorsichtig quetscht sie ihre kleine grüne Knarre, den Laubfrosch, durch die Tür […]. Sie trägt feste Schnürstiefel, einen strapazierfähigen Rock und die Lederjacke. […] Der Laubfrosch macht einen Spektakel wie ein kleiner grüner Stänkerteufel und rüttelt die Knochen gehörig durcheinander. […] Sie kennt jede Straßenkrümmung auswendig. Sie weiß, wo der Laubfrosch einen unfreiwilligen Luftsprung macht. […] Etwas leise Spießiges und darum Anheimelndes geht von ihr aus, das ist die Tarnung. Die Kleidung muß auf Stadt- und Landkundschaft zugleich abgestimmt sein. […] Es ist ja so wichtig, daß man seinen Kunden zu nehmen versteht. Der eine will sich nicht aufhalten lassen. Bei ihm erreicht man am meisten durch den peußischen Ton. Mit idyllischen Gesprächen kann man ihn jagen. Das gerade will der Nächste, anders schmilzt er nicht hin. Bei dem anderen muß man aufdringlich sein, den Bohrer ansetzen, ihn pressen. […] Die Konkurrenz bringt es mit sich, daß man in jedem Laden einen Fetzen Haut läßt. Frieda muß gegen lauter Männer antreten, die ihre Kollegen sind. Man muß seinem Vordermann scharf auf die Hacken steigen, sonst wird man an die Peripherie gedrängt, wo man verhungert. (33ff.)

Zwar gelingt Frieda ein mobiles Leben in der Provinz, doch trotz ihrer Gewandtheit ist Friedas „*gender performance* […] keine spielerische, mit Lust praktizierte Darstellungskunst der Weiblichkeit, [sondern] ist geprägt von existenziellem Ernst [und] Überlebenskampf"[16]. Die alltäglichen Beleidigungen und Demütigungen, die sie als Frau innerhalb eines männlich dominierten Berufsfeldes erfahren muss, drücken sich in dem beunruhigend brutalen Bild der körperlichen Verletzung ihrer Haut aus, die ihr gewaltsam in „Fetzen" abgerissen wird. Während ihre Liebeserfahrungen die jungen Frauen in Fleißers Erzählungen verletzen und beschädigen, weiß sich Frieda in ihrem privaten Geschlechterkampf mit Gustl zu schützen und durchzusetzen. Mit dem Tabakwarenhändler Gustl Gillich verbindet sie eine starke körperliche Anziehung. Hinsichtlich der herkömmlichen Geschlechterrollen ist Frieda männlich und Gustl weiblich gezeichnet, denn Gustl hat es – ähnlich wie die Mädchen in Fleißers Erzählungen – so „erwischt", dass er sich an Frieda „verlor" (22), während Frieda von Anfang an ihre Grenzen und sich selbst bewahrt:

> Kopfüber war anders, und so fing die Liebe an: […] Ein Mann tritt nahe an das Ufer heran und schaut den Pionieren zu. […] Er verwickelt den Pionier, der vor ihm auf der Kiste sitzt, in ein Dauergespräch. […] Der Mann bleibt auch auf dem engen Boden seiner vorgefaßten Meinungen kleben, denkt ein Fräulein nebenan. […] Das Fräulein hat den ganzen Abend noch nichts gesagt. Die Soldaten haben keine Annäherungsversuche an sie gemacht. Ihre Blicke sind nicht weiblich. Sie wandern von einem zum anderen, ungerührt. […] Sie trägt eine schwarze Lederjacke und abgeschnittenes Haar. […] Der Mann hat bereits sechzehn Personen vom Ertrinken gerettet, er ist ein Schwimmer und Retter. (22f.)

Frieda ist von „Schwimmgustl" (8), dem stadtbekannten Sportler fasziniert, auch wenn sie von ihm befremdet ist: „Frieda schaut ihm eine Weile sprachlos zu. Das hat man sich angetan aus Fleischeslust. Nun kann sie vom Anblick nicht lassen." (71) Gustl fühlt sich von Friedas Selbstbewusstsein angezogen: Sie trägt „Schuhe für einen Herrn" (21) und einen „unmenschlich langen Herrenmantel" (18), „auf den seine Augen fallen" (17), und „was das Schlimme ist, es imponiert ihm gewaltig, daß sie ihm Widerstand leistet. Ihre Haltung reizt ihn" (57). Die jeweils für den anderen attraktiven Eigenschaften sind aber nicht langfristig aufrechtzuerhalten, wie Frieda hellsichtig erkennt, als Gustl sie durch eine Heirat auch als ökonomische Arbeitskraft an seinen nur mühsam laufenden Tabakwarenladen binden will: „Wenn es nach Frieda ginge, sie würden die längste Zeit bei der Anziehung der Geschlechter bleiben. Gustl […] ist auf das aus, was sie den trüben Satz am Boden nennt. Er drängt nach ökonomischer Verwertung." (88f.) In letzter Konsequenz kann sie sich ihre Autonomie nur durch die Trennung von ihm bewahren. Der Preis dafür, beruflich selbstständig zu sein, ist für Frieda ein einsamer Überlebenskampf und ein isoliertes Leben in der Provinz.

Gustl: Der Akrobat im Tabakwarenladen

Frieda ist selbstbewusst, souverän und gewandt in ihrem beruflichen Umfeld und in ihrer Beziehung zu Gustl, erkennt, dass mit Gustl Ehe und eigene Berufstätigkeit unvereinbar sind, und verwahrt sich gegen seine vereinnahmenden Vorstellungen. Gustl ist einerseits als erfolgreicher Schwimmer nicht zuletzt auch durch seinen trainierten, athletischen Körper aktiv, beweglich und dynamisch. Andererseits ist er aber abhängig von Frieda und von seiner Mutter und in seiner Sohnesrolle gefangen. Er überspielt seine Schwäche und Unsicherheit, indem er seine ‚Männlichkeit' demonstrativ in Szene zu setzen versucht, was aber immer wieder misslingt. Ähnlich wie die Provinzmadchen in Fleißers Erzählungen ist es in ihrem Roman Gustl, der sich mit ‚ungelenken Zeichen' auszudrücken und zu behaupten versucht – „Gustl wird es schwarz vor Augen, er kann sich nicht ausdrücken" (15) – und der mit einer stummen Gestik gezeichnet ist, die hier aber von grotesker Komik ist. Unaufhörlich wendet, biegt und streckt er sich, um den Peinlichkeiten und Blamagen des Alltags auszuweichen und um Frieda zu gefallen. Gustl ist der ‚ewige Sohn', der „im Namen der Mutter hinter dem Ladentisch steht" (70) und von ihr mit „Argusaugen" (78) beobachtet wird. Seine Mutter lehnt Frieda als Geliebte ihres Sohnes entschieden ab. So versucht Gustl mit regelrecht halsbrecherischen Aktionen Frieda, die ihn im Laden besucht, vor seiner Mutter zu verstecken:

> Er rennt im Laden hin und her wie die wilde Hummel. Er reißt die Ofenklappe auf, um sich Bewegung zu machen, und bricht zähnefletschend verschiedene leere Zigarrenkisten über dem Knie ab. [...] Frieda schaut ihm eine Weile sprachlos zu. Das hat man sich angetan aus Fleischeslust. Nun kann sie vom Anblick nicht lassen. [...] Er pfeift und tänzelt vor ihr wie der Hahn mit schiefgelegtem Kopf. Er tut einen Seitenschritt, den niemand von ihm verlangt hat und klimpert leichtsinnig mit dem Geld in den Hosentaschen. Dann bietet er ihr eine Zigarette an, nur damit sie sein Zündholz aus blast. [...] Er ruckt mit dem Kopf und giert wie ein Tauber. Jetzt sieht er sie starr an und tappt nach ihr mit dem Mund. Er ist so grotesk, vielleicht hat sie es gern oder verzeiht ihm aus angeborenem Verstand. (71f.)

Gustl bewegt sich vor Frieda im Laden, als wäre er im Schwimmbad oder in der Turnhalle. Die eigentlich alltäglichen Handlungen führt er temporeich, mit großen Gesten, athletisch und akrobatisch aus. Gleichwohl beschreibt Fleißer seine Bewegungen mit einer grotesken Übersteigerung („zähnefletschend") und mit animalischen Vergleichen seines Körpers („wie die wilde Hummel", „wie der Hahn"). Im kommentierenden Schlusssatz der zitierten Passage, der zugleich Friedas distanzierenden Blick widergibt, reflektiert Fleißer mit der Formulierung „grotesk" ihre eigene Darstellungsweise. Trotz der ironischen Distanz ist Frieda jedoch „sprachlos" und gebannt von seinem Anblick. Friedas Sprachlosigkeit und Gustls stumme Bewegungen, mit denen er wie ein „Tauber" wirkt, erinnern an die ‚Taubstummheit' der weiblichen Figuren in Fleißers Erzählungen. Jedoch tritt die Taubstummheit hier in einer grotesken Spielart auf, während Friedas Sprachlosigkeit ihren gefesselten Blick akzentuiert. Sie ist von Gustls Auftritt so fasziniert, als schaue sie einem Akrobaten oder Komiker auf der Bühne oder auf der Kinoleinwand zu. Auch bei einem Tanzabend überschlägt sich Gustl geradezu, um seine ‚Manneskraft' vor seiner Mutter und Frieda zu demonstrieren und beide durch den Anblick seines tänzerischen Geschicks zu bannen:

> Er dreht Extratouren mit Frieda an Ort und Stelle, und wenn ihr der Atem ausgeht, hält er inne mit einem pfiffigen Ruck und bleibt auf der Ferse stehn mit aufgespreiteter Sohle, als müsse er sie lüften. Bei modernen Tänzen benimmt sich Gustl, als ob ihm Figuren nicht die geringsten Schwierigkeiten bereiten. Er tut blasiert [...] Der Gustl in seiner freudigen Unrast möchte aus der eigenen Haut wie aus einem Handschuh schlüpfen, und da er nicht fortwährend über das ganze Gesicht erglänzen kann, bewegt er sich, als lasse er eine Kugel von der Halsgrube in die Armbeuge rollen. Und das ist noch gar nichts. Er könnte sich am eigenen Kragen hochheben und schütteln! (81f.)

Schließlich gesteht seine Mutter, die „Matriarchin" (156), Gustl zu, dass er sich selbstständig macht und seinen eigenen Tabakwarenladen eröffnet. Als ‚Geschäftsmann' steht Gustl nun unter einem erneuten Druck, sich zu beweisen. Auch hier drückt sich sein Tatendrang darin aus, dass er sich in seinem neueröffneten Laden, vor lauter Geschäftseifer und unter Hochspannung stehend, körperlich geradezu versteift und verrenkt:

> Die Knie sind hinter dem Ladentisch versteckt. Sichtbar ist nur die obere Gegend des Sonntagsanzugs und auf dem kleinen eisernen Kopf sein rechtschaffenes Lächeln. Gustl lächelt rechtschaffen von sieben Uhr morgens bis sieben

Uhr abends und steht dabei auf ein und demselben Fleck vor atemloser Erwartung. Er ist übertrieben bereit zum Empfang. Sind die Menschen denn wahnsinnig, daß sie nicht hereindrängen, um sich anlächeln zu lassen. Für jeden einzeln würde er sich ja zerreißen. […] Dann wird ihnen […] entgehn, wie Schwimmgustl in seinem Käfig steht wie angenagelt, sich gar nicht mehr hinsetzt aus einer neuen Frömmigkeit für den Handel und Wandel. (113)

Ähnlich wie die Provinzmädchen in Fleißers Erzählungen ist auch Gustl eine Figur, deren Unsicherheit und Sprachlosigkeit über stumme körperliche Gesten dargestellt wird. So wie die Protagonistinnen in *Der Apfel* und *Die Ziege* verliert auch Gustl innerhalb des Geschlechterkampfes. Während aber ihm der allerdings fragwürdige Ausweg bleibt, am Ende in das präfaschistische Männerkollektiv des Sportvereins zurückzukehren und so seine Schwäche Frieda gegenüber zu kompensieren, bleiben die Provinzmädchen einsam und ernüchtert in der Großstadt zurück. Auch Frieda ist, nachdem sie sich von Gustl getrennt hat, zwar ausgegrenzt und isoliert in der Provinz, da ihre emanzipierte Haltung in ihrem Ingolstädter Umfeld Verachtung und Aggressionen auslöst. Aber sie hat sich ihr selbstständiges Leben erhalten, das sie trotz aller Belastungen und Widrigkeiten, die das Arbeiten in einem Männerberuf für eine Frau bedeutet, meistert.

In ihrer gelingenden Selbstständigkeit, in ihrer Sprachmächtigkeit und Gewandtheit unterscheidet sich Frieda von den anderen weiblichen Figuren und von Gustl sowie von deren stummer teils grotesker Gestik. Auf der metanarrativen Ebene verbirgt sich hinter Friedas Faszination des ‚grotesken' Gustls Marieluise Fleißers poetologisches Programm. Denn so wie Friedas Blick von Gustls Akrobatik im Tabakwarenladen gebannt ist, ist auch Fleißer begeistert und verzückt, allerdings in ihrem Fall von einem ganz anderen grotesken Helden, den sie auf der zeitgenössischen Kinoleinwand sieht: Buster Keaton.

Abb. 1 Marieluise Fleißer (1927)   Abb. 2 Buster Keaton in:
                                          Steamboat Bill, Jr. (1927)

Buster Keaton

Marieluise Fleißer teilt mit vielen Künstlern und Schriftstellern ihrer Zeit die Faszination für Buster Keaton, der Mitte der 1920er Jahre ein „Idol der Avantgarde"[17] ist. In den Berliner Kinos sind zwischen 1926 und 1927 allein vier deutsche Uraufführungen von Stummfilmen von und mit ihm zu sehen. In ihrem Essay *Ein Porträt Buster Keatons*, der am 6.12.1927 im *Berliner Börsen-Courier* erscheint,[18] führt Fleißer Buster Keaton allerdings nicht als *den* bekannten zeitgenössischen Stummfilmkomiker ein, sondern wie eine Figur mit dem Namen Buster: „An einem Sonntag stellten sie ihn aufrecht in einen englischen Normalanzug hinein. Die Menschen wollten einen Gent sehen."[19] Und dennoch wirkt er ungewöhnlich, fremd und irritierend:

> Buster ist in seinen Linien einfach geworden wie ein Gegenstand, der regelmäßig gebraucht wird. Sein Kopf wirkt wie ein Plakat, auf dem steht, bitte halten sie sich hierbei nicht auf! Mienen machen gilt nicht. Wenn es unbedingt sein muß, macht er mit Armen und Beinen eine eindeutige Bewegung.

Noch lieber läßt er sie weg. Er tut immer etwas weniger wie ein Normal-
mensch. (321)

Fleißer ruft die bekannten Merkmale des Stummfilmdarstellers Keaton zwar auf, benennt diese aber nicht explizit. So wird das Glieder-
puppenhafte seiner Bewegungen deutlich, indem sie ihn wie ein
Strichmännchen, flächig und beinahe abstrakt beschreibt. Für sein
blickloses Gesicht, das in der Rezeption als *stoneface* bezeichnet wird,
verwendet sie ein poetisches Bild – „die Blässe seines Gesichts blickt
an dir vorbei, zart wie eine Hyazinthe" (321) –, das weniger Aus-
drucklosigkeit als vielmehr seine Verletzlichkeit und Scham betont.

> So lang er lebt, gibt er obacht, daß ihm keine Bewegung zuviel passiert.
> Lebenmüssen ist eine einzige Blamage. Die Wirkung, die von ihm ausgeht,
> ist einer sonderbaren Aufmerksamkeit der Verdrängung entsprungen. Seine
> Bewegungen schwingen nicht aus, er stoppt sie augenblicklich. Buster will es
> nicht gewesen sein. Er bringt den platten Tailiestand. Nerven sind privat.
> Buster blickt nicht. Er hat seine Augen entleert, Buster vermeidet. Denn
> Lebenmüssen ist eine einzige Blamage. (321)

„Lebenmüssen" bedeutet für Buster, mit jedem Schritt einen Fehltritt
zu begehen und den vernichtenden Blicken der anderen ausgesetzt
sein zu müssen, so dass nur die Kontrolle und der Stillstand jeglicher
Bewegungen vor dem Abgrund der Scham schützen. Fleißer macht
anschaulich, dass Keatons vermeintliche Mienenlosigkeit, die Mechanik und das Automatenhafte seiner Bewegungen von diesem Erleben
unentwegten Bedroht- und Gefährdetseins erzählen.

> Aber Buster bekommt eine fixe Idee und der Ernst des Lebens fängt an. Er
> gerät in Situationen, in denen es ihm noch keiner vorgemacht hat. Momen-
> tan legt er die Hände auf den Rücken in der Verlegenheitsbewegung eines
> blassen Jungen. Buster, schmächtig und mit einem platten Hütchen bedacht,
> sucht eine Gebrauchsanweisung für den Ernst des Lebens. (321)

Er ist der kleine Provinzheld, der über sich hinauswachsen und weniger die Welt, als vielmehr sich selbst retten muss. Fleißer betont nicht
die Komik und die Slapsticks, die bei einem Keaton-Film zunächst
ins Auge fallen, sondern die Situationen der Bedrängnis und Angst,
aus denen er sich durch körperliche Akrobatik zu befreien versucht:[20]

> Es wird ihm kalt im Magen, Buster befindet sich unter Feinden und soll es
> sich nicht anmerken lassen. Erstens ist der Mensch ein Weichtier, und zwei-
> tens ist nötig, daß er was tut, wenn er nicht krepieren will. Und Buster tut! Er

gewöhnt sich daran, daß sie es auf ihn abgesehen haben, das ist seine Chance. Buster hat Training. Er denkt an sich nur mehr wie an einen geölten Blitz. Buster ist der Mann, der nicht mehr wie sterben kann. Er stirbt jeden Moment ein klein bißchen, unauffällig. Denn alle Bewegungen liegen für ihn auf derselben harten Ebene, jede ist gleich schwer und muß erst erfunden werden. Es gibt nichts, was er bereits kann und alles nimmt er grabesernst. (322)

Um einer existentiell bedrohlichen Lage und der eigenen panischen Angst zu entkommen, mobilisiert er wie auf der Flucht einen abrupten Energieschub. Er verausgabt sich, gibt sich preis, wird verletzt und kämpft doch weiter, um die Hürden und Hindernisse des Lebens zu überwinden. Dabei ist der eigene Körper zunächst ebenso fremd wie die Welt und keine einzelne Bewegung ist selbstverständlich und jede muss erst mühsam erarbeitet werden.

> Darum geht er an das Leben heran mit einer komisch unangebrachten Sachlichkeit. Wenn er gezwungen ist, ein weichgekochtes Ei aus einem großen Kessel herauszufischen, begibt er sich in dies Wagnis wie in den gewissen Tod. Dafür geht er, wenn es wirklich ernst wird, ein bißchen spazieren. […] Buster kennt sich aus, er bewegt sich in einem Leben, in dem die schwierigen Dinge gelingen und die leichten danebengehen. […] Beim Gehen denkt er daran, daß er jedes Bein einzeln vorsetzen muß. Wenn er eine Bewegung zu machen hat, zieht er inwendig an einer bestimmten Strippe. […] Er hält ein und dieselbe Bewegung mit Willen um zwei Sekunden zu lang an, er setzt sie noch fort, wenn sie durch die veränderte Situation inzwischen sinnlos geworden ist. Er geht z.B. so wunderschön, daß er gar nicht aufhören kann und ganz in Gedanken eine Hausmauer hinaufspaziert. Der Zeichenkünstler verlängert den Strich und betrachtet die Verlängerung mit zarter Idiotie. Das Parkett kreischt vor Entzücken. (322f.)

Er hat sich eine (Überlebens-)technik erarbeitet, die ihn die bedrohlichen Situationen virtuos meistern lässt. Da er aber immer ‚auf der Hut' und sprungbereit ist, überschreitet seine aufgewandte Kraft und Energie aber auch den letztlich nötigen Einsatz, so dass ihm die ‚leichten Dinge' des Lebens misslingen. Diese Form der Verkehrung, die darin besteht, dass das Erwartete verfehlt oder übertrieben wird und dass die Bewegungen, Gesten und Handlungsaktionen angesichts der Situation unangemessen erscheinen, erzeugt groteske Komik.[21]

> Derselbe Mensch mit der scheinbar langen Leitung kann verdammt auf dem Sprung sein, wenn es gilt. […] Buster lässt sich nicht mehr zusehen, wenn er nachdenkt, Buster zeigt sogleich den überraschenden Einfall. Dann ist er ganz fliegende Sehne, in seine leeren Augen mit dem verdrängten Blick tritt

die dunkle Schärfe von Pfeilspitzen, sein mageres Gesicht wird zufassend wie die Kinnladen eines jungen Hais. Ein hellspürendes Geschöpf der modernen Wildnis, das überwache Tier der tönenden Asphaltwüste schnellt über die Leinwand. (323)

Fleißer bildet sprachlich die Körperbewegungen von Buster Keaton im Film nach. Den plötzlichen Tempowechsel aus dem Stillstand und der Unbeweglichkeit heraus, seine athletischen und akrobatischen Bewegungen, wenn er mit unerwarteten Hindernissen kämpft, mit Regen, Sturm, einem Zug, einer Schar von Bräuten und dabei selbst zum Objekt wird, sich schließlich zu einem Höhenflug aufschwingt und immer mehr riskiert, bis er die Situation durch überraschende Einfälle – in letzter Sekunde – meistert.

> Bei Buster gibt es nur Situationen und eine Begabung, damit fertig zu werden. Begabt ist, wer tüchtig ist von Fall zu Fall. Begabt ist, wen der fegende Atem der Weltstädte oben noch nicht umbringt. Keiner kann sich oben halten, Hauptsache ist, daß er von Zeit zu Zeit hinaufsteigt. […] Bald wird er wieder Buster sein, schmächtig und mit einem platten Hütlein bedacht. In jedem Leben kehren die kleinen Momente wieder. Buster kommt wieder zum Vorschein in einer Art Tal wie der Gent in einem Idyll. (323)

Anhand von Buster Keaton beschreibt Fleißer eine Weltsicht, die sowohl auf ihre Figuren als auch auf ihr eigenes Schreiben zu übertragen ist: Sich immer wieder aus einer bedrängenden Lage herauszuarbeiten, in der Härte der Großstadt, in den ‚Frösten der Freiheit' nicht unterzugehen, sondern trotzdem produktiv zu bleiben, sich aufzuschwingen zu künstlerischen Höhen, aber unweigerlich auch wieder abzustürzen und in die Provinz zurückzukehren. In ihrer Auseinandersetzung mit Buster Keaton spiegelt sich einerseits Fleißers eigene schöpferische Energie und ihre Meisterschaft[22] wider, die sie sich angesichts schwieriger Produktionsbedingungen stets erkämpfen muss. Andererseits erinnert ihre Darstellung Buster Keatons auch an den mühevollen, quälerischen alltäglichen Kampf Frieda Geiers und Gustls in der Provinz sowie an die unbedarften Provinzmädchen, deren Hoffnungen und Wünsche an der Realität der Großstadt und des Geschlechterverhältnisses scheitern.

Das Bild der Taubstummheit, das Fleißers Figurenzeichnung prägt, verweist auf ihre Faszination für den Stummfilmhelden Keaton. Denn sie erzählt so wie Keaton mit den Mitteln der Körpersprache, mit Gestik und Mimik von ihren Figuren, die ihre Wünsche und Antriebe nur schwer versprachlichen können. Keatons die Situationen verfehlende oder überbietende Bewegungen ähneln der Angestrengtheit und Unbeholfenheit von Fleißers Figuren, ihren Gefühlen Ausdruck zu geben. Buster Keaton ist für Fleißer Projektionsfigur für ihr Welt- und Selbstverständnis: So wie er müssen auch sie als Autorin und die Figuren ihrer Texte sich in der Asphaltwüste der Großstadt oder in der Enge der Provinz behaupten; sie stürzen ab und stehen wieder auf, mit Ausdauer und Meisterschaft.

***

In ihrem Essay zeigt sich Marieluise Fleißers Begeisterung und ihre Faszination für den Stummfilmschauspieler Buster Keaton. Diesem zeitgenössischen Künstler, seinem grotesken gestischen Spiel und den Figuren seiner Filme fühlt sie sich in ihrem Schreiben verwandt. Buster Keaton ist für sie eine utopische Figur der Überschreitung: Denn er hat das Potential, mit seinem Körper bedrängende Verhältnisse und Gefahren zu überwinden und die moderne urbane, chaotisch und brüchig erfahrene Welt zu bewältigen. Überdies überschreitet er mit seiner androgynen Erscheinung die Geschlechtergrenzen, so dass sich in Fleißers Texten Züge Keatons sowohl bei ihren weiblichen Figuren als auch bei ihrer Romanfigur Gustl finden lassen.

Nicht die medialen Bilder der City Girls dienen Fleißer als Projektionsfiguren, als Entwurf, Utopie oder Phantasie für die eigene Rolle als Autorin und die Weiblich- und Männlichkeitsbilder ihrer Texte. Stattdessen ist Buster Keaton, der androgyne, aus Verzweiflung und Verlassenheit heraus virtuose Akrobat mit seinem stummen gestischen Spiel Fleißers Vorbild und Vision für Kunst und Leben.

Anmerkungen

1 Irmgard Keun: Das kunstseidene Mädchen. Nach dem Erstdruck von 1932, mit einem Nachwort und Materialien hrsg. v. Stefanie Arend und Ariane Martin. Berlin 2005, S. 44f.

2 Marieluise Fleißer: Ich ahnte den Sprengstoff nicht. In: Dies.: Gesammelte Werke. Bd. 4: „Aus dem Nachlaß". Hrsg. v. Günther Rühle u. Eva Pfister, Frankfurt a. M. 1994, S. 491-503, hier S. 491f. Diesen Text hat Fleißer 1973 für eine Sendereihe des Westdeutschen Rundfunks mit dem Titel *Wie ich anfing* geschrieben, in der ansonsten hauptsächlich männliche Autoren von ihren Anfängen des Schreibens erzählen.

3 Die Schwierigkeiten weiblicher Autorschaft reflektiert Fleißer in ihrer späten Erzählung *Avantgarde* (1963). Vgl. dazu Inge Stephan: Zwischen Provinz und Metropole. Zur Avantgarde-Kritik von Marieluise Fleißer. In: Dies.; Sigrid Weigel (Hrsg.): Weiblichkeit und Avantgarde. Literatur im historischen Prozess. Neue Folge 16. Argument Sonderband AS 144. Berlin/Hamburg 1987, S. 112-132; vgl. auch Ulrike Vedder: Unmögliche Produktionsschleife. Liebe und weibliche Autorschaft in Marieluise Fleißers Erzählung *Avantgarde*. In: Maria E. Müller; Ulrike Vedder (Hrsg.): Reflexive Naivität. Zum Werk Marieluise Fleißers. Berlin 2000, S. 195-217.

4 Marieluise Fleißer: Avantgarde. In: Dies.: Gesammelte Werke. Bd. 3: „Erzählungen". Hrsg. v. Günther Rühle u. Eva Pfister, Frankfurt a. M. 1994, S. 117-168, hier S. 120.

5 Kerstin Barndt: „Engel oder Megäre". Figurationen einer ‚Neuen Frau' bei Marieluise Fleißer und Irmgard Keun. In: Müller, Vedder: Reflexive Naivität, S. 25f.

6 Auf die Ähnlichkeit der Ausdrucksmittel von Fleißer und Keaton ist in der Forschung verschiedentlich hingewiesen worden: „Auch in F.s frühen Erzählungen […] sind die Sehnsüchte und Sackgassen von Beziehungen und ihre Sprachlosigkeit gestaltet. Die am Dialekt orientierte Rede stolpert über die Ordnungsmacht der Normsprache, und der sperrige Erzählgestus wird mit biblischen Anspielungen auf Erlösung und Verdammnis unterlegt, wodurch die Figuren und ihre Wünsche ambitioniert und grotesk zugleich erscheinen. Auch ihre verzerrt wirkenden Körper sind tragikomischer Ausdruck ihres Kampfes gegen Lebens- und Todesangst – diesem Zusammenhang widmet F. 1930 einen erhellenden Essays über Gesicht, Gang und Gesten des Stummfilmstars." Ulrike Vedder: Fleißer, Marieluise. In: Metzler Autorinnen Lexikon. Hrsg. v. Ute Hechtfischer, Renate Hof, Inge Stephan u. a. Stuttgart/Weimar 1998, S. 176-177, hier S. 176. Vgl. auch Hiltrud Häntzschel: „Der Aufsatz enthält den Kern von Fleißers Poetologie. […] Sie erkennt in ihm den Bruder, seine Ausdrucksmittel, seine ‚Sprache' sind auch die ihren; seine Rollen, die Antihelden der verpaßten Chancen, die Kämpfer gegen die Widrigkeiten, sie haben viel gemeinsam mit den unbedarften Mädchen und linkischen Männern ihrer dichterischen Phantasie." Hiltrud Häntzschel: Marieluise Fleißer. Eine Biographie. Frankfurt a. M. 2007, S. 133f. Nicht nur in Fleißers Prosatexten, sondern auch in ihrer Dramatik sind

die körpersprachlichen Ausdrucksmittel und das Gestische ihrer Sprache für die Figurenzeichnung von zentraler Bedeutung. Aus thematischen Gründen konzentriere ich mich in diesem Beitrag aber nur auf ausgewählte Prosatexte. Zur Thematik des Sports, der Körperposen und der Schaufensterpuppe in Fleißers Texten vgl. den Beitrag von Ulrike Vedder in diesem Band, S. 159 bis 176.

7   Walter Benjamin: Echt Ingolstädter Originalnovellen. In: Materialien zum Leben und Schreiben der Marieluise Fleißer. Hrsg. v. Günther Rühle. Frankfurt a. M. 1973, S. 140-142, hier S. 142.

8   Marieluise Fleißer: Der Apfel. In: Dies.: Gesammelte Werke. Bd. 3: „Erzählungen", S. 18-24, hier S. 24. Im Folgenden werden die Zitate mit Seitenzahlen in Klammern direkt im Haupttext nachgewiesen.

9   Vgl. Claudia Albert: Grenzverläufe im Kampf der Geschlechter. Marieluise Fleißers frühe Prosa. In: Müller, Vedder: Reflexive Naivität, S. 126-137.

10 Fleißers Schreibweise, die die in ihrer Verabsolutierung und ihren Erlösungswünschen naive und kindliche Wahrnehmung der Protagonistinnen mit ironischer und reflexiver Distanz verbindet, benennt der Titel des Sammelbandes *Reflexive Naivität* von Maria E. Müller und Ulrike Vedder besonders treffend.

11 Stephan (wie Anm. 3), S. 128.

12 Marieluise Fleißer: Die Ziege. In: Dies.: Gesammelte Werke. Bd. 3: „Erzählungen", S. 76-81, hier S. 76. Im Folgenden werden die Zitate mit Seitenzahlen in Klammern direkt im Haupttext nachgewiesen.

13 So heißt es in Benjamins Kritik zu Fleißers *Pioniere in Ingolstadt*. In: Walter Benjamin: Gesammelte Schriften. Bd. IV.2. Hrsg. v. Tillman Rexroth. Frankfurt a. M. 1972, S. 1028-1029, hier S. 1028.

14 Im Zuge von Fleißers Überarbeitung des Romans 1972 ändert sich der Titel von *Mehlreisende Frieda Geier* zu *Eine Zierde für den Verein*.

15 Marieluise Fleißer: Eine Zierde für den Verein. Roman vom Rauchen, Sporteln, Lieben und Verkaufen. In: Dies.: Gesammelte Werke. Bd. 2: „Erzählende Prosa". Hrsg. v. Günther Rühle. Frankfurt a. M. 1994, S. 9-204, hier S. 33. Im Folgenden werden die Zitate mit Seitenzahlen in Klammern direkt im Haupttext nachgewiesen.

16 Barndt (wie Anm. 5), S. 31.

17 Häntzschel (wie Anm. 6), S. 133.

18 Leicht differierend zur Erstveröffentlichung erscheint Fleißers Essay am 9.8.1930 anlässlich von Buster Keatons Berlin-Besuch auch in der Zeitung *Germania*. In den Gesammelten Werken ist diese Fassung unter dem Titel *Ein Porträt Buster Keatons* nachgedruckt.

19 Marieluise Fleißer: Ein Porträt Buster Keatons. In: Dies.: Gesammelte Werke. Bd. 2: „Erzählende Prosa", S. 321-323, hier S. 321. Im Folgenden werden die Zitate mit Seitenzahlen in Klammern direkt im Haupttext nachgewiesen.

20 Auch Fritz Göttler schreibt über Buster Keaton: „Je mehr man ihn sieht, je intensiver man sich versenkt, desto weniger wirkt Keaton komisch." Fritz Göttler: Zyklopisches. Enzyklopädisches. In: Buster Keaton. Hrsg. v. Helga Belach u. Wolfgang Jacobsen. Berlin 1995, S. 21. Häntzschel weist darauf

hin, dass Fleißer Buster Keaton deutlich anders wahrnimmt als ihre Zeitgenossen wie beispielsweise Ihering und Pinthus, die seine Filme als „unbändig
lustig" und mit „lebenserleichternder Drolligkeit" charakterisieren. Vgl.
Häntzschel: Fleißer, S. 139.

21 Als „Stummfilmkünstler" weiß Buster Keaton „um die Zeichenhaftigkeit
von Gestik, Mimik und Bewegung des Körpers [...] – d.h. um die Prozesse
der Signifikation und ihrer (Fehl-)Lektüren – und [verwechselt] Zeichen und
Substanz nicht". Ulrike Vedder: Unmögliche Produktionsschleife, S. 209.
Vedder hebt auch das Tragikomische Buster Keatons hervor, das auf „dessen Prinzip der Unangemessenheit" und auf der „Figur der Umkehrung" be-
ruht. In diesem Aufsatz streicht Vedder auch die Ähnlichkeit der Figur des
Schneiders in *Die Vision des Schneiderleins* insbesondere zu Buster Keaton
heraus. Ebd., S. 206. Vgl. dazu oben Endnote 6 und Vedders Beitrag in diesem Band.

22 „Die guten unter meinen Geschichten halte ich für Meisterwerke, die nicht
sterben werden und deren Rang man noch nicht einmal völlig erkannt hat."
Marieluise Fleißer: Brief an Klaus-Peter Wicland vom 14.12.1973. In: Marieluise Fleißer: Briefwechsel 1925-1974. Hrsg. v. Günther Rühle. Frankfurt a.
M. 2001, S. 597-600, hier S. 598. Vgl. zu weiblicher Autorschaft und Meis-
terwerk den von Claudia Benthien und Inge Stephan herausgegebenen Sam-
melband *Meisterwerke. Deutschsprachige Autorinnen im 20. Jahrhundert* (Köln/
Weimar/Wien 2005).

II. Frauen vor & hinter der Kamera

Von Hollywood nach Berlin

Die deutsche Rezeption der Flapper-Filmstars Colleen Moore und Clara Bow

von Isabelle Stauffer

Kino ist einer der zentralen Diskurse in Irmgard Keuns Roman *Das kunstseidene Mädchen* (1932).[1] So versucht die Hauptfigur des Romans sich das Drehbuch ihres Lebens selbst zu schreiben. Dabei steht sie vor und hinter der Kamera zugleich.[2] Für das imaginäre Stehen vor der Kamera inszeniert sich Doris, als ob Licht von einem Spot eines Filmsets auf sie fallen und ihre Vorzüge hervorheben würde. Diese filmstargemäße Spottechnik erscheint erstmals in der Mondscheinszene zu Anfang des Romans und wird später in der Theaterepisode und Doris' Gängen durch Berlin wiederholt.[3] Neben der Inszenierungsweise dienen auch das Schauspiel und das Rollenrepertoire von Stars der 1920er Jahre als Vorbild für Doris' Spielkunst.[4] Entsprechend werden im Roman viele damalige Filmstars genannt wie Colleen Moore, Marlene Dietrich, Lilian Harvey und Conrad Veidt.[5] Als Fan dieser Stars und von sich selbst als imaginiertem Star ist Doris jedoch nicht nur Drehbuchautorin und Filmstar, sondern auch Zuschauerin. Mit zwei der weiblichen Filmstars identifiziert sich Doris explizit: Colleen Moore und Marlene Dietrich. Der Vergleich mit Colleen Moore, auf den ich mich im Folgenden konzentrieren möchte, geschieht gleich am Romananfang, als sich die Erzählerin vorstellt, und ist zwischen dem Vorhaben des Drehbuchschreibens und einem imaginierten späteren Zuschauertum platziert:

> Aber ich will schreiben wie Film, denn so ist mein Leben und wird noch mehr so sein. Und ich sehe aus wie Colleen Moore, wenn sie Dauerwellen hätte und die Nase mehr schick ein bisschen nach oben. Und wenn ich später lese, ist alles wie Kino – ich sehe mich in Bildern.[6]

Es gehört zu den Pointen von Keuns Text, dass hier nicht das Ich nach dem Star, sondern der Star nach dem Ich modelliert wird.

Doris' Referenz auf Colleen Moore ist der literarisch prominenteste
Fall der deutschen Rezeption dieses Flapper-Filmstars. Die heute fast
vergessene Schauspielerin war damals überaus erfolgreich und wurde,
wie die zahlreiche und prominent platzierte Werbung sowie die
häufigen und lobenden Filmkritiken zeigen, in der Weimarer
Republik breit rezipiert. Für diese Rezeption stellen insbesondere die
damaligen Illustrierten und Zeitschriften eine zentrale Quelle dar. Als
eine Schnittstelle der verschiedenen Kunstsparten beteiligten sich in
ihnen Journalisten und Schriftsteller, Modezeichner und Maler,
Werbegrafiker und Fotografen am damals prominenten Weiblich-
keitsentwurf der Neuen Frau.[7]
    Der Typus des Flappers, den ich als eine amerikanische Variante
der Neuen Frau begreife, wurde von Colleen Moore wesentlich mitgeprägt. Ebenfalls zentral für den Flapper war Moores Konkurrentin
Clara Bow, die den Typus weiterentwickelt und umgeprägt hat. Als
Schlagwort taucht der Flapper in der Sekundärliteratur zu Keuns
Roman immer wieder auf.[8] Sein damaliger Bekanntheitsgrad und sein
Verhältnis zur Neuen Frau jedoch waren bislang nicht Gegenstand
einer eigenständigen Untersuchung. Auch hinsichtlich der in
Deutschland gezeigten Flapper-Filme von Moore weist die *Internet
Movie Database* einige Unvollständig- und Unstimmigkeiten mit denje-
nigen Angaben auf, die sich aus meinen Recherchen im *UHU* und im
Film-Kurier gewinnen lassen.[9] Deshalb möchte ich im Folgenden auf
der Basis dieser breiten Zeitschriftenrecherche den Diskurs um den
Flapper rekonstruieren.

Der Typus des Flappers

In Deutschland galt der Flapper als das standardisierte amerikanische
junge Mädchen. Im *UHU* wird der Flapper 1924 als „exzentrischer
und eigenwilliger Mädeltyp" beschrieben, kindlich an einem Lollipop
lutschend, tanzsüchtig, geschminkt und gepudert mit „einem breit
ausladenden Golem-Skalp von Dauerwellen".[10] 1927 schreibt der
Film-Kurier, der Flapper wolle vor allem viel Geld, Amüsement und
Publizität. Der Film sei sein bevorzugtes Vergnügen.[11] Der Begriff
des Flappers soll von jungen Vögeln stammen, die mit ihren noch
unfertigen Flügeln schlagen.[12] An dieser Etymologie wird schon
deutlich, dass es sich um sehr junge Frauen handelt, die mit einer Mischung aus Kindlichkeit und Ausschweifung gegen gesellschaftliche
Regeln verstoßen.[13] Die Rebellion erweist sich jedoch meist als vorü-

bergehend, und der Flapper landet wohlbehalten im Hafen der Ehe, möglichst mit einem wohlhabenden Mann. So spricht ein Kritiker des Colleen-Moore-Vehikels *Orchids and Ermine* von Alfred Santell (USA 1927), der in Deutschland im selben Jahr unter dem Titel *Fräulein bitte Anschluss!* gezeigt wurde, von der „Heiratsdressur der entfesselten Jungamerikanerin"[14]. Dem unausweichlichen Happy-End entspricht auch, dass die Flapper-Filme üblicherweise Komödien sind.[15] Ob das Genre der Komödie der Entschärfung und Domestizierung des Flappers dient oder vielmehr eine komische Maskerade für Überschreitungen der gesellschaftlichen Regeln und zur Umgehung der Filmzensur darstellt, ist an dieser Stelle nicht zu entscheiden.[16]

Während der Typus der Neuen Frau durchaus ernsthafte Komponenten aufweist, wie Bildungshunger und Berufstätigkeit,[17] ist der Flapper vor allem durch seinen vergnügungsorientierten Lebensstil und sein möglichst stylisches Äußeres definiert. Die Konzentration des Flappers auf Äußerlichkeiten bedeutet jedoch nicht nur vermindertes Emanzipationspotential, da das durch ihn propagierte Schönheitsideal – keine oder kleine Hüte, korsettlose Kleidung, kürzere Röcke und flachere Absätze – den Frauen mehr Bewegungsfreiheit ermöglichte.[18] Die Bewegungsfreiheit, welche die Kleidung gewährt, steht für andere Freiheiten, die sich die jungen Frauen herausnehmen: Sich in der Stadt und in öffentlichen Lokalen aufhalten, Trinken, Rauchen und Sex.[19]

Die Ära des Flappers begann mit Colleen Moores Film *Flaming Youth* von John Francis Dillon (USA 1923). Moore wurde mit diesem Film zu einem der größten Stars der 1920er Jahre und zum Prototyp des Flappers. Die Beliebtheit der von ihr verkörperten Figur war die Inspiration für den darauf folgenden Film *The Perfect Flapper* von John Francis Dillon (USA 1925).[20] Moore drehte weitere Flapper-Filme, wurde von der Kritik als Flapper gefeiert und erreichte an drei aufeinander folgenden Jahren (1926, 1927 und 1928) Spitzenresultate an den Kinokassen. Die meisten ihrer Filme waren Komödien, und Moore galt als eine Komödiantin ersten Ranges.[21] *Lilac Time* von George Fitzmaurice (USA 1928) war Moores letzter großer Erfolg.[22] Mit *Smiling Irish Eyes* von William A. Seiter (USA 1929) schaffte Moore den Übergang zum Tonfilm.[23] *The Scarlet Letter* von Robert G. Vignola (USA 1934) war Moores letzter Film, dann verließ sie Hollywood, da das Publikum sie nicht in ernsten Rollen sehen wollte und sie allgemein nicht mehr sehr am Filmgeschäft hing.[24]

Für den zweiten berühmten Flapper-Filmstar, Clara Bow, war Colleen Moore ein Vorbild. Bow hatte sich alle Moore-Filme angeschaut. Dabei entdeckte sie, was Moore fehlte: die attraktive Zurschaustellung ihres Körpers.[25] Während Moore über die knabenhafte Figur der 1920er Jahre verfügte und sich entweder geradlinig oder chaplinartig komödiantisch bewegte, hatte Bow Kurven und wiegte sich beim Gehen in den Hüften.[26] Moore war zwar hübsch und lebhaft, aber nicht sinnlich wie Clara Bow.[27] Entsprechend hieß Bows größter Erfolg *It* von Clarence G. Badger (USA 1927), dessen mysteriöser Titel *sex-appeal* bedeutete. Ein Artikel im *UHU* von 1928 feierte *sex-appeal* als Schlagwort für das Ideal der 1920er Jahre und übersetzte es mit der „vollendete[n] Inkarnation des Geschlechts"[28]. Man könne, so heißt es weiter, *sex-appeal* nur durch Bilder-Zeigen begreiflich machen, weshalb eine Frau mit *sex-appeal* notwendig Filmstar werde.[29] Die Diskussion um den *sex-appeal* macht deutlich, dass der Flapper Bow'scher Prägung mit Sex als Verheißung oder Belohnung für sozialen Aufstieg und Geld jonglierte.[30]

Bows Aufstieg zum Star begann damit, dass sie 1924 zum *WAMPAS Baby Star* gewählt wurde.[31] Sie drehte wesentlich mehr Filme als Moore, wurde aber – wohl nicht zuletzt wegen deren schlechter Qualität – als Schauspielerin weniger ernst genommen.[32] Obwohl Bow Moore 1928 als Erzeugerin von Spitzenresultaten an den Kinokassen überholte,[33] verdiente Moore fast siebenmal so viel wie Bow.[34] Im folgenden Jahr schaffte Bow den Übergang zum Tonfilm mit *The Wild Party* von Dorothy Arzner (USA 1929). Jedoch wurden ihre privaten Eskapaden wie Affären, Trunkenheit und Glücksspiel ab 1929 zunehmend in der Presse breitgetreten. *Hoopla* von Frank Lloyd (USA 1933) war ihr letzter Film, danach brach Bow zusammen, beendete ihren Vertrag mit Paramount und trat in ein Sanatorium ein.[35]

Moore und Bow im *Film-Kurier* und im *UHU*

Betrachtet man Colleen Moores und Clara Bows Rezeption im *Film-Kurier* und im *UHU* der 1920er und beginnenden 1930er Jahre, so wird deutlich, dass Colleen Moore nicht nur in den USA als der größere Star galt, sondern auch in Deutschland weitaus bekannter war. Moore hatte in der deutschen Filmwerbung von 1924 an Starstatus. Entsprechend wird sie mehrfach als „großer amerikanischer Filmstar"[36] und als „weiblicher Filmstar mit den größten Kassererfolgen [sic!]"[37] bezeichnet. Wie bei Stars üblich, erwähnt der *Film-Kurier*, dass der Film *Tomorrow* ausdrücklich für sie geschrieben worden sei.[38]

Abb. 1 Moore als Herzkönigin

Abb. 2 Reklame zu Moore auf der Titelseite des *Film-Kurier*

Abb. 3 Die Amerikanerin Colleen Moore   Abb. 4 Titelseite des *Film-Kurier*

Nicht nur Moores Filme wurden nach Deutschland exportiert, sondern auch ihre Person: 1925 wird Moores Ankunft in Berlin vorangekündigt, 1927 eine weitere Europareise erwähnt.[39] Moore erscheint ab 1925 mit Kurzmeldungen auf der Titelseite des *Film-Kuriers*, wo sonst nur Weltstars wie Charlie Chaplin, Pola Negri, Rudolph Valentino und Greta Garbo figurieren. Für ihre Filme wird viel geworben, sie wird nicht nur filmspezifisch sondern auch personenbezogen beworben. (Abb. 1) Es gibt auch Reklamen, die die film- und personenbezogene Werbung vermischen, wie eine Werbung zu *Fräulein, bitte Anschluss!*. Analog zu Moores Rolle als Telefonistin des Hotels Ritz führt Moore in der Werbung ein Telefongespräch mit dem künftigen Verleiher und/oder Zuschauer ihres Films: „ – Ja – hier ist Colleen Moore – – Sie haben schon von unserem Erfolg gestern im TAUENZIENPALAST gehört? – Wie bitte –? Ja – Selbstverständlich Defina".[40] (Abb. 2) Von Moore kursieren viele Bilder, sowohl comicartig gemalte als auch Fotos, wie in der Rubrik *Filmschönheiten* im *UHU*. (Abb. 3) Ab 1928 werden ihre Filme schließlich über mehrere Ausgaben hinweg auf der Titelseite des *Film-Kuriers* beworben. (Abb. 4-7) Zur Berichterstattung gehört es auch die private Seite des Stars zu beleuchten.[41] So mokiert sich ein Artikel im *UHU* von 1928 über die europäischen Vorstellungen von Los Angeles und Beverly Hills, wonach diese Orte so kleinstädtisch und persönlich seien, dass Norma Talmadge bei Colleen Moore Tee trinke.[42] Ab 1929 nimmt die Medienpräsenz von Moore deutlich ab. Ihre Filme werden weniger beworben, und sie erscheint auch nicht mehr auf den Titelseiten. Moores letzte stumme Filme *Synthetic Sin* von William A. Seiter (USA 1929) und *Why Be Good?* von William A. Seiter (USA 1929) werden in

Abb. 5-7 Titelseitenreklamen des *Film-Kurier* zu Moores Filmen

Deutschland 1930 als Tonfilme vermarktet.[43] So wird *Die keusche Sünderin* in zwei Fassungen gezeigt, einer stummen und einer tönenden, und *Erfahrene Frau gesucht* in einer Vorform des Tonfilms, nämlich mit synchronisierter Musik und Geräuscheffekten.[44] (Abb. 8-9)

Abb. 8-9 Reklamen zu Moores ‚Tonfilmen' im *Film-Kurier*

Von ihren 33 Filmen, die sie zwischen 1922 und 1930 gedreht hat, sind im *Film-Kurier* 14 erwähnt und 10 beworben und/oder besprochen. Ungefähr 8 der in Deutschland gezeigten Moore-Filme sind klassische Flapper-Filme. Moores Film, der sie als Flapper-Persona berühmt machte, *Flaming Youth*, wird in Deutschland mit zweijähriger Verspätung unter dem Titel *Angst vor der Ehe* gezeigt.[45] Dabei erscheint das stilisierte Bild von Moore aus der Reklame sogar in einer Filmkritik wieder. (Abb. 10-11)

Isabelle Stauffer

Abb. 10-11 Reklame und Kritik zu Moore im *Film-Kurier*

In der Werbung zu diesem Film werden die Gebräuche der Jugend, Jazzmusik, Tanz, Rauchen, Trinken und freizügiger Umgang mit dem anderen Geschlecht, durchaus positiv erwähnt und dargestellt.[46] Von der Kritik wird Moore lobend als „animalische[s] Triebgeschöpf voll

verspielter Koketterie"[47] bezeichnet. Dem deutschen Titel
entsprechend wird jedoch zugleich die moralische Lektion in der
Filmwerbung betont:

> Sie hatte sie alle gern, die Männer, die sie verwöhnten, beim Tanze umwar-
> ben – Sie liebte dies Leben voll rauschender Feste, voll Jazz-Band und Tanz
> – Sie wurde begehrt – und glaubte sich geliebt – bis sie es hörte: „Natürlich –
> sie ist reizend! – Aber heiraten – nicht zu machen!"[48]

Moores Vorbildfunktion in modischer Hinsicht wird ebenfalls erwähnt: In einer Filmkritik zu *Flirting with Love* von John Francis Dillon (1924), der in Deutschland 1925 unter dem Titel *Dr. Camerons seltsamster Fall* gezeigt wurde, wird Moore über ihren Bubikopf eingeführt, der von den deutschen Schauspielerinnen nachgeahmt werde.[49]
Wiederholt wird Moores komisches Talent hervorgehoben.[50] Dennoch wird sie als Schauspielerin durchaus ernst genommen. In einer
Reklame zu *Happyness Ahead* von William A. Seiter (USA 1928), der
in Deutschland unter dem ebenfalls moralisierenden Titel *Mädel sei
lieb!* gezeigt wurde,[51] heißt es:

> Der kleine kapriziöse Flapper ist den großen darstellerischen Anforderungen
> seiner Rolle durchaus gewachsen. Die uns bis jetzt nur als übermütiger Back-
> fisch bekannte Miß Moore entpuppt sich als Charakterdarstellerin bedeuten
> den Formats.[52]

Auch noch in der Filmkritik zu *Die keusche Sünderin* wird ihr Schauspiel trotz der formelhaften Aufstiegsgeschichte gelobt:

> Wieder einmal kriegt ein armes Mädel einen hübschen, reichen, jungen, sym-
> pathischen Mann. […] Colleen ist wieder einmal großartig. […] Sie läßt völlig
> vergessen, daß da ein Star sich in das Leben und Benehmen eines Ladenmä-
> dels hineinversetzt.[53]

Clara Bow wird das erste Mal 1925 in einer Filmkritik des *Film-Kuriers*
zu *Kinder der Freude* erwähnt, der im Original als *Daughters of Pleasure*
von William Beaudine (USA 1924) bekannt war.[54] Obwohl 1926
sechs Filme mit Clara Bow in Deutschland gezeigt werden, bezeichnet sie die Filmkritik von *Küss mich noch einmal* – der in den USA unter
dem Titel *Kiss Me Again* von Ernst Lubitsch (USA 1925) lief – als
eine von zwei „ganz unbekannten Kräften"[55]. 1927 erhält sie erstmals
einen personenbezogenen Artikel: Ihre Filme gelten, heißt es, als gutes Geschäft, seien aber in künstlerischer Hinsicht unbedeutend.[56]

EIN AUSGESPROCHENER SCHLAGER. *L. B. B.*

QUICKLEBENDIG, UNBE- SCHWERT, HEITER. *B. Z.*

PUBLIKUMSERFOLG.
12 UHR

CLARA BOW... HERRLICH.
8 UHR

Alle bewährten Requisiten erfolgreicher Bow-Filme.
Film-Kurier

Clara Bow: Eine Freude! ... Zur Entfaltung solch film-herrlicher Qualitäten gibt der Künstlerin das geschickt sich aufbauende Lichtspiel reiche Gelegenheit.
8-Uhr-Abendblatt.

Abb. 12-13 Reklamen zu Bows Filmen im *Film-Kurier*

So schreibt die Filmkritik zu *Bin ich Ihr Typ?* – der im Original *Get Your Man* von Dorothy Arzner (USA 1927) hieß: „Im ganzen bezieht dieser amerikanisierte Trotzköpfchenkomplex seine Existenzberechtigung aus der Tatsache einer Rolle für Clara Bow."[57] Starstatus erhält sie in der deutschen Filmwerbung erst ab 1928. Auch Fotos sind im *Film-Kurier* erst ab 1928 im Umlauf, allerdings erscheint Bow nie auf den Titelseiten. Im *UHU* findet Bow keine Erwähnung. Bows Filme enthalten – wie diejenigen Moores – die „übliche Aufstiegsgeschichte"[58] und werden als Lustspiele kategorisiert.[59] In der Filmkritik zu *Vier Herren suchen Anschluß* – ursprünglich unter dem Titel *Red Hair* von Clarence G. Badger (USA 1928) – wird Bow als ein „uniform getuschter, sportlich und erotisch gleich gut dressierter *american flapper*"[60] bezeichnet. In einer Filmkritik zu *Übern Sonntag, lieber Schatz*, dessen amerikanischer Titel *Three Weekends* von Clarence G. Badger (USA 1928) lautet, wird der „selbstverständliche Anspruch des Flappers auf einen jungen Mann mit Auskommen"[61] als Irritationsmoment für die deutsche Kritik erwähnt. (Abb. 12-13)

Ab 1930 nimmt die Medienpräsenz von Bow deutlich ab oder kippt ins Negative. Zwei Skandalartikel befassen sich mit ihren Liebschaften und ihren Spielschulden.[62] Von den 47 Filmen, die Bow zwischen 1924 und 1930 drehte, werden 14 im *Film-Kurier* erwähnt, bei 10 Filmen taucht Bows Name auf, aber nur für 6 erhält sie Starstatus. Ungefähr 8 der in Deutschland gezeigten Bow-Filme sind klassische Flapper-Filme.

Doris als Flapper

Der von Colleen Moore geprägte und von Clara Bow mit *sex-appeal* angereicherte Typus des Flappers war durch Filmdistribution, Werbung und zeitkritische Artikel in der Weimarer Republik wohlbekannt. Vor diesem Hintergrund bietet die Referenz von Keuns ‚kunstseidenem Mädchen' auf Colleen Moore einen Ausgangspunkt dafür, Doris als Flapper zu lesen.[63] Deshalb möchte ich zum Schluss nochmals auf Keuns *Kunstseidenes Mädchen* zurückkommen. Von zeitgenössischen Rezensionen bis zur neueren Forschung gilt Doris als Inbegriff der Neuen Frau.[64] Stefanie Arend und Ariane Martin haben jedoch zu Recht eingewendet, dass „die Aussteigerin Doris […] eine ausgesprochene Abneigung gegen die Büroarbeit und das Arbeitsleben überhaupt"[65] hat und somit wesentliche Aspekte der Neuen

Frau, die sich über ihre Erwerbstätigkeit versucht Unabhängigkeit zu
verschaffen, von Doris nicht erfüllt werden. Die explizite Referenz
auf den Flapper-Filmstar Colleen Moore bedeutet insofern weit mehr
als einen zufälligen Verweis auf die Alltagskultur. Doris konsumiert
nicht nur die Flapper-Kultur, sie ist – wie meine Analyse des Flapper-
Diskurses zeigt – selbst nach ihr entworfen. So hat sie, einhergehend
mit ihrer Abneigung gegen Arbeit, eine Vorliebe für Alkohol, Zigaretten und Tanz. Analog zu Colleen Moore hat Doris eine knabenhafte Figur. So ist sie „ein bisschen spillrig, das ist gerade modern"[66]
und hat keine Brust, „weil es sich gemein anhört nach Kinderernäh-
ren und alter Sängerin von der Opera"[67]. Die eher knabenhafte Erscheinung von Moore paart Doris mit dem *sex-appeal* von Marlene
Dietrich, wenn sie deren „Klappaugenmarke: husch ins Bett"[68] nach-
ahmt, weshalb der von Doris verkörperte Flapper-Typus auch an
Clara Bows Variante erinnert. Wie die meisten Flapper verfügt Doris
mit Therese über eine bravere Freundin, von der sie bewundert und
unterstützt wird.[69] Wie andere Flapper dünkt Doris sich zu schön,
um den Erstbesten zu nehmen und meint,[70] dass sie „auf die Dauer
zu schade" sei „für kleine Dicke, die dazu noch Käsemann heißen"[71].
Flappermäßig zieht Doris alle Register, hofft nicht auf höhere Kräfte,
sondern setzt „gesunde niedere Instinkte"[72] ein, um zum Happy-End
zu kommen. Auch die Präsenz des Komischen[73] und die vielen
Slang-Ausdrücke teilt Keuns Roman mit den Flapper-Filmen.[74] Dass
es bei Keun jedoch nicht zum ersehnten sozialen Aufstieg und
Happy-End kommt, macht den Roman zugleich zu einem bemer-
kenswerten Dokument der zeitkritischen Umbrüche. Zwar vereinen
auch Flapper-Filme (melo)dramatische und komische Elemente in
sich,[75] *Das kunstseidene Mädchen* jedoch zeigt, wie ein Weiblichkeitsent-
wurf der *roaring twenties* in den 1930er Jahren zum Scheitern kommt.

Anmerkungen

[1] Vgl. Ariane Martin: Kultur der Oberfläche, Glanz der Moderne. Irmgard Keuns Roman *Das kunstseidene Mädchen* (1932). In: Matthias Luserke-Jaqui (Hrsg.): Deutschsprachige Romane der klassischen Moderne. Berlin/New York 2008, S. 349-367, hier S. 351.

[2] Vgl. Kerstin Barndt: Sentiment und Sachlichkeit. Der Roman der Neuen Frau in der Weimarer Republik. Köln u.a. 2003, S. 27.

[3] Vgl. Stefanie Arend; Ariane Martin: Nachwort. In: Irmgard Keun: Das kunstseidene Mädchen. Nach dem Erstdruck von 1932, mit einem Nachwort und Materialien hrsg. v. Stefanie Arend und Ariane Martin. Berlin 2005, S. 206-266, hier S. 244f.

[4] Vgl. Barndt (wie Anm. 2), S. 183.

[5] Vgl. Arend; Martin (wie Anm. 3), S. 239.

[6] Irmgard Keun: Das kunstseidene Mädchen. Nach dem Erstdruck von 1932, mit einem Nachwort und Materialien hrsg. v. Stefanie Arend und Ariane Martin. Berlin 2005, S. 11.

[7] Vgl. Fabienne Liptay: Lulu, Lotte und die anderen. In: Gabriele Jatho; Rainer Rother (Hrsg.): City Girls. Frauenbilder im Stummfilm. Berlin 2007, S. 122-155, hier S. 126.

[8] So bei Doris Rosenstein: Irmgard Keun. Das Erzählwerk der dreißiger Jahre. Frankfurt a. M. 1991, S. 14-16; Annette Keck: Buchstäbliche Anatomien. Vom Lesen und Schreiben des Menschen. Literaturgeschichten der Moderne. Würzburg 2007, S. 239f.; Ilke Vehling: „Schreibe, wie Du hörst". Die Redeschrift der Neuen Frau in *Das kunstseidene Mädchen* von Irmgard Keun. In: Sabine Biebl; Verena Mund; Heide Volkening (Hrsg.): Working Girls. Zur Ökonomie von Liebe und Arbeit. Berlin 2007, S. 77-100.

[9] Ich habe diese beiden Organe für den Zeitraum von 1924 bis 1930 untersucht. Dieser Zeitraum begründet sich folgendermaßen: Die Ära des Flappers wurde 1923 durch den Film *Flaming Youth* mit Colleen Moore begründet. Zwischen 1929 und 1933 hat Moore keine Filme gedreht. Ihre vier letzten Filme von 1933 und 1934 sind für diese Untersuchung, die sich auf den Zeitraum bis zum Erscheinen von *Das kunstseidene Mädchen* beschränkt, nicht mehr relevant. Clara Bows Popularität in Deutschland erlebte ab 1930 einen starken Einbruch.

[10] Fritz Zielesch: Das neue Geschlecht. Jugend in Amerika. In: *UHU*, Nr. 2 (1924), S. 2-8, hier S. 2 u. 4.

[11] Vgl. W. K.: Der „Flapper"-Film. In: *Film-Kurier*, 16.04.1927.

[12] Vgl. Heike-Melba Fendel: Ertrotzte Jugend. In: Jatho; Rother: City Girls, S. 92-115, hier S. 97.

[13] Vgl. Jeanine Basinger: Silent Stars. New York 1999, S. 412.

[14] Hans Feld: [Filmkritik zu] *Fräulein, bitte Anschluß*. In: *Film-Kurier*, 25.01.1928. Auf der *Internet Movie Database* ist für *Orchids and Ermine* kein deutscher Titel aufgeführt, vgl. www.imdb.de, letzter Zugriff am 01.02.2010.

[15] Vgl. Fendel (wie Anm. 12), S. 97.

[16] Vgl. folgende unterschiedliche Forschungspositionen: Sara Ross: ‚Good little bad girls': Controversy and the flapper comedienne. In: *Film History*, Nr. 13/4 (2001), S. 409-423, hier S. 409-410 u. 415; Fendel (wie Anm. 12), S. 99; Basinger (wie Anm. 13), S. 412, 413.

[17] Vgl. Inge Stephan: Die Neue Frau. In: Wolfgang Beutin u.a.: Deutsche Literaturgeschichte. Von den Anfängen bis zur Gegenwart. Stuttgart/Weimar 2001, S. 402-406, hier S. 403; Barbara Drescher: Die neue Frau? In: Walter Fähnders; Helga Karrenbrock (Hrsg.): Autorinnen der Weimarer Republik. Bielefeld 2003, S.163-186; Renate Brosch: Neue Frau/*New Woman*/*Femme nouvelle*. In: Renate Kroll (Hrsg.): Metzler Lexikon Gender Studies Geschlechterforschung. Ansätze – Personen – Grundbegriffe. Stuttgart/Weimar 2002, S. 291-292.

[18] Vgl. Fendel (wie Anm. 12), S. 97f.

[19] Vgl. Basinger (wie Anm. 13), S. 412f.

[20] Fendel (wie Anm. 12), S. 105; Basinger (wie Anm. 13), S. 420. Die *Internet Movie Database* gibt als Erscheinungsjahr von *The Perfect Flapper* 1924 an, vgl. www.imdb.de, letzter Zugriff am 01.02.2010.

[21] Vgl. Basinger (wie Anm. 13), S. 427.

[22] Vgl. ebd., S. 441.

[23] Vgl. ebd., S. 446. Moore drehte insgesamt sechs Tonfilme.

[24] Vgl. ebd., S. 447.

[25] Vgl. ebd., S. 109.

[26] Vgl. ebd., S. 413.

[27] Vgl. ebd., S. 421.

[28] Anita Daniel: Sex Appeal. Ein neues Schlagwort für eine alte Sache. In: *UHU*, Nr. 1 (1928), S. 72-77, hier S. 76.

[29] Vgl. Daniel (wie Anm. 28), S. 77.

[30] Vgl. Fendel (wie Anm. 12), S. 106.

[31] Vgl. Basinger (wie Anm. 13), S. 424. *WAMPAS* bedeutet *Western Associated Motion Picture Advertisers*. Diese Organisation hob mit diesem Titel einzelne Frauen hervor, welche das Potential hatten, Stars zu werden.

[32] Vgl. ebd., S. 431f.

[33] Vgl. Fendel (wie Anm. 12), S. 112.

[34] Bows Verdienst betrug 1927 1.500 $ pro Woche, Moores 10.000 $ pro Woche (Anonym: Clara Bow – das A und O. In: *Film-Kurier*, 12.11.1927; Julian Fox: Festival Silents. In: *Films*, Nr. 2-3 (1982), S. 18-22, hier S. 22).

[35] Vgl. Basinger (wie Anm. 13), S. 446.

[36] Reklame zu *Fräulein bitte Anschluß*! In: Bilderbogen des *Film-Kurier*, 21.01.1928; Reklame für den Illustrierten *Film-Kurier* zu *Fräulein – bitte Anschluß*. In: *Film-Kurier*, 23.01.1928.

[37] Anonym: Ein neuer Colleen-Moore-Film. In: *Film-Kurier*, 18.02.1928.

[38] Dieser Film wurde noch im selben Jahr unter dem Titel *Happyness Ahead*, auf Deutsch als *Mädel sei lieb!* gezeigt.

[39] Reklame in Beiblatt zum *Film-Kurier* 30.05.1925; Anonym: „Colleen Moore krank." In: *Film-Kurier* 28.06.1927.

[40] Reklame zu *Fräulein, bitte Anschluss!*. auf dem Titelblatt des *Film-Kurier*, 25.01.1928.

[41] Vgl. Richard de Cordova: The Emergence of the Star System in America. In: Christine Gledhill (Hrsg.): Stardom: Industry of Desire. London 1991, S. 17-29, hier S. 26.

[42] Vgl. Henry Hellssen: Hollywood bei der Arbeit für 1928. In: *UHU*, Nr. 4 (1928), S. 98-112, hier S. 100.

[43] *Synthetic Sin* wird in Deutschland unter dem Titel *Erfahrene Frau gesucht* und *Why be good* als *Die keusche Sünderin* gezeigt. Für *Why be good* ist auf der *Internet Movie Database* kein deutscher Titel angegeben, vgl. www.imdb.de, letzter Zugriff am 01.02.2010. Leo A. Lensing konnte schon für 1929 in *Der Film* Anzeigen für die beiden Filme finden, vgl. Leo A. Lensing: Cinema, Society, and Literature in Irmgard Keuns *Das kunstseidene Mädchen*. In: *The Germanic Review*, Nr. 60 (1985), S. 129-134, hier S. 130.

[44] Vgl. g.: [Filmkritik zu] *Erfahrene Frau gesucht*. In: *Film-Kurier*, 21.01.1930.

[45] Auf der *Internet Movie Database* wird als deutscher Verleihtitel für *Flaming Youth Flammende Jugend* angegeben vgl. www.imdb.de, letzter Zugriff am 01.02.2010.

[46] Vgl. Reklame zu *Angst vor der Ehe*. In: *Film-Kurier*, 08.05.1925.

[47] Anonym: [Film-Kritik zu] *Angst vor der Ehe*. In: *Film-Kurier*, 09.05.1925.

[48] Film-Werbung zu *Angst vor der Ehe*. In: 3. Beiblatt zum *Film-Kurier* 02.05.1925.

[49] Vgl. h.: [Filmkritik zu] *Dr. Camerons seltsamster Fall*. In: *Film-Kurier*, 31.10.1925. Für *Flirting with Love* ist auf der *Internet Movie Database* kein deutscher Titel angegeben vgl. www.imdb.de, letzter Zugriff am 01.02.2010.

[50] „Nach langer Pause werden wir wieder einmal in Deutschland Gelegenheit haben, den großen amerikanischen Star Colleen Moore zu sehen, und noch dazu in einer Lustspielrolle, die ihrem Temperament am besten liegt." Reklame für den Illustrierten Film-Kurier zu *Fräulein – bitte Anschluß*. In: *Film-Kurier*, 23.01.1928; „Ein an dramatischer Steigerung außerordentlich reicher Film, der Colleen Moore diesmal Gelegenheit gibt, nicht nur ihren quecksilbrigen Humor und ihr sprühendes Lustspieltalent [...] zu zeigen." Reklame zu *Mädel sei lieb!* In: *Film-Kurier*, 22.11.1928; „Colleen Moore, dieser bewährteste Lustspielstar Amerikas". Reklame zu *Mädel sei lieb*. In: *Film-Kurier*, 24.11.1928.

[51] Für *Happyness Ahead* ist auf der *Internet Movie Database* kein deutscher Verleihtitel angegeben vgl. www.imdb.de, letzter Zugriff am 01.02.2010.

[52] Reklame zu *Mädel sei lieb*. In: *Film-Kurier*, 24.11.1928.

[53] Georg Herzberg: [Filmkritik zu] *Die keusche Sünderin*. In: *Film-Kurier*, 21.02.1930. Der Film mit dem Originaltitel *Why Be Good?* wird in Deutschland mit einem Jahr Verspätung gezeigt.

[54] Anonym: [Filmkritik zu] *Kinder der Freude*. In: *Film-Kurier*, 12.12.1925.

[55] Anonym: [Filmkritik zu] *Kuß mich noch einmal*. In: *Film-Kurier*, 08.02.1926.

[56] Vgl. Anonym: Clara Bow – das A und das O. In: *Film-Kurier*, 12.11.1927.

[57] Hans Feld: [Filmkritik zu] *Bin ich Ihr Typ?* In: *Film-Kurier*, 07.12.1928.

[58] Hans Feld: [Filmkritik zu] *Vier Herren suchen Anschluß*. In: *Film-Kurier*, 24.07.1928.

59 Vgl. Hans Feld: [Filmkritik zu] *Bin ich Ihr Typ?* In: *Film-Kurier*, 07.12.1928.

60 Hans Feld: [Filmkritik zu] *Vier Herren suchen Anschluß.* In: *Film-Kurier*, 24.07.1928.

61 Anonym: [Filmkritik zu] *Ueber'n Sonntag, lieber Schatz.* In: *Film-Kurier*, 01.11.1929.

62 Vgl. Chaparral: Ein Bekenntnis vom heißen Hollywood. Sehnsucht nach dem „Enfant terrible". In: *Film-Kurier*, 06.08.1930; Anonym: Clara Bow ist ihr eigener Schaumann. In: *Film-Kurier*, 14.10.1930.

63 Vgl. Rosenstein (wie Anm. 8), S. 14ff; Vehling (wie Anm. 8), S. 81.

64 Vgl. Arend; Martin (wie Anm. 3), S. 225.

65 Ebd., S. 225. Vgl. zur Sekretärin als paradigmatischer und ambivalent konstruierter Neuer Frau in diesem Band den Beitrag von Ariane Martin: Gegenläufige Typisierungen – Sekretärinnen in Romanen von Irmgard Keun und Alice Berend.

66 Keun (wie Anm. 6), S. 94.

67 Ebd., S. 57.

68 Ebd., S. 24.

69 Vgl. Fendel (wie Anm. 12), S. 111.

70 Vgl. ebd., S. 105.

71 Keun (wie Anm. 6), S. 13.

72 Fendel (wie Anm. 12), S. 111.

73 Doris wird vom Theaterregisseur und -direktor als „ausgesprochen komische Begabung" bezeichnet, vgl. Keun (wie Anm. 6), S. 43.

74 Zum Slang in den Flapper-Filmen vgl. Ross (wie Anm. 16), S. 410-411.

75 Vgl. ebd., S. 413.

Der frühe Avantgarde-Film

Germaine Dulacs poetische Traumdiskurse

von Dagmar von Hoff

Der französische Avantgardefilm der 1920er Jahre ist wesentlich geprägt von der Filmemacherin Germaine Dulac (1882-1942). Zusammen mit Louis Delluc, Abel Gance, Marcel L'Herbier und Jean Epstein gehört sie einer künstlerischen Bewegung an, die als „erste Avantgarde"[1] oder treffender als „Filmimpressionismus"[2] bezeichnet wird. Dieses französische impressionistische Kino steht einem amerikanischen Mainstream-Film und einem Hollywood-System entgegen. Im Zentrum der Produktionen stehen dabei antikommerzielle filmische Experimente, die mit einem konventionellen filmischen narrativen Schema brechen. Versuchen diese ersten Avantgardisten den Film von seinen kommerziellen Fesseln zu befreien, entdecken sie zugleich überhaupt erst die besonderen Möglichkeiten einer eigenen Filmsprache bzw. kreieren mit dem Begriff *photogénie* ein spezifisch Filmisches, mit dem die sichtbare Welt neu erschlossen und ihre Bewegtheit und ihr Momenthaftes in ihrer subjektiv geprägten Weise zum Ausdruck gebracht wird.

Im Mittelpunkt dieser neuen visuellen Ästhetik steht die Bewegung, also der Fluss der Bilder in ihrem besonderen Rhythmus, der aus dem Spiel von Licht und Schatten, aus der Stilisierung der Objekte sowie der Suggestivkraft des Filmbildes erwächst. Dabei gilt nicht allein die rhythmische Anordnung des Materials als Ergebnis der Forderung einer neuen Ästhetik, sondern es geht darum, Gedanken und Stimmungen umzuwandeln, das heißt, eine Evokation von Stimmungswerten jenseits der narrativen Anordnung hervorzubringen und zum bestimmenden Moment des Films zu machen.[3] So sind es vor allem die Gefühle der gezeigten Personen, die den filmischen Rhythmus erzeugen. Louis Delluc (1890-1924) kreiert 1920 mit seinem filmtheoretischen Text *Photogénie* eine Filmpoetologie, die auf die bewegten Bilder und auf eine eigene Filmsprache setzt. Als Hauptgestaltungsmittel des Films deklariert er die Aspekte des Dekors, des Lichts, der Kadenz (Rhythmus) und der Maske (Schauspieler).[4] Einen wichtigen Hintergrund bildet dabei die neu postulierte Selbstständigkeit des Kinos, dem nicht mehr das Sekundäre anhaftet, sondern das

durch den ersten Theoretiker des Films Ricciotto Canudo mit seinem
1911 verfassten Text *Manifest der siebten Kunst* überhaupt erst als eigenständige Kunst neben Literatur, Plastik, Malerei, Musik, Tanz und
Architektur wahrgenommen werden sollte.[5] Hier findet sich zudem
die Idee der ,Vereinigung der Sinne' begründet, die vor allem von
Louis Delluc und Germaine Dulac präferiert und in der Montage als
einer Struktur von Harmonie, Kontrapunkt und Dissonanz visuali-
siert und zum Ausdruck gebracht wird.[6] Mit dieser synthetisierenden
Kompositionsvorstellung sollten dann schließlich die Surrealisten
brechen, die Widersprüche und Gegensätze in das Zentrum ihrer
Filmproduktion gestellt haben. So ist etwa Luis Buñuels *Un Chien
Andalou/Der andalusische Hund* (1928) mit seiner Schockmontage als
ein Gegenstück zur impressionistischen Traummotivik zu verstehen.
   Festzuhalten ist jedoch, dass sich Germaine Dulac nicht auf eine
impressionistisch-psychologische   Ausrichtung   reduzieren   lässt,
nimmt sie doch Elemente des *cinéma pur*, aber auch des Surrealismus
in ihre Filmsprache auf. Zwar gehört sie nicht im eigentlichen Sinne
zur Bewegung eines ,reinen Kinos' – wie sie Fernand Léger, Man Ray
und vor allem René Clair propagierten –, dennoch findet sich in ihren
Filmen immer wieder die Hinwendung zum rhythmischen Ablauf der
Bilder, die sich von einer bedeutungsvollen Qualität des Filmbildes
ablöst und auf reine Empfindung und Emotion setzt. Dulac betont
zwar das Primat des visuellen Ausdrucks im Film, bleibt aber auch
entgegen eigener theoretischer Formulierungen einer erzählenden
Kunst verhaftet, wie sie unter anderem in ihren Adaptionen von literarischen Vorlagen zum Ausdruck kommt. Es ist also weniger die
reine Bewegung, die das Hauptwerk von Germaine Dulac prägt, sondern ihre ästhetische Reflexion zielt auf einen dramaturgischen Ablauf, während das *cinéma pur* das Ende einer literarischen Handlungs-
struktur behauptet und programmatisch eine Sensibilität für das
Sichtbare jenseits narrativ-diskursiver Sinnkontexte fordert. So erklärte René Clair, dass „das ganze Publikum […] zur Schule geschickt
werden [müßte, d. V.], um zu vergessen. In eine regelrechte ,Leer'-
Anstalt".[7]

Filmpionierin und Feministin

Dulac selbst hat die avantgardistische Bewegung in ihrem kurzen
Aufsatz *Das Kino der Avantgarde* (1932) reflektiert und die historische
Entwicklung von den Anfängen mit Louis Lumières technischer Er-

findung sowie Méliès' avantgardistischem Geist des Kinos über Abel
Gances Film *La Roue/Das Rad* (1922) und die Bewegung des *cinéma
pur* bis zum surrealistischen Kino Buñuels dargelegt.[8] Dabei markiert
sie das Jahr 1924 als Datum des endgültigen Durchbruchs der Avantgarde, die mit der Ära des *cinéma pur* beginnen sollte. Denn erst hier
wollte sich das Kino keiner „anderen als der unmittelbar aus dem
Film entspringenden Handlung verpflichten"[9]. Doch obgleich Dulac
deutlich für das *cinéma pur* plädiert, bleibt sie letztlich – so auch in ihren drei großen Filmen: *La Souriante Madame Beudet/Das Lächeln der
Madame Beudet* (1922), *L'Invitation au voyage/Einladung zur Reise* (1927)
und *La Coquille et le Clergyman/Die Muschel und der Kleriker* (1927) – einer erzählerischen, kinematographischen Aussageform verhaftet,
selbst wenn sie ihre weiblichen Protagonisten in imaginierte Traum-
und Wunschwelten versetzt. Dabei kreiert sie mit ihrer radikalen
Filmsprache komplett neue phantasmatische Welten, die ein anderes
Begehren zum Ausdruck bringen und auf der narrativen Ebene eine
weibliche Blick- und Wunschperspektive einführen.

Die Wiederentdeckung von Germaine Dulac erfolgte im Rahmen
der feministischen Filmgeschichtsschreibung in den 70er Jahren.
Während der 1980er und 1990er Jahre konnten Dulacs Filme zu-
sammengetragen, restauriert und aufgeführt werden. In neuerer Zeit
wurde ihre Filmkunst vor allem von den Freunden der Deutschen
Kinemathek e. V., Berlin, und der Kinothek Asta Nielsen e. V.,
Frankfurt am Main, aufgearbeitet und in einer großen Filmretrospek-
tive 2002 zusammengestellt.[10] Zurückgreifen konnte diese Zusam-
menschau dabei unter anderem auf die Studien von Richard Abel
zum französischen Film (1984)[11], auf Recherchen zu Dulac von
Catherine Silberschmidt (1987)[12] sowie auf Sandy Flitterman-Lewis
(1996)[13]. Auffallend ist, dass dabei die Filmpionierin Dulac zur Be-
gründerfigur einer eigenen weiblichen Filmliteraturgeschichtsschrei-
bung wurde. Heide Schlüpmann verweist auf sie als erste Avantgar-
distin vor der Filmemacherin Maya Deren (1917-1961),[14] Sandy Flitterman-Lewis zieht eine Linie zu Marie Epstein (1881-1948) und zu
Agnès Varda (geb. 1928),[15] Donia Mounsef zu Marguerite Duras
(1914-1996)[16] und Maureen Turim zu einer Reihe weiterer Filmemacherinnen: Maya Deren, Yvonne Rainer und Marina Abramovic.[17]

Zu einem der viel erwähnten Filme Dulacs gehört *La Souriante
Madame Beudet*, 1922 entstanden und in Paris im November 1923 ur-
aufgeführt, der häufig als ihr bestes Werk bezeichnet wird.[18] Hier
schildert Dulac das Schicksal der Madame Beudet, Ehefrau eines bie-
deren Textilkaufmannes in der französischen Provinz, deren Sensibi-

lität und Kreativität (sie spielt Debussy auf dem Klavier) von ihrem
Mann eingeschränkt wird. In phantasmatischen Gedankenbildern
träumt die Protagonistin des Films nun davon, ihn umzubringen.
Diese zornigen Innenwelten werden durch komplizierte Montagen,
Doppelbelichtungen, Zerrspiegel und eine exzentrisch-irreale Be-
leuchtung in Szene gesetzt. Gestaltet nach dem Stück von André
Obey und Denys Amiel ist dieser Film – wie das Stück – letztlich eine
Variante von Flauberts *Madame Bovary* (1856). Ähnlich der Madame
Bovary leidet die Protagonistin an der Spießigkeit der Provinz, aber
auch an den mangelnden Entfaltungsmöglichkeiten in einer konventionellen Ehe. Doch – wie in so vielen Filmen Dulacs – gibt es keinen Ausweg aus der monotonen bürgerlichen Enge. Es kommt nicht
zum Mord, und die Protagonistin fällt zurück in die Rolle der lethar-
gischen Unterdrückten.

Der bekannteste und zugleich umstrittenste Film ist Germaine
Dulacs *La Coquille et le Clergyman* (1927), nach dem Drehbuch von
Antonin Artaud. Dieser Film hat für große Furore gesorgt, und seit
Antonin Artauds Zerwürfnis mit Dulac wird bis heute diskutiert, ob
Dulac Artaud verfälscht hat oder nicht. Historisch gesehen kann dieser Film zugleich als erstes surrealistisches Experiment gesehen werden, das sich vom *cinéma pur* entfernt und neue durchkomponierte visuelle Rhythmen erfindet, die nicht mehr eine Geschichte erzählen,
sondern eine Folge von Affekten aufzeigen, wobei ein psychischer
Zustand einen weiteren zu produzieren scheint. Eine Irrealität erzeugt eine neue. Dennoch bleibt der Film einer Traumerzählung verhaftet, die den Hiatus zwischen dem, was Traum und Wirklichkeit
heißt, tendenziell aufrecht erhält. Artaud demgegenüber forderte den
Zusammenfall von Realität und Traum; einen Zustand, in dem es
keine Grenzen mehr gibt und die rein visuelle Sprache des Kinos eine
geradezu neue Sprache des Unbewussten kreiert. Diese Radikalität
einer letztlich nur jenseits des Repräsentationssystems zu denkenden
Äußerungsform, die die Handlung aktiv vergisst und zum Leben
selbst wird und zwar in einer Präsens der Nichtdarstellbarkeit – so
hat es Derrida treffend für Artauds Konzept der Grausamkeit beschrieben[19] –, konnte von Dulac filmisch nicht umgesetzt werden, da
ihr Konzept einer fließenden Ästhetik auf Harmonie und Aussage
setzt, während Artauds aggressive Konzeption ein Zerschlagen von
Bildern und Sinnmomenten anvisiert.[20] Ein Film ohne jegliche
narrativen Elemente, bei dem eine Serie von phantasmatischen sin-
gulären Visionen ohne logischen Zusammenhang existiert, ist aber in
einem Kinosystem der 1920er Jahre nur schwer vorstellbar. Auch

entspricht die Programmatik Artauds, Institutionen, symbolische Entitäten und letztlich das Subjekt zu zertrümmern, nicht der filmischen Position Dulacs.[21] Vielmehr möchte Dulac sich einschreiben in eine Kinematographie, in der Handlung neu gedacht und in imaginäre Welten verlagert wird. Ihr geht es um ein Changieren zwischen Literatur und filmischer Sprache, die letztlich eine Traumpoetologie entstehen lässt, in der alle Sinne und Kunstformen zu vereinen sind. Wie dies konkret aussieht, soll an dem Film *L'Invitation au voyage*, inspiriert von Baudelaires *Les Fleurs du Mal/Die Blumen des Bösen* (1857), gezeigt werden.

Abb. 1 Germaine Dulac

Vorerst gilt es aber, die ‚Stadtgängerin' Germaine Dulac in wesentlichen biographischen Akzenten und ihrer Wirkung im Berlin der 1920er Jahre vorzustellen (Abb. 1).

Dulac war Theater- und Filmkritikerin, Feministin, Filmproduzentin, Stummfilmregisseurin, Filmtheoretikerin, Leiterin der französischen Filmclub-Bewegung, führendes Mitglied im Komitee gegen die Filmzensur und eine Institution im mondänen Paris. Geboren 1882, als Charlotte Elisabeth Germaine Saisset-Schneider, gestorben 1942 im Alter von neunundfünfzig Jahren im besetzten Paris, gehört sie zu den bedeutendsten Filmemachern, die eine Kunstform nahe am Unbewussten entwarfen. Zwischen 1915 und 1929 realisierte sie an die 24 Kinofilme: kurze und lange, kommerzielle und avantgardistische. Frühe Filme von ihr sind unter anderem der Episodenfilm *Âmes de Fous* (1917), *La Fête Espagnole* (1919) nach einem Drehbuch von Louis Delluc sowie *La Cigarette* (1918); ihre bekanntesten Filme sind, wie schon erwähnt: *La Souriante Madame Beudet* (1922), *L'Invitation au voyage* (1927), *La Coquille et le Clergyman* (1927); als spätere Filme können gelten: *Disque 957* (1929) nach dem Präludium Nr. 6 von Frédéric Chopin

und *Etude cinégraphique sur une Arabesque* (1929) nach der Musik von
Claude Debussy. Dulac hat sich, bevor sie sich einer eher abstrakten
Filmsprache zuwendete und vor allem klassische Musik visuell um-
setzte, vor allem mit literarischen Vorlagen beschäftigt. Es ist die Lite-
raturverfilmung, die Idee der Transformation einer poetischen Aussage
in eine visuelle Idee, die ihr Werk prägt. Dazu gehören *Malencontre*
(1920), den sie nach einem Roman von Guy Chantepleure bearbeitete,
ihr unvollendetes Werk *Werther* (1922) nach Goethe, *La Souriante Madame Beudet* (1922) nach einem Stück von André Obey und Denys
Amiel, *Âme d'artiste* (1925) nach dem Roman *Traum und Wirklichkeit* von
Christian Molbeck, *La Folie des Vaillants* (1925) nach einer Novelle von
Maxim Gorki, *Antoinette Sabrier* (1926) nach einem Stück von Romain
Coolus, *L'Invitation au voyage* (1927), inspiriert von Baudelaires *Les Fleurs
du Mal,* sowie *La Princesse Mandane* (1928) nach dem Roman *L'Oublié*
von Pierre Benoit.[22]

Das politische und kulturelle Klima in den 1920er Jahren wurde
sowohl in Paris als auch in Berlin von der gesellschaftlichen Aufbruchsbewegung der Frauen geprägt. So wurden unter dem „Schlagwort und Kampfbegriff"[23] Neue Frau in der Weimarer Republik Debatten geführt, die der Durchsetzung des Wahlrechts für Frauen, dem
Zugang zu den Universitäten und der Notwendigkeit der Erwerbsarbeit, die die bürgerliche Frauenbewegung im 19. und Anfang des 20.
Jahrhunderts erkämpft hatten, gerecht zu werden versuchten. Neue
Gendermodelle wurden entwickelt und neue regulative Ordnungen
der Geschlechterbeziehungen verhandelt. Dulac repräsentierte dabei
den Typus einer selbstbewussten emanzipierten Frau, die sich ihren
Platz in der beruflichen Welt erobert hatte. Sie entsprach den zeitgenössischen Vorstellungen der Neuen Frau, wie sie sich in neuen
Weiblichkeitsidealen und Klischees niedergeschlagen hatten. Mit ihrer
kinematographischen Schreibweise, in der sie die Innenwelten weiblicher Protagonisten thematisierte und vor allem ihre Aufbruchsphantasien bebilderte, bekamen ihre Filme einen emanzipatorischen Ak-
zent zugeschrieben. Zugleich entsprach Dulac in ihrem Habitus dem,
was man sich in den 1920er Jahren unter der Neuen Frau vorstellte.
In der Öffentlichkeit sah man sie häufig Zigarette rauchend, und ihre
Frisur war im provokanten Garçonne-Stil gehalten. Sie war Herausgeberin von *La Française*, dem Organ der Sufragetten und führte –
nach der Trennung von ihrem Ehemann – ein Salonleben in Paris
zusammen mit ihrer Lebensgefährtin. Diese brisante Mischung aus
Aufbruch, Skandal und neuer Ästhetik machte sie zu einer Figur der
Extravaganz. Ihr Leben und ihre Werke gaben in den 1920er Jahren

Anlass zu zahlreichen Spekulationen und Projektionen, denn sie schien mit ihrem künstlerischen Anspruch, der auch das Privatleben einschloss, geradezu ideal die weibliche Aufbruchsbewegung zu verkörpern.[24] So ist es nicht überraschend, dass sie in der cineastischen Presse auf einer der Titelseiten porträtiert wurde. In der Tageszeitung *Film-Kurier* wird am 12. Mai 1925 über Dulac Folgendes resümiert:

> Nun – in Paris gibt es eine Film-Regisseuse, Madame Germaine Dulac. Sie ist keine Debütantin und, beim Publikum wie in den Fachkreisen, längst keine Sensation mehr. Sie ist anerkannt, beliebt, kein Mensch findet es auffallend. Sie [...] hat schon mehr als ein Dutzend größerer, beachtenswerter Filme inszeniert. Schließlich, wenn Frauen Film-Manuskripte schreiben, warum sollen sie sie nicht auch inszenieren können? Der Filmautor soll doch Regiebegabung haben! Es ist also vielleicht nur eine Frage der Kraft. (Vielleicht aber auch anderer Dinge, wer weiß?) [...] Eine Frau mit zehnjähriger Regieerfahrung ist in jedem Falle ein interessantes Phänomen, sie muß viel wissen und viel zu sagen haben. Ich ging also zu ihr. Seit langem wieder einmal wirklich interessiert, ja fast neugierig. [...] Nun – Madame ist eine Ausnahme in jeder Hinsicht. So sehr Ausnahme, daß ich mein Fragekonzept verloren und mir erst, als ich die Treppen ihrer Wohnung herunterstieg, einfiel, daß ich das Selbstverständlichste und Naheliegendste zu fragen vergessen hatte. Madame ist groß, kräftig und schlank; ihre Sprache und ihre Bewegungen sind voll eleganter Energie, voll, man kann sagen, militärischer Sicherheit. Außerdem trägt sie eine schicke Herrenweste zum Jackett und macht so, alles in allem, den Eindruck einer couragierten Reiterin. Ich bin auch jetzt nicht mehr ganz sicher, ob das goldene Armband, das ich unter einem ihrer violetten Seidenstrümpfe schimmern sah, mir nicht geträumt ist, und ob sie nicht doch Reitstiefel anhatte. ‚Charmant‘ würde man in Paris sagen und ‚fesch‘ in Wien. Es stimmt beides. Aber sie hat noch einen, selbst beim starken Geschlecht seltenen Vorzug: sie ist bewußt und präzis.[25]

Der Interviewer entwirft hier einen neuen Frauentypus: das Bild einer als männlich erscheinenden, unabhängigen, intellektuellen Künstlerin. Dulac wird inszeniert als eine Frau, die ‚ihren Mann‘ steht. Entsprechend wird ihr Äußeres im spannungsvollen Changieren zwischen männlich (groß, kräftig/schicke Herrenweste/militärische Sicherheit) und weiblich (goldenes Armband unter violetten Seidenstrümpfen) evoziert, wobei letztlich das virile Moment betont bleibt, was auch nicht durch die Vokabeln ‚charmant‘ und ‚fesch‘ aufgehoben werden kann. Bestehen bleibt das Bild einer Reiterin, eine Maskierung, die als ein Schutz für die Unmöglichkeit eines neuen Selbstverständnisses entworfen wird. Allein so kann die kinematographische Kreativität der Filmpionierin 1925 entworfen und verstanden werden.

Abb. 2 Barkulisse

Abb. 3 Segelschiff

Abb. 4 In der Bar

Abb. 5 Angeketteter Vogel

Abb. 6 Ausblick: Meer

Abb. 7 Ausblick: Hinterhof

Abb. 8 Geschlechterphantasma

Abb. 9 Schlussbild

„L'Invitation au voyage"

Poesie, Reise und weibliches Schicksal gehen eine enge Verbindung in Germaine Dulacs Film *L'Invitation au voyage* ein (Abb. 2). Ausgangspunkt ihres Films ist das gleichnamige Gedicht von Charles Baudelaire, in dem die Spannung zwischen Liebe und Schmerz, Aufschwung und Abstieg in einer Sehnsuchtstopographie entfaltet wird. Der Gedichtzyklus von Baudelaire *Les Fleurs du Mal/ Die Blumen des Bösen*, publiziert 1857, löste sofort nach dem Erscheinen einen Skandal und schließlich einen Prozess aus, bei dem Baudelaire zu einer Geldstrafe verurteilt wurde und sechs seiner Gedichte der Zensur zum Opfer fielen (darunter die Gedichte *Les Lesbiènnes* und *Les Limbes*). Das Urteil wurde übrigens erst 1949 förmlich aufgehoben. Mit der Anspielung auf dieses Werk greift Dulac sowohl auf diese politisch poetische Radikalität als auch auf bekannte maritime und exotische Topoi zurück, die in Baudelaires Gedichtzyklus eingestreut sind. Überhaupt sind die Poesie der Häfen, die Sehnsucht nach fremden Ländern und verbotenes Liebesverlangen häufige Themen der französischen Literatur und der kulturellen Szene der 1920er Jahre. Der Filmhistoriker Jerzy Toeplitz hat darauf verwiesen, dass es gerade die ‚verbotene Zone' der Hafenkneipe ist, die den Hintergrund für das Spiel mit der Melancholie und dem verfehlten Leben bildet. Der inszenierten Reisemetaphorik kommt dabei die Funktion zu, ein Versprechen zu enthalten, das dem Wunsch, aus der Wirklichkeit zu fliehen, entspricht. So wird ‚Evasion' (Flucht) zur Modeparole der französischen Literatur der 1920er Jahre, die selbst noch in den folgenden Jahren – so etwa in Marcel Carnés *Quai des Brumes/ Hafen im Nebel* (1938) oder in Yves Allégrets *Dédée d'Anvers/ Schenke zum Vollmond* (1947) ebenfalls eine Rolle spielen sollte.[26]

Ein wichtiges Vorbild für Dulacs Film bildet jedoch Dellucs Film *Fièvre/ Fieber* (1921), der im alten Hafen von Marseille spielt. Im Kneipenmilieu treffen Matrosen und Dirnen aufeinander, wobei das Lokal zum Schauplatz für Einsamkeit, aber auch Begegnung wird. Eifersucht, Totschlag und Tanz sind die bestimmenden Geschehen in diesem Film, dessen Handlung, Dekor und vor allem Sehnsuchtsmotiv Dulacs Film nachhaltig beeinflusst haben. Ähnlich wie schon in Dellucs *Fièvre* träumt auch Dulacs Protagonistin von der Ferne. Dabei wurden Dellucs Hafenbilder, die den Eindruck von Weite vermitteln, durch Aufnahmen vom Meer und Himmel ersetzt. Ebenfalls wird ein Gegenstand der Sehnsucht inszeniert; bei Delluc ist es die

Papierblume, bei Dulac das kleine Segelschiff, das den Schriftzug
L'Invitation au voyage trägt (Abb. 3).

In ihrem Film spielt Dulac sämtliche Kunstformen an; sie inszeniert unter anderem den Tanz (tanzende Paare in der Bar), Musik
(Violinspiel), Malerei (Dekor) und Fotografie (Bildnis im Amulett),
die in den bewegten Bildern synthetisiert werden. Die entscheidende
Rolle aber übernimmt die Literatur, der sie die tragende Bedeutung in
ihrem Film zuweist. Am Anfang ihres Films blendet Dulac die ersten
Gedichtzeilen von Baudelaire ein, die den Ausgangspunkt für den
nächtlichen Versuch einer Frau darstellen, aufzubrechen in eine neue
Welt.

> Mon enfant, ma sœur, / Songe à la douceur / D'aller là-bas vivre ensemble! /
> [...] Des meubles luisants, / Polis par les ans, / Décoreraient notre chambre.[27]

Mit dieser Verheißung beginnt der Film. Letztlich schafft es die Protagonistin (gespielt von Emma Gynt) jedoch nur in eine als Schiffs-
kulisse gestaltete Bar, über deren Tür die Einladung zur Reise
(*L'Invitation au voyage*) hängt.[28] Das Lokal selbst ist ein Ort vielfältigen
Vergnügens, es gibt Varieténummern und Tanz, Blumenmädchen
und Cocktails aus allen Regionen der Welt. Die Protagonistin, eine
Frau im Pelz, scheint zu frösteln. Erst als sie von einem Marineoffi-
zier (gespielt von Raymond Dubreuil) angesprochen wird, beginnt
sie, aus ihrer Erstarrung zu erwachen und sich in ein neues Leben
hineinzuträumen (Abb. 4). Der Film ist keine Illustration von
Baudelaires gleichnamigem Gedicht, vielmehr sucht er nach einem
filmischen Äquivalent zur symbolistischen Lyrik und entfaltet dabei
eine ganz eigene Traumpoesie in ruhigen Einstellungen, Überblendungen und Assoziationsmontagen.[29]

Zugleich wird der Reisemetaphorik und der Sehnsucht nach fernen Ländern die Bedeutung zugeschrieben, die Reise ins Innere zu
verdeutlichen. Dulac geht es darum, weibliche Begehrensstrukturen
darzulegen. Hierfür bemüht sie eine imaginäre Geographie. Der ver-
heißungsvolle Raum der Bar, sein Dekor, die Luken des Schiffs, das
Miniatursegelschiff – große und kleine Orte, in denen Aus- und Ein-
grenzungen und ein Freisetzen anderer versteckter Räume auftauchen, gestalten diesen imaginären Raum. Dabei kommt den im Film
inszenierten Übergängen und Passagen, die einen Wechsel von einem
Raum in einen anderen suggerieren, die Funktion zu, ein Schwanken
hervorzurufen, das genau den „Wellenbewegungen der Träumerei"[30]
zu entsprechen scheint, die Walter Benjamin so treffend für

Baudelaires Lyrik beschrieben hat. In seinem bekannten Baudelaire-Aufsatz spricht er vom „wiegenden Rhythmus"[31] der Strophen, der genau in die maritime Inszenierung passt, die sowohl in Baudelaires Lyrik als auch in Dulacs Film zum Ausdruck kommt. Und so wie der weibliche Protagonist des Films letztlich ein Flaneur mit all seiner Schaulust ist, so ist das Segelschiff, das die Zeile L'Invitation au voyage trägt, Initial für einen sehnsuchtsvollen Zustand. Doch gelingt auch dieser Heldin der Aufbruch nicht. Sie bleibt verwiesen auf die Enge einer bürgerlichen Welt, die sie ausschließlich an das Haus bindet, wie es im Film im Dekor des gemalten angeketteten Papageis zum Ausdruck kommt (Abb. 5). Nicht die Fluchtlinie der Sehnsucht und die Erwartung des neuen Unbekannten, wie sie im Sehnsuchtsmotiv des Meeres im Film zum Ausdruck kommt, erwarten die Heldin, vielmehr ist es der Ab-Ort, der Hinterhof mit all seinem Abfall, den die Protagonistin entdecken wird, wenn sie durch die Luke der Barkulisse schaut (Abb. 6-7).

Mit dieser Erfahrung des Tristen trifft Dulac präzis das, was Walter Benjamin als Verhängnis der Moderne beschrieben hat, nämlich aufbrechen zu wollen gleich einem Segelschiff, letztlich aber zu scheitern an der Normalität. So bleibt das Abenteuer des Lebens zum Scheitern verurteilt.

> So stark, so sinnreich, so harmonisch, so gut gebaut ist der Heros wie jene Segelschiffe. Aber ihm winkt vergebens die hohe See. Denn ein Unstern steht über seinem Leben. Die Moderne erweist sich als sein Verhängnis. Der Heros ist nicht in ihr vorgesehen, sie hat keine Verwendung für diesen Typ. Sie macht für immer im sichern Hafen fest; sie liefert ihn einem ewigen Nichtstun aus.[32]

Traumpoetik

Germaine Dulacs weibliche Protagonisten phantasieren, halluzinieren und träumen sich in neue Welten hinein; ja, erzeugen unbekannte Bilder, sodass eine neue imaginierte Weiblichkeit entsteht, deren Begrenztheit zugleich aber allzu deutlich wird. Ihre kinematogaphische Sprache ist von einem sehnsuchtsvollen Drängen eines weiblichen Begehrens gezeichnet, das einer Begehrensstruktur männlicher Protagonisten – wie sie die Surrealisten Buñuel oder Man Ray inszeniert haben – gegenübersteht. Dennoch zeigt sich – und dies gilt sowohl für Dulac als auch die männlichen Filmemacher –, dass diese filmi-

schen Experimente zuglcich auch das Scheitern weiblicher und
männlicher Helden reflektieren und damit die Zeit der Moderne eng
an einen melancholischen Gesellschaftsentwurf binden. Ähnlich wie
ihre avantgardistischen Wegbegleiter orientiert sich Dulac an der
Konstruktion einer Film-/Traum-Analogie. Der Traum vom Beginn
des Kinos an in das mediale Gefüge des Films eingetreten, führte zu
Experimenten mit Überblendungen, Auflösungen, Trickaufnahmen
und Zeichentricks, die die traumtypische Verschiebung von Zeit, Ort
und Kausalzusammenhängen darstellen sollten. So handeln allein
über 200 vor dem Ersten Weltkrieg in Frankreich und den USA ent-
standene Stummfilme von Träumen. Während aber noch in Georges
Méliès' kurzen Stummfilmen die Träume des Ballettmeisters, Fischers
oder Opiumrauchers im Mittelpunkt der Filmhandlung stehen, ist es
das Besondere an Dulacs Filmen, dass bei ihr die Grenze zwischen
Wirklichkeit und Traum verwischt und tendenziell aufgelöst wird.
Anders als in Buster Keatons *Sherlock Jr.* (1924) oder in Georges W.
Pabsts *Geheimnisse einer Seele* (1926) wird in ihren Filmen keine psy-
choanalytische Deutung eines Traums vorgenommen, vielmehr versucht sie, eine handlungslose Suggestion eines Traumzustands insgesamt darzustellen, selbst wenn sie einem narrativen Konstrukt verhaftet bleibt.

So inszeniert sie in ihren Filmen konsequent die Passagen des
Übergangs, die verantwortlich für die Differenz von Traum und
Wirklichkeit zeichnen. Dies geschieht zum Beispiel, wenn in den Filmen eine dunkle Flüssigkeit getrunken, eine Drehtür bewegt oder
durch ein Bullauge geschaut wird; all diese Schwellenüberschreitun-
gen sorgen dafür, dass konsequent die filmischen Handlungsebenen
gewechselt und getauscht werden. Dabei entsteht keine eigentliche
Trennung zwischen Wirklichkeit und Traum, vielmehr fällt der Zuschauer von einem Traum in den nächsten. Insofern könnte man bei
Dulac von einem generellen Traumgewebe sprechen, das jenseits des
Hiatus von Wirklichkeit und Traum liegt. Ja, man könnte sogar behaupten, dass Sigmund Freuds Prämisse seiner *Traumdeutung* (1900)
Eingang in ihre Filmkonzeption gefunden hat:

In den bestgedeuteten Träumen muß man oft eine Stelle im Dunkeln lassen,
weil man bei der Deutung merkt, dass dort ein Knäuel von Traumgedanken
anhebt, der sich nicht entwirren will, aber auch zum Trauminhalt keine weiteren Beiträge geliefert hat. Dies ist dann der Nabel des Traums, die Stelle, an
der er dem Unerkannten aufsitzt. Die Traumgedanken, auf die man bei der
Deutung gerät, müssen ja ganz allgemein ohne Abschluss bleiben und nach
allen Seiten hin in die netzartige Verstrickung unserer Gedankenwelt auslau-

fen. Aus einer dichteren Stelle dieses Geflechts erhebt sich dann der Traum-
wunsch wie der Pilz aus seinem Mycelium.[33]

Dulacs Versuch, eine eigene filmische Traumsprache zu erfinden,
neue Blickkonstellationen zu kreieren sowie ein androgynes Phan-
tasma zu behaupten, bei dem die Grenzziehung zwischen männlich
und weiblich verschwimmt (Abb. 8), ist ein großes Verdienst ihrer
kinematographischen Schreibweise. Dabei geht sie eine Nähe zur Literatur ein, übersetzt Poesie und lyrische Qualitäten in den Rhythmus
der filmischen Aussage. Dies ist eine Transferleistung, die zugleich in
der Wahrung des poetischen Moments besteht und die Signatur der
Modernität in ihrer melancholischen Ambivalenz betont. Dabei hat
sie als eine der ersten Avantgardisten erkannt, inwieweit die Kinematographie eine Öffnung ins neue Unbekannte verspricht. So
schreibt Dulac über ihre filmische Erzähltechnik:

> Der Film ist ein weit auf das Leben geoffnetes Auge, ein Auge, das mächtiger
> ist als das unsere, und das sieht, was wir nicht sehen.[34]

Anmerkungen

1   Jerzy Toeplitz verweist auf die Verwendung dieses Begriffs, der u. a. auf Delluc angewandt wurde und eine Abgrenzung zu den nach 1924 entstehenden avantgardistischen Strömungen darstellte. Vgl. Jerzy Toeplitz: Geschichte des Film 1895-1933. München 1987, S. 259.

2   Georges Sadoul spricht vom französischen Impressionismus und führt damit einen Terminus in die Filmgeschichtsschreibung ein, der zuerst von Henri Langlois verwandt und als Analogie und Gegenstück zum deutschen Expressionismus vorgeschlagen wurde. Vgl. Georges Sadoul: Geschichte der Filmkunst. Frankfurt a. M. 1982 (Paris: 1955), S. 165. Vgl. auch die Fortschreibung bei Ulrich Gregor; Enno Patalas: Geschichte des Films 1895-1939, Bd. 1. Reinbek bei Hamburg 1986 (1. Aufl. 1976), S. 67 und David Bordwell: French Impressionist Cinema. Film Culture. Film Theory and Film Style. New York 1980, S. 26.

3   Vgl. Gregor; Patalas (wie Anm. 2), S. 68 und Bordwell (wie Anm. 2), S. 108.

4   Vgl. Gregor; Patalas (wie Anm. 2), S. 68. Vgl. auch Heinz-B. Heller: Rätselhafte (Sinn-)Bilder im westeuropäischen Avantgardefilm der 1920er Jahre. In: Matthias Bauer; Fabienne Liptay; Susanne Marschall (Hrsg.): Kunst und Kognition. Interdisziplinäre Studien zur Erzeugung von Bildsinn. München 2008, S. 131-146, hier S. 135 f.

5   Vgl. Gregor; Patalas (wie Anm. 2), S. 68.

6   Vgl. A. L. Rees: Das Kino und die Avantgarde. In: Geoffrey Nowell-Smith (Hrsg.): Geschichte des Internationalen Films. Stuttgart/Weimar 2006 (Oxford 1996), S. 89-104, hier S. 92.

7   René Clair: Vom Stummfilm zum Tonfilm. Kritische Notizen zur Entwicklungsgeschichte des Films 1920-1950. Zürich 1995, S. 13.

8   Vgl. Germaine Dulac: Das Kino der Avantgarde. Die Werke des avantgardistischen Films. Ihre Bestimmung und Verhältnis zum Publikum und zur Filmindustrie. In: *Frauen und Film* 37 (1984), S. 56-62.

9   Dulac (wie Anm. 8), S. 58.

10 Vgl. Freunde der Deutschen Kinemathek/Kinothek Asta Nielsen (Hrsg.): L'Invitation au Voyage. Germaine Dulac. Berlin 2002 (Kinemathek 93), S. 12f.

11 Vgl. Richard Abel: French Cinema. The First Wave, 1915-1929. Princeton/New Jersey 1984, S. 13.

12 Vgl. Catherine Silberschmidt: Kino, das ist Bewegung, Rhythmus, Leben. Germaine Dulac – Filmpionierin der 1920er Jahre. In: Inge Stephan; Sigrid Weigel (Hrsg.): Weiblichkeit und Avantgarde. Berlin/Hamburg 1987, S. 67-89.

13 Vgl. Sandy Flitterman-Lewis: To Desire Differently. Feminism and the French Cinema. New York 1996.

14 Vgl. Heide Schlüpmann: Die Emanzipation des Films. Zu Germaine Dulacs und Maya Derens Theorien der Avantgarde. In: *Frauen und Film* 37 (1989), S. 38-51, hier S. 18.

15 Vgl. Flitterman-Lewis (wie Anm. 13), S. 141 u. S. 215.

16 Vgl. Donia Mounsef: Women Filmmakers and the Avant-Garde: From Du-
    lac to Duras. In: Jacqueline Levitin; Judith Plessis; Valerie Raoul (Hrsg.):
    Women Filmmakers: Refocusing. Vancouver 2003, S. 38-51, hier S. 44 f.

17 Vgl. Maureen Turim: Germaine Dulac, Maya Deren, Yvonne Rainer and Ma-
    rina Abramovic. In: Jean Petrolle; Virginia Wright Wexman (Hrsg.): Women
    and Experimental Filmmaking. Urbana/Chicago 2005, S. 69-90, hier S. 69f.

18 So bei Gregor; Patalas (wie Anm. 2), S. 69; Toeplitz (wie Anm. 1), S. 263 und
    Sadoul (wie Anm. 2), S. 173. Vgl. ebenfalls Abel (wie Anm. 11), S. 340f.; In
    neuerer Zeit vgl. Oliver Fahle: Jenseits des Bildes. Poetik des französischen
    Films der zwanziger Jahre. Mainz 2000, S. 109 f. Auch die Dokumentation
    der Freunde der Deutschen Kinemathek e. V. (Berlin) und der Kinemathek
    Asta Nielsen e. V. (Goethe Universität, Frankfurt a. M.) verweisen auf die
    kanonische Bedeutung des Films. Vgl. Freunde der Deutschen Kinema-
    thek/Kinothek Asta Nielsen (wie Anm. 10), S. 12 u. S. 127.

19 Vgl. Jacques Derrida: Das Theater der Grausamkeit und die Geschlossenheit
    der Repräsentation. In: Ders.: Die Schrift und die Differenz. Frankfurt a. M.
    1976 (Paris 1967), S. 351-379, hier S. 353.

20 Vgl. dazu Antonin Artaud: Die Muschel und der clergyman. Kino und Reali-
    tät. In: Karlheinz Barck (Hrsg.): Surrealismus in Paris 1919-1939. Leipzig
    1990, S. 591-599 u. Antonin Artaud: Das Theater und sein Double. Das
    Théâtre de Séraphin. Frankfurt a. M. 1981, S. 89 f.

21 Auf die umfassende Debatte, in der sich Artaud, aber auch André Breton,
    kritisch zu Dulacs Film äußern, kann hier nicht weiter eingegangen werden.
    Vgl. u. a. Sandy Flitterman-Lewis: The Image and the Spark: Dulac and Ar-
    taud Reviewed. In: Rudolf F. Kuenzli (Hrsg.): Dada and Surrealist Film.
    London/Cambridge 1996, S. 110-127.

22 Vgl. Silberschmidt (wie Anm. 12), S. 87.

23 Inge Stephan: Literatur in der Weimarer Republik. In: Deutsche Literaturge-
    schichte. Von den Anfängen zur Gegenwart. Stuttgart/Weimar 2008, S. 387-
    432, hier S. 402. Der Begriff Neue Frau geht dabei auf die ,femme nouvelle'
    der Französischen Revolution zurück.

24 Vgl. Gabriele Jatho: City Girls. Aufbruch in den 1920ern. In: Gabriele Jatho;
    Rainer Rother (Hrsg.): City Girls. Frauenbilder im Stummfilm. Berlin 2007,
    S. 11-14, hier S. 13.

25 Paul Rebina: Frau Regisseur. Ein Gespräch mit Madame Germaine Dulac.
    In: *Film-Kurier*, 12.05.1925, S. 1.

26 Vgl. Toeplitz (wie Anm. 1), S. 358. Dass es sich um ein Modephänomen han-
    delt, wird auch deutlich am Matrosenmotiv und der Reisemetaphorik zu Be-
    ginn des Romans *Die Vielen und der Eine* (1930) der Autorin der Berliner
    Bohème: Ruth Landshoff-Yorck. Vgl. Ruth Landshoff-Yorck: Die Vielen
    und der Eine. Roman. Hrsg. m. e. Nachw. v. Walter Fähnders,
    Berlin/Grambin 2001, S. 5 f.

27 Auf Deutsch: „Mein Kind, meine Schwester, / denk doch, wie köstlich es
    wäre, / aufzubrechen in die Ferne / und dort gemeinsam zu leben! / […]
    Schimmernde Geräte, / von den Jahren blank gerieben, / schmückten dort
    unser Zimmer." Vgl. Charles Baudelaire: Sämtliche Werke/Briefe. In acht

Bänden. Bd. 3: „Les Fleurs du Mal/Die Blumen des Bösen". Hrsg. v. Friedhelm Kemp und Claude Pichois, Darmstadt 1975, S. 159.

28 Vgl. Gabriele Jatho; Rainer Rother (Hrsg.): City Girls. Frauenbilder im Stummfilm. Berlin 2007, S. 41f.

29 Vgl. die Analysen von Flitterman-Lewis (wie Anm. 13), S. 63 f. und Tami M. Williams: Dancing with Light: Choreographies of Germaine Dulac. In: Alexander Graf Dietrich Scheunemann (Hrsg.): Avant-Garde Film. Amsterdam/New York 2007, S. 121-130, hier S. 122 f.

30 Walter Benjamin: Charles Baudelaire. Ein Lyriker im Zeitalter des Hochkapitalismus. In: Ders.: Gesammelte Schriften, Bd. I.2. Frankfurt a. M. 1974, S. 509-653, S. 598.

31 Benjamin (wie Anm. 30)

32 Ebd., S. 599.

33 Sigmund Freud: Die Traumdeutung. Studienausgabe Bd. II, Frankfurt a. M. 1972, S. 503.

34 Germaine Dulac: Das Wesen des Films: die visuelle Idee. In: *Frauen und Film* 37 (1984), S. 52-55, hier S. 54.

Die Kunst des Rauchens

Die Zigarette und die Neue Frau

von Barbara Kosta

> Ich bin eine Frau, die weiß, was sie will.
> Ich habe mein Tempo, ich hab meinen Stil.
> Ich hab' meine Hemmungen fest in der Hand,
> ein bißchen Gefühl, ein bißchen Verstand.
> Ich kenn' meine Grenzen, ich höre die Zeit,
> die Stimmen des Tages, da weiß ich Bescheid.
> Volant in der Hand, grad' los auf mein Ziel,
> ich weiß ganz genau, was ich will!
>
> *Aus der Operette* Eine Frau, die weiß, was sie will
> *von Alfred Grünwald, Musik: Oscar Straus (1932)*

Die Neue Frau, die Ikone der Moderne, die die Straßen und Arbeits-
stätten der Weimarer Republik bevölkerte, die in Filmen, in der Werbung und in der Kunst in Erscheinung trat, deren Bild beunruhigte
und gleichzeitig zelebriert wurde, war modern in ihrem Aussehen und
in ihrer neu gewonnenen Bewegungsfreiheit. Der hohe Frauenanteil
auf dem Arbeitsmarkt und in der Freizeitgestaltung war beispiellos.
Irene Günther vermittelt uns einen Einblick in die dramatische Zei-
tenwende der frühen 1920er: „1925 hatten nahezu 11-12 Millionen
Frauen einen Arbeitsplatz. Prozentual war das mehr als in jedem anderen europäischen Land.“[1] Der Arbeitsmarkt der Nachkriegszeit
brauchte Frauen, die ins öffentliche Leben traten und in der Folge
den Charakter der Arbeiterschaft, der Kulturlandschaft und des
Stadtraums veränderten. Aus vielen Darstellungen der Neuen Frau
geht hervor, dass sie ein Produkt technologischer Fortschritte, einer
Demokratie in ihren Anfängen und einer neuen Empfindsamkeit der
Nachkriegszeit war. In vielerlei Hinsicht entstieg sie der Asche des
Ersten Weltkriegs und der Verwüstung, die dieser in der deutschen
Nachkriegswirtschaft und -bevölkerung angerichtet hatte. Die Neue
Frau war Thema aller politischen Programme und gehörte zum festen
Bestandteil der Vorstellungswelt einer Kultur der Massenproduktion
bzw. -medien.

   Die Neue Frau mag eine Sekretärin, Typistin, Empfangsdame
oder Verkäuferin gewesen sein, die Spaziergänge im Park machte, im

Café saß, abends ins Kino ging oder ein Tanzlokal besuchte. Ihr Gehalt war gering und ihre Träume groß. Sie trug das Haar und die Röcke kurz, war in der Welt unterwegs und wollte noch etwas erreichen. Sie blätterte in Zeitschriften und informierte sich über die neuesten Trends, über Prominente, Stars und deren Lebensstil. Sie sah Werbeanzeigen, die neue Bedürfnisse entfachten, und holte sich Ratschläge, wie man mit den Anforderungen der modernen Zeit am besten zurechtkommen könne. Sie träumte davon, ein ‚Glanz‘ (Keun) zu werden oder einen Ehemann zu finden, der ihren sozialen Aufstieg sichern würde. Sie lernte zu flirten, zu rauchen und die neuesten Hits mitzusingen, ohne jegliche politische Motivation. Vielleicht war sie auch eine der Künstlerinnen, Fotografinnen oder Schauspielerinnen, die tatsächlich Grenzen überschritten und selbstbewusst die Möglichkeiten ausschöpften, die die 1920er Jahre ihnen boten. Wie bereits der anfangs zitierte Chanson beschreibt, war die Neue Frau von einem unerschütterlichen Freiheitsdrang und neuem Selbstbewusstsein bestimmt: Hatte sie keinen „Volant in der Hand" (s. o.), so war es höchstwahrscheinlich eine Zigarette.

In der Tat wurde die Zigarette in der Weimarer Republik zu einem gängigen Accessoire der Neuen Frau. Trotz Sigmund Freuds Bonmot, dass „eine Zigarre manchmal nur eine Zigarre ist", erhält die Zigarre/Zigarette in Frauenhänden in den 1920er Jahren einen kulturellen Mehrwert. Sie symbolisiert die neuen Errungenschaften der Frauen, die plötzlich Eintritt in traditionelle Männerdomänen finden, im öffentlichen Raum präsent sein und an der modernen Gesellschaft teilnehmen konnten. Die Zigarette ist Ausdruck eines neuen Frauenbildes, das die Einschränkungen traditioneller Geschlechterzuschreibungen und die männlichen Privilegien unterlief. Die Männer mochten sich weiterhin allein in die hinteren Stuben zurückziehen, um zu rauchen sowie ihre Privatsphäre zu genießen, auch die Frauen rauchten nun in aller Öffentlichkeit, auf der Straße, in Tanzlokalen und während der Pausen im Büro – entgegen aller Warnungen, dass das Rauchen, insbesondere ab 30 Zigaretten pro Tag, die Gesundheit gefährde. Darüber hinaus passte die Zigarette zum schnellen, nervösen Lebensstil der urbanen Frau. Zeitabschnitte wurden z.B. in Zigarettenlängen gemessen. Für manche konservative Kritiker stellte die Zigarette, ebenso wie die Neue Frau, ein Zeichen kultureller und nationaler Degeneration dar. Für den Kulturhistoriker Alexander von Gleichen-Russwurm ist die Zigarette 1914 „ein Symbol des modernen Lebens, die kein Ausruhen bringt, kein Vertiefen und Nachdenken in ernstem Gespräch begleiten will. Sie regt an, aber sie verglimmt, sobald der angeregte Gedanke selbst Feuer gefangen hat."[2]

Um auf Freud zurückzukommen, konnotiert die Zigarette verschiedene Bedeutungen, die tief in den außergewöhnlichen gesellschaftlichen Veränderungen und Herausforderungen der 1920er verankert sind. In diesem historischen Zusammenhang bezeichnet das Rauchen einen Paradigmenwechsel im Geschlechterverständnis; es steht für das Modernsein, das Willkommenheißen des Fortschritts und für die Anpassung an die neue Ära. Gepaart mit der von Kulturliberalen gefeierten Neuen Frau signalisierte die Zigarette den Bruch mit den erstickenden Moralvorstellungen der Wilhelminischen Zeit, einschließlich ihrer autoritären und unterdrückenden Vorschriften zu einer geschlechtsspezifischen Lebensweise. Modernsein meinte laut Eric Weitz, „demokratisch [zu sein], und es bedeutete auch eine freiere, offenere Einstellung zum Körper und zum Sex"[3]. Das Zigarettenrauchen symbolisierte die Befreiung der Frau von bürgerlichen Normen: etwa so, als ob man/frau mit der Zigarette auf Häuslichkeit und Tradition ‚aschen' würde. Schon allein wegen der zunehmenden Präsenz von rauchenden Frauen veränderte sich ihnen gegenüber zumindest in städtischen Gebieten die Einstellung. Frauen, die in der Öffentlichkeit rauchten, galten nicht mehr als unanständig, sondern als unabhängig, selbstbewusst und modern. Kurzum, die Neue Frau der 1920er Jahre konnte kaum noch ohne Zigarette gedacht werden.

Vor dem Hintergrund der zunehmenden Popularität des Rauchens von Frauen in den 1920er Jahren untersucht der folgende Aufsatz die Zigarette als ein kulturelles Artefakt der Moderne, als akzeptierte Gewohnheit und als historisches Zeichen, dessen Auftreten mit dem der Neuen Frau eng zusammenfällt. Dabei wird es mir zum einen um die performativen Aspekte des Rauchens bzw. des Aneignens der Zigarette als Accessoire gehen und zum anderen um die unterschiedlichen Darstellungsformen und -medien. Werbung, Malerei, Fotografie und Film inszenieren gleichermaßen die emanzipierte Frau als lasziv Rauchende. Auffällig ist dabei, dass die symbolische Bedeutung all dieser Bilder bei weitem nicht so flüchtig wie der Rauch einer Zigarette ist, der sich in Luft auflöst. Im Gegenteil: die Zigarette in diesen Darstellungen geht in ihrer Bedeutung weit über die kurze Befriedigung des Rauchens hinaus. Die Zigarette in Frauenhänden entpuppt sich als Zeichen eines komplexen semiotischen Systems der Geschlechter in der Zwischenkriegszeit.

Performing Gender – Performing Smoking

Judith Butlers Theorie von Geschlecht und Performanz ist hilfreich, um die weibliche Aneignung der Zigarette als gängiges Accessoire besser verstehen zu können. Butler konstatiert in ihrem Beitrag *Performative Acts and Gender Constitution*:

> Gender is in no way a stable identity or locus of agency from which various acts proceed; rather, it is an identity tenuously constituted in time – an identity instituted through a stylized repetition of acts. Further, gender is instituted through the stylization of the body and, hence, must be understood as the mundane what in which bodily gestures, movements, and enactments of various kinds constitute the illusion of an abiding gendered self.[4]

Butler schlägt vor, Geschlecht „for instance, as a corporeal style, an ‚act', as it were, which is both intentional and performative, where ‚performative' itself carries the double-meaning of ‚dramatic' and ‚non-referential"[5], zu begreifen. Versteht Butler Geschlecht als grundsätzlich performativ, so behaupte ich, dass gerade die 1920er Jahre völlig neuartige Möglichkeiten eröffnet haben, Selbstinszenierung und öffentliche Zurschaustellung auszuprobieren. Im Vergleich zu vorangegangenen Jahrzehnten wurde plötzlich in einem erweiterten Spektrum mit Geschlechteridentitäten experimentiert. Vor allem die Werbung und die Massenmedien boten ein wachsendes Repertoire geschlechtsbezogener Performanz. Begreift man Geschlecht als performativ, spielt die Zigarette eine ganz besondere Rolle als Requisit der Emanzipation. Denn die Zigarette akzentuiert das Aussehen und die Einstellung der Neuen Frau. Ähnlich wie die damalige Mode fungiert die Zigarette sowohl als Zeichen für einen Typus (die Weimarer Kultur war besessen davon) als auch für die modernen Geschlechterrollen. Das Girl, die Garçonne und der Flapper rauchten gleichermaßen. Manchmal trat die Zigarette zusammen mit maskulinen Accessoires wie dem Monokel auf, dann wieder war sie einfach Teil der Tagesgarderobe.

In dem Band *Die perfekte Dame* illustriert ein Artikel über „Die Zigarette" (aus dem Jahr 1928) ihre Funktion bei der Darstellung von Weiblichkeit. Die Autorin, Paula von Reznicek, erkennt den performativen Aspekt und lobt die semiotische Kraft der Zigarette. Sie stellt eine Art Grammatik der Raucherin/Liebenden auf, indem sie die gut einstudierte Körpersprache und Gestik des Rauchens beschreibt, wobei das Repertoire der Frauen vom nuancierten Flirt bis hin zu dramatischen Bewegungen reicht. Der Artikel erstellt die Syntax eines weithin verständlichen Kommunikationscodes, der allerdings der Interpretation bedarf. Eigentlich erfüllt die Zigarette die Mission einer vielseitigen, wenn auch leichtfertigen Gespielin. Sie zerstreut, lenkt ab, beschwichtigt. Man/frau tändelt mit ihr, dreht sie liebevoll in den Fingerspitzen hin und her – stößt sie missgestimmt beiseite. Dann bedient man sich ihrer wieder als Vermittlerin.[6] Die Zigarette ist ein Instrument des Flirtens und Provozierens, ein Zeichen von Eleganz, Verspieltheit, Sinnlichkeit, weiblicher Lust, Selbstbewusstsein und Nachdenklichkeit. Wie Paula von Reznicek konstatiert, hilft die Zigarette darüber hinaus, unbehagliche Momente zu überwinden, erotische Spannungen zu glätten, die Zeit anzuhalten oder eine betont mondän-maskuline Einstellung zu vermitteln. Sie wird benutzt, um Zuneigung auszudrücken, eine bestimmte Stimmung zu erzeugen, Aufmerksamkeit zu erregen oder um einen hektischen Tagesrhythmus aufzubrechen.

Die Zigarette produziert zudem einen Schleier aus Rauch, der die für den Glamour-Effekt wesentliche Aura verstärkt. Die Neue Frau benutzt die Zigarette, um stilvolle Raffinesse vorzutäuschen und sich selbst in Szene zu setzen. Ein Beispiel dafür ist Doris in *Das kunstseidene Mädchen* von Irmgard Keun, die im *Romanischen Café* selbstreflexiv ihre flamboyante Handhabung der Zigarette beschreibt, während sie abschätzig die vorbeispazierende Weimarer Bierbauchkultur betrachtet:

> Da legte ich meinen Kopf weit zurück, während sie reden und werfe Blicke in die Luft und höre nicht zu. Und plötzlich presse ich meinen Mund ganz eng zusammen und dann leger auf, blase Rauch durch die Nase und werfe voll Gleichgültigkeit und eiskalt ein einzelnes Fremdwort in sie hinein.[7]

Die visuell (vor allem durch Werbung, Fotografie und Film) geprägte Kultur der Weimarer Republik, die ihre weiblichen Stars spektakulär in Szene setzt, ermöglicht ganz neue Dimensionen öffentlicher Inszenierung von Geschlecht. Frauen werden sich ihrer selbst als Angeblickte bzw. zur Schau Gestellte bewusst. Durch die Stadt flanierend, werfen sie wiederholt einen kritischen Blick auf ihr Spiegelbild in den Schaufenstern, ziehen sich die Lippen nach oder holen lasziv eine Zigarette aus einer eleganten Silberdose. Beim Anschauen der Schaufenster, Werbeflächen und Filme träumen sie von einer anderen Identität. Die medialen Vorbilder reizen sowohl zur Nachahmung als auch zu einem spielerischen Umgang mit ihnen. Die Zigarette taucht dabei in zahlreichen Darstellungen der Neuen Frau als ein wesentliches Requisit auf. Sie verleiht den Konsumentinnen Stil und gilt als schick.

Bereits die schillernden und exotischen Markennamen der unterschiedlichen Zigarettensorten können als ausdrucksstarke Zeichen für Geschlecht und Klassenzugehörigkeit gelesen werden. Die Bandbreite der Zuschreibungen von der ‚kleinen Droge' des Proletariats bis zum Genussmittel der gehobenen Schichten ist in diesem Zusammenhang mehr als bezeichnend. Außerdem waren die Tabakfirmen technologisch in der Lage, ihre Waren in Massenanfertigung herzustellen und für Qualitäts- und Preisunterschiede zu sorgen, um auf diese Weise Raucher/innen aus allen Schichten ansprechen zu können. Die Frauen bevorzugten das neu entdeckte Aufputschmittel leicht und aromatisch, was ihre Neigung zu bestimmten Tabaksorten erklärt. Neue, mildere Sorten wurden für die weibliche Kundschaft deshalb „*Gerty*, *Miriam*, *Sybilla*, *Daphne*, *Vera*, usw." genannt, und somit „wird die [entsprechend] modische, selbstbewusste Frau zum Wort- und Bildträger eines Markenbewusstseins"[8]. Darüber hinaus trugen weitere Accessoires wie Feuerzeuge und Zigarettendosen und -halter als Indikatoren für Klassenzugehörigkeit zu den performativen Aspekten des Rauchens bei.

Der Beginn einer neuartigen Konsumkultur, der verstärkte Sinn für Design und die sich stetig verbreitende Massenproduktion, erlaubte es den Werbefachleuten, Kunst und Kommerz zu verbinden, um weibliche Konsumenten für ihre Produkte zu gewinnen. Ähnlich wie die Schaufenster boten in den 1920er Jahren Illustrierte und Werbeanzeigen eine Plattform für die Kultivierung der Neuen Frau. Im Allgemeinen nutzte die Werbung den Diskurs über Weiblichkeit auf der Basis eines mit Konsum einhergehenden Fortschritts geschickt aus, um eine neue Kategorie von Konsumentinnen anzusprechen. Wie in der *Manoli Gold*-Anzeige (Abb. 1) zu sehen, stellte diese Werbung vor allem den Genuss des ‚blauen Dunstes' in den Vordergrund. Das Rauchen wird zur Quelle sinnlichen Genusses, der zudem ästhetische Befriedigung herbeiführen kann. Die enge, kreisförmige Komposition von Kopf, Hals und Händen suggeriert Luxus. Die Frau trägt elegante schwarze Handschuhe und hält eine goldene Packung Zigaretten in der einen und einen Zigarettenhalter in der anderen Hand. Die Packung und die Zigarette sind Teil ihres Schmucks; sie ergänzen die Halskette, den Ring und die Ohrringe. Sie vervollständigen das modische Image. Viele ihrer Accessoires sind rund. Der Kopf der Frau ist nach hinten geneigt und aus halb geschlossenen Augen schaut sie auf die Packung. Der sich um das Kerzenlicht ringelnde Rauch strahlt Ganzheitlichkeit und intrinsisches Vergnügen aus. Die Zigarette verleiht seiner Raucherin einen Hauch von exklusiver Auszeichnung. Die Werbung fordert weibliche Konsumenten gezielt auf, sich mit dem im Bild versprochenen Sinn für Genuss, Raffinesse und Luxus zu identifizieren. Die Anzeige ist an eine wohlhabende und kulturbeflissene Konsumentin mit Geschmack gerichtet.

Im Kleingedruckten der Anzeige steht „Zigarette mit Filmbildern", womit auf die Starfotografien hingewiesen wird, die man mit dem Kauf der Packung erwirbt. Die Verknüpfung mit der Filmindustrie weitet die Identifikationsmöglichkeiten aus und bietet einen zusätzlichen Anreiz, sich für *Manoli Gold*-Zigaretten zu entscheiden. Die Marketing-Strategie, Sammelbilder von Prominenten beizufügen, verleiht dem Tabakprodukt Glanz. Außerdem war *Manoli Gold* dafür bekannt, das mondäne Leben der 1920er Jahre in seiner Werbung auszuschöpfen und erreichte auf diese Weise einen exklusiven Kundinnenkreis, der eine qualitativ bessere, aber auch teurere Zigarette bevorzugte. Wie Brigitte Kolte schreibt, stellte *Manoli Gold* „eine weltmännisch gelassene Überlegenheit" dar, und symbolisierte „elegante Lebenskunst und veredelte diese mit einem Hauch von Verrücktheit"[9].

Wahlweise griff die Werbung auch auf die exotischen Orte zurück, an denen Tabak angepflanzt wurde. Die Vorliebe für milderen, aromatischeren Tabak aus der Türkei erforderte exotische Namen. „Viele Zigarettenfirmen wählten Produktnamen wie ‚Salem', ‚Nils', ‚Mohamed' und ‚Sulima', die allesamt den geheimnisvollen Zauber und das Flair des Orients beschworen."[10] ‚Orientalische' Stereotypen gaben dem Produkt einen Hauch von Exotik. Die Werbefachleute griffen ganz bewusst auf eine orientalische Ikonografie zurück, um den vermeintlich aphrodisischen Genuss des Rauchens hervorzuheben. Die *Salem Gold*-Marke (Abb. 2) zeigt das Gemälde einer rätselhaften Frau mit einer Zigarette zwischen den Lippen. Ihr Blick lädt den Betrachter ein, sich ihr anzuschließen. Das reich bestickte Kleidungsstück, das Kopfband mit Federn und die Kerzen suggerieren Intimität, Exklusivität, Geheimnis und ein ‚orientalisches' Flair; eine bewusste Marketing-Strategie von Inhaber Hugo Zietz, der sich auf diese Weise der Türkei und der Herkunftsregion seiner Importe bediente. Selbst die 1907 gebaute Yenidze-Zigarettenfabrik, in der *Salem Gold* produziert wurde, glich einer Moschee.

Abb. 1

Abb. 2

Abb. 3 Reklame *Abdulla*   Abb. 4 Plakat *Leichte Regatta*

Auch die *Abdulla*-Anzeige schlägt bei ihrer Darstellung der rauchenden Frau Kapital aus einer ‚orientalischen' Kulisse. Das Werbebild
zeigt eine Frau im Schneidersitz auf einem großen roten Kissen. Ihre
Hände ruhen in ihrem Schoß, wobei eine Hand entspannt eine Zigarette hält. Verträumt bläst sie Rauchringe in die Luft (Abb. 3). Ihre
gerade Haltung und ihr Blick, mit dem sie dem Rauch folgt, der sich
um die letzten beiden Buchstaben des Markennamens rangt, evoziert
die Assoziation von Zigarette als einem Opiat und spielt damit auf
den Zusammenhang zwischen Rauch und Rausch an. Das Rauchen
regt die Phantasie an; das Rauschhafte der Hingabe verspricht ein
modernes genussbetontes Leben. Sowohl die Zigarette als auch die
Erfahrung, in eine meditative Glückseligkeit zu entschweben, sind
„superb", wie die Bildunterschrift behauptet. Die Anzeige bedient
sich ‚orientalischer' Fantasien des narzisstischen Genusses, weit weg
vom Stress des Großstadtlebens. Entsprechend widmet sich die Frau
ihrer ‚Sucht' allein und weicht damit deutlich vom traditionellen Bild
weiblicher Identität ab, in dem sie stets in Beziehung zu einem Mann
oder zu ihrer Familie gesetzt wird.[11]
    Im Unterschied zur *Abdulla*-Anzeige bezieht sich die *Regatta*-Ziga-
rettenwerbung auf die Sportlichkeit der Neuen Frau. Ihr Gesicht

wirkt offen; der Blick ist dem Konsumenten zugewandt (Abb. 4). Die Zigarette steckt im Mundwinkel des Models und akzentuiert ihr breites Lächeln. Die Darstellung verbindet Rauchen mit einer sorgenfreien, verwegenen Lebenseinstellung und einer Brise Selbstbewusstsein. Das Bild zeigt eine lebenslustige Frau, die gern an der frischen Luft ist, segelt und Wind und Wetter trotzt. Das Tuch in Verbindung mit dem Markennamen spielen auf Piratendarstellungen an. Zugleich feminisiert das Wort „mild" den sportlichen Frauentypus.

Rauchende Ikonen der Leinwand

Abb. 5 August Sander:
Sekretärin beim Westdeutschen Rundfunk in Köln (1931)

Doch nicht nur in der Werbung wurden rauchende Frauen gezeigt, auch auf Gemälden, Fotografien und in Filmen wimmelt es von selbstbewussten Frauen, die mit Zigaretten und den Geschlechterklischees spielen. In Joe Mays Film *Asphalt* (1929) spielt die Zigarette eine wichtige Nebenrolle im Leben der Frauen als Indikator für Erotik und Macht. Die Juwelendiebin Elsa (gespielt von Betty Amann) zieht sehnsuchtsvoll an einer Zigarette, während sie das Ausweisbild des Polizisten Holk lustvoll betrachtet – ein Mann, dessen Identität und Autorität sie symbolisch gestohlen hat. Der Rauch umhüllt sie geheimnisvoll, so dass sie die moralische Standhaftigkeit ihrer männlichen Beute gefährdet. Damit unterstreicht die Zigarette den grenzüberschreitenden Charakter der weiblichen Figur. Die phallische Anspielung ist in den Szenen der rauchenden Elsa unübersehbar. Denn die Zigarette steht für die männliche Position, die sie sich zu eigen macht, indem sie ihr Verlangen zur Schau stellt.

Ganz anders geartet ist die Darstellung der Frau in August Sanders Fotografie *Radiosekretärin* (1931) (Abb. 5). Die Fotografie porträtiert eine modisch gekleidete Garçonne, die eine Zigarette hält und direkt in die Kamera schaut. Von dem traditionellen häuslichen Raum hat sie sich abgewandt. In einer Abwandlung desselben Motivs posiert auch die Fotografin Germaine Krull vor einem Spiegel und schießt eine Großaufnahme von sich (siehe Abb. 6 in der Einleitung dieses Bandes). Die Kamera verdeckt ihr Gesicht; es verschwindet buchstäblich hinter der Kamera. Der Titel *Selbstporträt* (1925) impliziert eine symbiotische Beziehung zwischen Fotografin und Kamera. Ihre kräftigen Hände halten die Kamera, während zwischen zwei Fingern lässig eine Zigarette steckt – als Zeichen ihrer Kreativität und Selbstbehauptung. Auch Jeanne Mammens Gemälde zeigen weibliche Figuren in Cafés und Bars, die lasziv rauchen. Die Prominenz der Zigarette in Bildern der Neuen Frau betont ihre Modernität, Unabhängigkeit und Eigenständigkeit.

Abb. 6 Elfriede Lohse-Wächtler: *Lizzy* (1931)

Der vielleicht eindrucksvollste Einsatz der Zigarette als Ausdruck aggressiver Weiblichkeit ist Elfriede Lohse-Wächtlers Aquarell *Lizzy* (1931) (Abb. 6) im Stil des expressiven Realismus.[12] Eine offenkundig sexualisierte Frau, vermutlich eine Prostituierte, okkupiert das Zentrum des Bildes. Ihr rotes Kleid konnotiert Leidenschaft und Gewalt. Ihre Gesichtszüge treten deutlich hervor. Ihre Lippen sind rot und ihre Augenlider blau akzentuiert. Sie befindet sich in einer Bar mit zwei Männern, die im Hintergrund an einem kleinen runden Tisch sitzen. Während die Männer an den rechten Rand des Bildes gedrangt werden, füllt die weibliche Figur den Vordergrund des Bildes aus. Sie wird in seitlicher Haltung dargestellt, ihre linke Hand ruht verführerisch auf ihrer Hüfte, die langen roten Fingernägel wirken wie Krallen. Leicht gedreht und über ihre Schulter schauend erwidert sie selbstbewusst und provozierend den Blick des Betrachters. Das Bild wirkt sexuell aufgeladen, etwas vulgär, promiskuitiv und herrisch. Die Titelfigur *Lizzy* ist sich ihrer Zurschaustellung bewusst. In ihrer rechten Hand hält sie eine Zigarette, die den Rand des Bildes förmlich überschreitet und dadurch die Unkontrollierbarkeit weiblicher Sexualität unterstreicht und eine Gleichsetzung ‚leichter Frauen' mit Zigaretten suggeriert.

Abb. 7 Elfriede Lohse-Wächtler: Abb. 8 Elfriede Lohse-Wächtler:
Selbstporträt mit Zigarette (1929)   *Die Zigarettenpause* (1931)

Die Künstlerin Lohse-Wächtler wird selbst als eine Frau mit kurzen Haaren, einer Russenbluse und „Tabakspfeife" beschrieben, die „sich ein betont unbürgerliches Gehabe zu[legt]"[13] und sich als moderne Frau präsentiert. Hier wird die Pfeife in den Händen einer Frau, die im 19. Jahrhundert noch Symbol für den Lebensstil und die Denkweise des Kleinbürgertums war, zu einem revolutionären Akt. Ihr *Selbstporträt mit Zigarette* (1929) (Abb. 7) zeigt die Künstlerin im Profil mit einer erhobenen linken Hand, zwischen deren Fingern eine Zigarette steckt. Die titelgebende Zigarette lenkt den Blick auf ihre Hand, mit der sie den Betrachter in ihre ausdrucksstarke Pose unmittelbar mit einbezieht. Wie im Bild *Lizzy* reicht die Zigarette über das Bild hinaus und durchbricht den Rahmen.[14] In einem weiteren Selbstporträt Lohse-Wächtlers mit dem Titel *Die Zigarettenpause* (1931) (Abb. 8) balanciert die Zigarette wackelig in ihrer Hand. Einige Jahre später wird der Blick der Künstlerin zunehmend lebloser, so als ob sie bereits ahnte, dass sie, die einst moderne Renegatin, in eine tragische Geisteskrankheit driften würde, die später unter dem Euthanasie-Programm der Nazis 1940 zu ihrem Tod führen sollte. Die Titel ihrer beiden Selbstporträts unterstreichen die Bedeutung der Zigarette als prominenten Signifikanten ihrer Modernität.

Abb. 9					Abb. 10

Auch weibliche Schauspielstars schlossen sich den Massen von Raucherinnen an und beeinflussten gleichzeitig das Image der modernen Raucherin. Marlene Dietrich war eine von ihnen. Sie trat zunächst in den 1920er Jahren in Berlin als Neue Frau in Erscheinung, bevor sie später in Hollywood berühmt wurde. Schon zu Anfang ihrer Karriere wurde sie zur Trendsetterin und begann, Grenzen zu überschreiten, indem sie Geschlechteridentitäten durch ihre mehrdeutig erotischen Auftritte zu verwischen verstand. Ihre Eleganz bezeugen zahlreiche Fotografien, auf denen sie raucht und dementsprechend modern und avantgardistisch wirkt. Ein Foto von 1929 (von dem berühmten Fotografen Alfred Eisenstaedt beim Presseball in Berlin aufgenommen) zeigt sie neben der amerikanischen Schauspielerin Anna May Wong, an deren Seite auch Leni Riefenstahl zu sehen ist. Selbstbewusst schaut Dietrich mit einem Ausdruck von Überlegenheit direkt in die Kamera. Zwischen ihren Lippen steckt ein Zigarettenhalter. Jahre später hat ihr Enkelsohn David Riva die Art wie Dietrich rauchte, wie folgt beschrieben: „Es war eine wunderschöne sexuelle Geste ihrer Lippen, eine Zigarette zu rauchen."[15]

Nachdem Dietrich durch ihren Auftritt in *Der blaue Engel* (1930) zum Star geworden war, gewann man sie für eine Werbekampagne der österreichischen Zigarette *III. Sorte*. (Abb. 9) Die dafür verwendete Fotografie stammt von ihrer Rückreise aus den Vereinigten Staaten an Bord der *Bremen* im Jahr 1934[16] und zeigt Dietrich, die nonchalant mit einer Zigarette in der Hand auf einem Kofferberg sitzt. Dadurch wird auf der einen Seite das reiselustige und transitorische Leben der modernen Frau und des Hollywoodstars hervorgehoben. Tatsächlich überschreitet sie als Reisende Grenzen, ebenso wie als Raucherin, die in ihrer ‚neuen Rolle' eine *neue Saite* angeschlagen hat: Sie macht Pause und genießt den Moment. Der Markenname *III. Sorte* bezieht sich nicht nur auf eine der ersten österreichischen Zigaretten ohne Filter, sondern er verweist gleichzeitig auf Dietrichs Unbestimmbarkeit, ihre mehrdeutige Geschlechtsidentität und sexuelle Neigung, wie sie sich in zahlreichen Fotografien von Dietrich zeigt (Abb. 10). Ihre Aura lässt sich in vielerlei Hinsicht nicht vermarkten, auch wenn sie der Zigarette *III. Sorte* sowie später in den 1950er Jahren der Zigarettenmarke *Lucky Strike* ihren Namen und ihr Bild verleiht. Die Zigarette selbst scheint in der Hand von Marlene Dietrich über ihre Bedeutung als konkretes Produkt hinauszugehen.

Die rauchende Neue Frau als Ikone der Emanzipation

Das Bild der rauchenden, emanzipierten Neuen Frau ist bis heute im kulturellen Gedächtnis haften geblieben. Es hat Veränderungen entflammt, die zunächst jahrzehntelang vor sich hin geschwelt haben, bevor die Neue Frau in den 1960er Jahren erneut die Bühne erobern sollte. Mit dem Bewusstsein für die Hindernisse, die sie zu überwinden hatte, brachten Literatur- und Kulturwissenschaftler/innen sie wieder zum Leben, verführt durch eine visuelle und literarische Kultur, die ihr ein Denkmal gesetzt hat. So zeugt die Forschung der letzten Jahrzehnte von unserer eigenen Sehnsucht nach dieser Ikone des Glamours und einer neuen Weiblichkeit. Der Blick auf die Hochglanzseiten von Zeitschriften wie *Die Dame*, auf Fotografien der vollen Straßen um den Potsdamer Platz oder der Schaufenster mit ihren Mannequins in eleganter neuester Mode verführt auch den zeitgenössischen Flaneur, der die Archive der Zwischenkriegszeit wieder betritt. Und zweifellos wird sich zwischen den vielen historischen Texten und Bildern eine Neue Frau mit Zigarette finden, die Weiblichkeit mit ihren neu erworbenen Freiheiten zeigt.

Das Leben der Neuen Frauen in der Weimarer Republik fand 1933 ein abruptes Ende. Frauen wurden aufgefordert, wieder in den häuslichen Bereich zurückzukehren sowie – mit Hitlers Erlass „Deutsche Weiber rauchen nicht" unter Hinweis auf das gesundheitliche Wohl der Nation – mit dem Rauchen aufzuhören. Dahinter stand der Plan, Abstand zwischen der ‚gesunden deutschen Frau' des Dritten Reichs und ihrem vermeintlich entarteten Gegenbild, der Neuen Frau der Weimarer Republik, zu schaffen. Sogar „die kreative Zigarettenwerbung für die Damenwelt findet Anfang der dreißiger Jahre ein jähes Ende. Zum einen passt ihre elitäre Bilderwelt nicht mehr zur Realität der Weltwirtschaftskrise und zum anderen das moderne Frauenbild nicht mehr zu dem der Nazis."[17] Die Neue Frau musste noch bis zu den 1960er Jahren warten, bis sie wieder auftauchen konnte, und abermals assoziierte man das Zigarettenrauchen mit weiblicher Emanzipation und rebellischen Ideen. Zu rauchen bedeutete, das Establishment zu hinterfragen – es in Luft aufzulösen.

Anmerkungen

1 Irene Guenther: Nazi Chic? Fashioning Women in the Third Reich. Oxford 2004, S. 62.

2 Brigitte Kolte: Rauchen zwischen Sucht und Genuss. Wiesbaden 2005, S. 27.

3 Eric Weitz: Weimar Germany: Promise and Tragedy. Princeton, NJ 2007, S. 298.

4 Judith Butler: Performative Acts and Gender Constitution: An Essay in Phenomenology and Feminist Theory. In: *Theater Journal*, Vol. 40, Nr. 4 (1988), S. 519-531, hier S. 519. „Geschlecht ist in keiner Weise eine stabile Identität oder ein fester Ort, von dem verschiedene Handlungen und Verhaltensweisen ausgehen; es ist vielmehr eine Identität, die sich mit der Zeit vorsichtig bildet – eine Identität, die sich durch ein stilisiertes/geformtes Wiederholen von Handlungen festschreibt. Weiterhin wird Geschlecht durch die Stilisierung des Körpers festgeschrieben und muss daher als das Alltägliche verstanden werden, innerhalb dessen körperliche Gesten, Bewegungen und Inszenierungen aller Art die Illusion eines dauerhaften, geschlechtsspezifischen Selbst aufbauen." Übersetzung von Kirsten Harjes.

5 Ebd. „als einen körperlichen Stil zu verstehen, als eine Art bewussten und gleichzeitig performativen ‚Akt', wobei ‚performativ' die Doppelbedeutung von ‚dramatisch' und ‚bezugslos' trägt." Übersetzung von Kirsten Harjes.

6 Vgl. Paula von Reznicek: Die perfekte Dame. Bindlach 1997 (Ursprünglich 1928), S. 73.

7 Irmgard Keun: Das kunstseidene Mädchen. Nach dem Erstdruck von 1932, mit einem Nachwort und Materialien hrsg. v. Stefanie Arend und Ariane Martin. Berlin 2005, S. 100.

8 Michael Weisser: Cigaretten-Reclame: Über die Kunst, blauen Dunst zu verkaufen. Bassum 2002, S. 49.

9 Kolte (wie Anm. 2), S. 24.

10 Ebd. S. 26.

11 Vgl. Barbara Kosta: Cigarettes, Advertising and the Weimar Republic's Modern Woman. In: Gail Finney (Hrsg.): Visual Culture in Twentieth Century Germany: Text as Spectacle. Bloomington, IN 2006, S. 134-153.

12 Vgl. Georg Reinhardt (Hrsg.): Elfriede Lohse-Wächtler. Köln 1996, S. 199.

13 Ebd., S. 22.

14 Vgl. ebd., S. 81.

15 www.forces.org/writers/james/files/dietrich.htm, letzter Zugriff 21.12.2001.

16 Vgl. home.snafu.de/fright.night/marlene-dietrich-advertising.html letzter Zugriff 01.01.2001.

17 http://einestages.spiegel.de/static/entry/der_unbekannte_zweite/33835/glimmstengel_fuer_die_moderne_frau.html?s=2&r=1&a=4759&c=1 letzter Zugriff 09.11.2009.

III. Girls in Action

Körperposen: Die Sportlerin, die Schaufensterpuppe

von Ulrike Vedder

Abb. 1 Umbo: *Perspektiven der Straße* (1926)

Die Fotomontage *Perspektiven der Straße* (Abb. 1) des Fotografen Otto
Umbehr, genannt Umbo, entstand – ebenso wie Umbos berühmte
Montage *Der Rasende Reporter* – im Jahr 1926 für eine Filmbroschüre,
das heißt als Werbematerial, zu Walter Ruttmanns Film *Berlin. Die
Sinfonie der Großstadt* (1927). Umbos Montage kombiniert keine Film-
bilder, sondern nimmt dynamische Grundzüge des Films auf, indem
sie großstädtische Simultaneität, Technik und Rhythmik in der
Kunstform der Montage darstellt. Montiert werden ausgeschnittene
Zeitungsbilder von Wolkenkratzern und Artisten, von Autokolonnen
und Flugzeugen, von winkenden weiblichen Schiffspassagieren und
der Rückenansicht männlicher Zuschauer; ein überfüllter Kinderwa-
gen ist neben einen den nationalsozialistischen Gruß zeigenden Auto-
fahrer montiert; am unteren Bildrand sind ein etwas tumb drein-
schauender Boxer (möglicherweise Max Schmeling, der aber erst mit
der Europameisterschaft 1927 als Erfolgsboxer hervortrat) sowie ein
soignierter Herr mit Zigarre und Zylinder zu sehen; an der Reling
hängt ein Rettungsring mit Umbos Porträt und Signatur.

Die Gegenwärtigkeit der Großstadt erweist sich hier aber nicht
nur in der zur Schau gestellten Massen- und Typenhaftigkeit der
Menschen, in urbaner Bebauung oder Technologie, sondern auch in
der Ikonographie des Sports. Dazu gehört hier an zentraler Stelle die
Sportlerin, die im intellektuellen und öffentlichen Diskurs der Weimarer Republik zum Prototyp der Neuen Frau stilisiert wird. Sport
und Stadt gehen dabei im Modus der Modernität zusammen. Dementsprechend kulminiert in Umbos Montage die urbane Dynamik in
den beiden ebenso eleganten wie coolen Turmspringerinnen zuoberst
der Turnerpyramide: Sie nehmen die rotierende Bewegung der Flugzeugpropeller auf und werden auf leichthändige Weise durch die gra-
zile Artistin unter ihnen gestützt. Die statische bzw. kinetische Unmöglichkeit dieser Pyramide, zuunterst getragen von einer auf der
Reling balancierenden jungen Frau, stellt eine Überschreitung dar:
Jene körperlichen Grenzen der Kraft und der Bewegung, die ja im
Sport grundsätzlich herausgefordert werden, sind hier auf magische
Weise überschritten. Die fliegenden, hochdynamischen weiblichen
Körper laden dank ihrer Parallelführung mit dem Flugzeugpropeller
zudem zu der Projektion ein, es könne eine Pilotin sein,[1] die das ein-
montierte Flugzeug geschickt durch die Straßenschluchten steuert –
und mit den Artistinnen und Springerinnen auf die gemeinsame Eroberung des Stadthimmels zielt.

Sport: Grenzüberschreitung und Pose

Der weibliche Flug und Sprung durch den Himmel ist auch das
Thema einer kleinen Erzählung von Marieluise Fleißer – die übrigens
ebenfalls von Umbo fotografiert wurde, wie auch Erich Kästner,
Franz Blei, Hermann Kesten, Marlene Dietrich, Emmy Hennings
u.v.a. (Abb. 2). Im April 1929 veröffentlicht Marieluise Fleißer im
Berliner Tageblatt die Erzählung *Yella, die Fallschirmakrobatin*. Darin wird
eine Klosterschülerin, die „immerzu auf etwas zu warten" schien und
„auf den zwingenden Befehl aus der Ferne" horchte, zur Fallschirm-
springerin.[2] Ihren Werdegang fasst die Erzählerin so zusammen:

Nach dem Abitur wurden wir
[...] auf dies Leben losgelassen.
[...] [Yella] wurde in der Welt
zunächst ostentativ fromm. Sie
stand sehr früh auf, trank Milch,
studierte und legte sich um neun
Uhr schlafen. Dann schien der
Sinn dieser entsagungsvollen
Lebenshaltung für sie erschöpft.
Nach zwei Jahren gab es wilde
Gerüchte. Ebenso ostentativ
wechselte sie jetzt die Männer
und kümmerte sich um kein Ge-
rede. [...] Ich sah sie erst wieder,
als ich mit tausend anderen hin-
ging, um ihre Fallschirmab-
sprünge zu erleben.[3]

Abb. 2 Umbo: *Marieluise Fleißer* (1930)

Der Extremsport und seine
grenzüberschreitende Kraft versprechen Yella eine Erlösung –
ob vom Leben oder vom Tode, ist nicht genau auszumachen: „Man
geht ja sonst durchs Leben wie eine Scheintote."[4] Dabei sind es magische Grenzüberschreitung und willensstarke Kraftanstrengung gleichermaßen, die die Sportlerin Yella zur Attraktion machen. Denn
auch für die Zuschauerinnen und Zuschauer liegt das Faszinosum gerade in der Nervenstärke und Disziplin, die vom freien Fall, von der
Grenzüberschreitung nicht zu trennen sind und die die Eroberung
des Himmels erst ermöglichen:

> Sie stieg dort oben mitten in der Luft aus einem Flugzeug aus. [...] sie bewies, daß ihre Gedanken nicht aussetzten im Sturz. Sie ließ sich fünfhundert Meter weit überschlagen und brachte dann erst den Fallschirm zur Entfaltung durch einen bewußten Griff. Das war ihr Trick, der den Tausenden unten die Kehle drosselte. War sie denn noch eine Frau in den Sekunden der rasenden Herrschaft über die Nerven, die den Tod übersprang? Ich schwärmte für sie.[5]

Der Sport ist hier ein Ereignis, das Tausende von Zuschauerinnen und Zuschauern fesselt – allerdings nicht, weil es ein institutionalisiertes Körperschauspiel wäre, wie so viele Sportspektakel der Zeit, sondern als eine Frage auf Leben und Tod. Das Publikum versucht zwar, diese Frage zu rationalisieren, indem das unerklärliche Ereignis in den Modus des Ökonomischen überführt werden soll: „Es hieß, sie springe, um Geld zu verdienen und einen bestimmten Mann zu heiraten."[6] Doch, so die Erzählerin: „Mag sein, daß dies den Anfang gab. Daß es bald Nebensache wurde, weiß ich. [...] Liebe mußte unwesentlich werden für die Frau, deren eigentliche Erlebnisse sich zwischen Leben und Tod abspielten."[7] Und so erscheint Yella, der unnahbare Star, wie nicht von dieser Welt, wie über diese Welt längst hinaus: „Blaß und abweisend ließ sie sich ansehen, blaß und abweisend verteilte sie Autogramme."[8] Damit entspricht sie gerade nicht dem Idealbild der umschwärmten Sportlerin, die ja zu Nachahmung und Identifikation einladen muss, um einerseits eine umfassende Vermarktung zu ermöglichen und andererseits jene neuen Körpertypen zu etablieren, deren Konkurrenzen und Überblendungen den zeitgenössischen Weiblichkeitsdiskurs beschäftigen: die athletische Sportlerin, das vitale City Girl, die mondäne Dame, die androgyne Garçonne.

Stars wie beispielsweise die Tennisspielerin Suzanne Lenglen, vielfache Wimbledonsiegerin sowie nebenbei Roman- und Sachbuchautorin,[9] ziehen ein großes Publikum an, das sich von den sportlichen Leistungen faszinieren lässt, aber ebenso von jenem Lebensstil und Körperbewusstsein, von jenen Extravaganzen und modischen Innovationen, die die Sportlerinnen verkörpern (Abb. 3). Dank vielfältiger Visualisierungen, von der Sportfotografie über die Illustrierten-Berichterstattung bis hin zu Werbekampagnen für Kosmetik (Abb. 4), wird das Tennisspiel in den 1920er Jahren zu einer der prominentesten weiblichen Sportarten und befördert den Aufschwung des Frauensports ebenso wie den des zugehörigen Geschlechtercodes – wie emanzipatorisch auch immer das zu bewerten ist.

Abb. 3 Plakat: Suzanne Lenglen,   Abb. 4 Elida-Werbeanzeige (1926)
North-American Tour

Solche Visualisierungen finden sich auch in der populären
Ratgeberliteratur für ein weibliches Publikum, wie etwa in *Auferstehung
der Dame* (1928) von Paula von Reznicek. Reznicek findet sich unter
ihrem Mädchennamen Paula Heimann schon 1923 als ‚Dichterin und
Sportswoman' in der einschlägigen Zeitschrift *Der Querschnitt* abge-
bildet, die Kunst und Sport zu ihrem Thema macht. Im Jahr 1929
gewinnt Paula von Reznicek die Internationalen Tennismeisterschaf-
ten von Deutschland und verfasst, wie Suzanne Lenglen, Romane
und Sachbücher.[10] Das ‚Sport'-Kapitel in ihrem Ratgeber *Auferstehung
der Dame* enthält eine ganze Reihe von Bildern, die an die Stelle einer
Grenzüberschreitung im Sport oder gar eines Körperwunders die
Pose und den Lifestyle setzen. Die damit einhergehende Maxime einer sportlich-erotischen Lässigkeit, die Paula von Reznicek in diesem
‚Sport'-Kapitel formuliert, liest sich wie das Gegenmodell zum zeitgenössischen Sportprogramm militaristisch-nationalsozialistischer
Prägung: „kein Fanatismus [...]. Laßt eure Siege zu Interpreten und
den Sport zum Vermittler werden – seht nicht nur Gegner, die zu be-
kämpfen sind, nein – auch Zuschauer, die absolute Vielseitigkeit
erwarten ...'"[11]

Die Frau als Zuschauerin

Im gleichen ‚Sport'-Kapitel findet sich der Abschnitt ‚Die Frau als Zuschauerin', in dem es heißt: „‚Sie' ist der spannungsladende Pol zwischen dem Lager der Kämpfer und dem Reich der elektrisierten Masse ..."[12] Damit wird der Zuschauerin eine entscheidende energetische Transformationsfunktion zugesprochen, die hier im Doppelbild der Elektrizität und der Erotik gefasst ist und so die Anziehungskraft des Sports, seine Übertragungs- und Mobilisierungsfähigkeiten zu erklären versucht. Diese zeigen sich insbesondere bei den Großveranstaltungen, die in den 1920er Jahren so außerordentlich populär werden: beispielsweise bei den Boxkämpfen mit ihren massenwirksamen Inszenierungen des menschlichen Körpers in seiner Verletzlichkeit, ja Nacktheit, und deren Überwindung qua Körpertechnik, oder bei den Sechstagerennen und Autorennen mit ihren Präsentationen des menschlichen Körpers, seiner technischen Erweiterungen und Triumphe.

All diese angesagten Veranstaltungen besucht auch eine begeisterte Marieluise Fleißer.[13] In einem Beitrag für die *Magdeburgische Zeitung* (18.12.1927) antwortet sie denn auch auf eine Umfrage zum Thema ‚Männer, die ich heiraten möchte': „De[n] Rennfahrer Ashby. Ich habe mir beim Bäderrennen seine 20 Sekunden Tankzeit aus unmittelbarer Nähe angesehen, diese kaltblütige Ruhe und Beherrschung der Materie, obwohl durch den ganzen Kerl ein Schwung ging, mit dem ein anderer jahrelang fliegen würde."[14] Diese und ähnliche Texte sind manchmal durchaus von unfreiwillig anmutender Komik, die von Fleißers gänzlich unironischem Sportenthusiasmus und von ihrer hingebungsvollen Bewunderung für den sogenannten ‚Sportsmann' herrührt. In ihrem Essay *Sportgeist und Zeitkunst. Essay über den modernen Menschentyp* (1927) kontrastiert sie die Energie des „Sportsmannes", die die Massen fasziniert, mit der Folgenlosigkeit der Kunst, und sie fordert, den „Sportgeist" im Sinne von Entschlusskraft, Durchhalte- und Willenskraft in die geistige und künstlerische Arbeit einzubeziehen. Der „Sportsmann" kommt allerdings kurze Zeit später in Fleißers Roman *Mehlreisende Frieda Geier. Roman vom Rauchen, Sporteln, Lieben und Verkaufen* (1931) wesentlich differenzierter zur Darstellung.[15]

In diesem Roman erscheint die Heldin Frieda geradezu wohltuend unsportlich. Sie raucht, sie liebt und verkauft, wie im Untertitel des Romans angekündigt, doch was das „Sporteln" betrifft, so heißt es entschuldigend, dass Frieda „nach der schweren Lungenentzündung sich nicht die ganz großen Anstrengungen zumuten durfte".[16] Und so schaut sie beim Training und beim Sportfest lieber ihrem neuen Geliebten Gustl zu, der als „Schwimmer und Retter"[17] eingeführt wird. Mit ihm verbindet sie eine leidenschaftliche Anziehung, die sich seiner „sportlichen Art", wie es so schön heißt, verdankt: „Er macht es auf eine siegreiche sportliche Art."[18] Und kurz darauf, als er ihr das Schwimmen in der Donau beibringt: „Für Frieda ist es eine Genugtuung, daß man sich um ihre Bewegungen kümmert."[19] Doch an die Stelle solch leiblich-erotischer Anziehung wird im Romanverlauf die Anziehungskraft der sportbegeisterten Masse treten, und an die Stelle der ersehnten erlösenden Grenzüberschreitung qua Sport und Sportkörper tritt ein Gewaltpotential, das am Ende des Romans von Gustl, seinen Vereinskameraden und von einem enthusiasmierten Publikum beim Sportfest ausagiert werden wird.[20]

Ähnlich enthusiastisch wie Marieluise Fleißer Mitte der 1920er Jahre schreibt der Architekt und spätere Bauhausdirektor Hannes Meyer 1926 in *Die neue Welt*, einem Manifest der Neuen Sachlichkeit, über die ästhetische, soziale und energetische Qualität des Sports sowie über das Stadion als Erfahrungsform der zuschauenden Masse:

> Das Stadion besiegt das Kunstmuseum, und an die Stelle schöner Illusion tritt körperliche Wirklichkeit. Sport eint den Einzelnen mit der Masse. Sport wird zur hohen Schule des Kollektivgefühls: Hunderttausende enttäuscht die Absage Suzanne Lenglens. Hunderttausende macht die Niederlage Breitensträters erzittern. Hunderttausende folgen dem 10 000-Meter-Lauf Nurmis auf der Aschenbahn.[21]

Dieses durch „körperliche Wirklichkeit" vermittelte „Kollektivgefühl" verdankt sich allerdings zugleich einer ‚medialen Wirklichkeit', die wiederum zur ‚körperlichen Wirklichkeit' wird. Davon erzählt Marieluise Fleißer in ihrem Roman *Eine Zierde für den Verein*, wenn der Läufer aus dem Nachbarort sich Paavo Nurmis Laufstil durch Abbildungen in Illustrierten zu eigen macht, oder wenn es von Gustl Gillich, dem begabten Schwimmer, heißt: „Wo hat denn der Gillich seine Schwimmtechnik her? Wo Gott sie ihm anfliegen ließ. Aus der Deuligwoche. Es ist doch für was gut, wenn die großen Wettkämpfe gefilmt werden."[22] Die Sportler sind also auch Zuschauer: Fotografie und Film als Massenmedien stellen in der Fülle von Kinos und auflagestarken Illustrierten einen Motor des Massenphänomens Sport und seiner Ikonen dar. Darüber hinaus konstituieren sie ein Wissen über

den Sportkörper, dessen Posen und Bewegungsfolgen zur visuell re-
präsentierten, erlernbaren Körpertechnik werden.

Abb. 5 Henny Porten

Abb. 6 Vicki Baum

Abb. 7 Paula von Reznicek:
Auferstehung der Dame (1928)

Dass solche Körpertechnik wiederum mit einer Psychotechnik überblendet werden kann, verdeutlicht das Boxen. Der eben genannte Erfolgsboxer Hans Breitensträter beispielsweise ist nicht nur ein Objekt der Bewunderung für die sogenannte Masse. Vielmehr wird er auch zur Ikone der Künstler und Intellektuellen, die seine Kunst des Boxens, seine Körperbeherrschung und -dynamik als Zuschauer ebenso würdigen wie die Tatsache, dass Breitensträter selbst schreibt: beispielsweise im angesagten Kunst- und Sportmagazin *Der Querschnitt*, das ihn zudem mehrfach in diversen Posen fotografisch inszeniert. Boxen als der große Männersport der 1920er Jahre interessiert die Künstler und Intellektuellen dabei nicht nur, weil es ein Zeit- und Massenphänomen ist. Vielmehr gilt Boxen als „Metapher für geistige Arbeit"[23]. Robert Musil formuliert in *Der Mann ohne Eigenschaften*:

> Sollte man einen großen Geist und einen Boxlandesmeister psychotechnisch analysieren, so würden in der Tat ihre Schlauheit, ihr Mut, ihre Genauigkeit und Kombinatorik sowie die Geschwindigkeit der Reaktionen auf dem Gebiet, das ihnen wichtig ist, wahrscheinlich die gleichen sein, […] und auf diese Weise sind der Sport und die Sachlichkeit verdientermaßen an die Reihe gekommen, die veralteten Begriffe von Genie und menschlicher Größe zu verdrängen.[24]

Ein solches Überblenden von Körper- und Psychotechnik – und keineswegs nur die Geste des Provokativen oder die Ikonographie des Vitalen und Dynamischen – motiviert auch Frauen zum regelmäßigen Boxtraining, so beispielsweise Schauspielerinnen wie Marlene Dietrich, Carola Neher und Henny Porten (Abb. 5) oder Autorinnen wie Vicki Baum (Abb. 6). Vicki Baum betont, dass es beim Boxen zwar auch um ein sportliches Workout gehe, dass sie aber vor allem deshalb boxe, um Durchsetzungsvermögen zu erwerben und „nie und nimmer aufzugeben"[25]. Allerdings steht diesem Programm wiederum die Pose zur Seite, wie sie sich in Paula von Rezniceks Ratgeber *Auferstehung der Dame* findet (Abb. 7): Der Punchingball zur allgemeinen weiblichen Ertüchtigung hängt dort ausgerechnet im Bad inmitten von Spiegeln und Glasutensilien und muss wohl eher als modisches Accessoire denn als Sportgerät gelten.

Schaufenstervisionen: Die Puppe als Zeichen und Modell

An einer ,Auferstehung der Dame' arbeitet auch eine andere kleine
Erzählung von Marieluise Fleißer: *Die Vision des Schneiderleins* (1929).
Ein Schneider aus der Provinz reist in die Metropole,[26] weil die neue
Damenmode, so behauptet es das „groß aufgemachte Inserat jenes
tonangebenden Berliner Bekleidungshauses", endlich „wieder weiblich" sei.[27] Der Schneider hofft also auf die Wiederkehr der von ihm
seit Jahrzehnten reproduzierten üppigen Formen, die derzeit noch
von der „neue[n] Generation, die Tennis spielt", verachtet werden,
weil „der weibliche Oberkörper [...] darin unnatürlich überhöht" aus-
sehe.[28] Doch nun, nach der Lektüre des Inserats, reist er triumphie-
rend nach Berlin, im Köfferchen „die Gnadenschere, auf die alle
warteten"[29]. Eine Nacht und einen Tag lang streift er an den Berliner
Schaufenstern entlang, ohne etwas zu sich zu nehmen, als ein engels-
gleicher Modeasket: „Aber wie konnte ein Mensch essen, der nach
dreißig Jahren so viel Glas auf einmal, so viel verzauberte Gegen-
stände dahinter sah, dem so viel Befehle einer werbenden Macht in
die Augen sprangen."[30] Ganz überwältigt also von den Versprechen
und Befehlen der Werbung, die mit dem göttlichen Erlösungsversprechen und der göttlichen Macht verknüpft werden, muss der
Schneider mit seiner „Gnadenschere" letztlich scheitern.

Damit stellt die Erzählung, erschienen im *Berliner Tageblatt* vom
10. August 1929, einen ironischen Kommentar zu dem gerade in
Berlin stattfindenden Weltreklamekongress dar. Dieser Kongress
rüstet mit 2000 Werbefachleuten sowie einem Grußwort des Reichs-
kanzlers zur Vision eines Berlins als „Weltmacht" im massenmedialen
und ökonomischen Sinne.[31] Darüber hinausgehend aber interessiert
sich die Erzählung für den Topos des Schaufensters. Denn die
Topographie der Erzählung ist zwar von der Großstadt Berlin bestimmt, aber mehr noch vom Schaufenster als einem paradigmatischen städtischen Ort. Mit dem Schaufenster werden nämlich nicht
nur Innen und Außen in ein irritierendes Verhältnis gesetzt, sondern
auch männlicher Betrachter und weibliches Objekt sowie zudem Frau
und Zeichen. Für das Erlösungsversprechen und für das Scheitern
spielt folglich die Schaufensterpuppe eine entscheidende Rolle.

In Marieluise Fleißers Erzählung sitzt der Schneider einem ver-
breiteten Irrtum auf: Die Mode sei ihrer Trägerin dienstbar, indem sie
ihr zum Ausdruck ihrer selbst verhelfe. Vom Anliegen des Schneiders
heißt es in milder Ironie: „Müde dichtete er weiter an dem immer

gleichen, seinem einzigen Lied von der Frau, vom weiblichen Körper im Gegensatz zum Manne, auf daß man sie sogleich erkenne und bebe."[32] Er imaginiert und begehrt also die erregende Erkenntnis einer substantiellen Weiblichkeit, die auch Roland Barthes in seinem Essay über den seit den 1920er Jahren erfolgreichen Modezeichner Erté als Irrtum beschreibt, und zwar in frappierend ähnlichen Bildern wie Fleißer: „Jedermann denkt […], die Mode stünde im Dienst der ewigen Frau, wie eine Priesterin, die ihre Stimme einer Religion verliehe. Sind die Schneider nicht Dichter, die von Jahr zu Jahr, von Strophe zu Strophe, das Ruhmeslied des weiblichen Körpers schreiben?"[33] „Im Grunde verlorene Liebesmüh", kommentiert Barthes diesen Minnedienst der Schneider und Dichter an der Frau, denn schließlich, so Barthes, bringe die Mode nicht die Frau, sondern „das *Zeichen* der Frau (oder die Frau als Zeichen)" hervor. Dementsprechend sei

> das Covergirl […] kein geeignetes Objekt für die Phantasie: Es ist zu sehr damit beschäftigt, sich als Zeichen zu konstituieren: Es ist unmöglich, (imaginär) mit ihm zu leben, man muß es bloß *dechiffrieren* oder, genauer (da es keinerlei Geheimnis birgt), es im allgemeinen System der Zeichen ansiedeln, das unsere Welt intelligibel, das heißt lebbar werden läßt.[34]

Fleißers Erzählung spricht in ähnlich zeichentheoretischer und medienbewusster Weise vom Geheimnis der Schaufensterpuppe. Der Schneider nämlich zieht als Passant durch die Straßen und wendet „den Blick nicht von den Fenstern der Offenbarung"[35], die – wie ein Film – Fenster für Fenster und Bild für Bild etwas zu sehen geben: Schaufensterpuppen. Durch die Scheiben hindurch blickt der Schneider auf die reglosen Puppen, die ihrerseits „blicklos"[36] sind. Damit könnte er eine fixierende Perspektive auf den weiblichen Körper einnehmen und so die männliche Position besetzen. Doch diese Position ist höchst angreifbar, nicht nur, weil das Schneiderlein in seiner bleichen, hungrigen Schmächtigkeit sicherlich einer der unmännlichsten Männer ist, sondern auch, weil ihn „diese Kreaturen von heute" bedrohen: die Garçonnes, die „obendrein vorne nichts dran haben, wie Knaben kamen sie einher und blickten scharf".[37] Zwar ist er durch „Gottes Finger" als einzigartig ausgezeichnet,[38] doch diese Position des Auserwähltseins wird durch das Serielle der Puppen und ihrer Posen erschüttert:

> Was wollten sie von ihm? […] eine ganze Reihe von schräg aufsteigenden Gestalten, kobaltblau an Haut, die alle die Arme nach einer Richtung hielten,

ein Geisterruf. Sicher wollten sie ihm was zeigen. Ihr Kopf war sehr verein-
facht, blicklos, sie sprachen nicht, starre Kleidgottheiten, die so stehn würden bis zum jüngsten Tag und ihm was zeigen. Einer allein konnte er sich
erwehren, aber alle zusammen machten seine Zukunft aus, seine Bedrohung.
Sie wollten genommen sein. Er mußte sie doch besänftigen, sich Stücke von
ihnen retten.[39]

Die ungreifbaren Puppen hinter der Scheibe erscheinen als eine Art
Orakel. Sie drohen den Schneider in ihren Posen und das heißt in ihrer massenhaften Zeichenfunktion zu überwältigen: in ihrem metonymisch von Arm zu Arm gereichten Zeigen, dessen Sinn er dechiff-
rieren will und doch weder zu fassen noch zu beherrschen weiß. Die
gläserne Scheibe stellt die Grenze dar, hinter der der Sinn gleitet,
während sie zugleich durchlässig für begehrliche Blicke und bedrohliche Blicklosigkeit ist.

Die Wahrnehmung des Schneiderleins, dass dies ein bedrohlicher,
ja einseitiger Geschlechterkampf ist, verbindet ihn mit Kulturkriti-
kern und Feuilletonisten seiner Zeit. So formuliert beispielsweise
Ottomar Starke in einem Artikel zur *Physiologie des Schaufensters* (1930),
die Schaufensterpuppe sei „mehr als nur ein Kleiderständer", nämlich
„die Realisierung des Modetypus als Wunschkomplex". Starke beschreibt ihre „arbeitende, rechnende, kalkulierende, spekulierende,
diese mit technischem Wissen gesättigte, sportliche Physiognomie",
die „allmählich alles verwischt, was platonischen Geist ausdrückt".[40]
Stattdessen fordere und inszeniere sie in solchem Maße eine „Durch-
schnittsschönheit", dass diese sich auch „wirklich herausgebildet
hat": „Die moderne weibliche Gliederpuppe zeigt deshalb auch diesen uniformen Typus, mit etwas verwaschenen Zügen, modelliertem
Haar, das Geschlechtslose, Frigide eher betonend als das Gegenteil."[41] Gerade als uniforme, serielle, ‚verwaschene' und somit zunächst unerotische Figur stellt die Schaufensterpuppe jedoch eine
ideale Projektionsfläche für Angst, Erotik und Überwältigungsträume
dar.

Davon ‚lebt' die berühmte Reportage *Eine gefährliche Straße*, die
Franz Hessel gemeinsam mit dem Fotografen Umbo im *Illustrierten
Blatt* – knapp zwei Monate vor Fleißers Erzählung – im Juni 1929
publiziert hat (Abb. 8). Darin heißt es über die Schaufensterpuppen:

Mit spitzen Mündern fordern sie dich heraus, schmale Augen ziehen sie, aus denen der Blick wie Gift tropft. [...] Oft sind die Gesichter nur skizzenhaft modelliert und die angedeuteten Mienen sind dann von besonderer Verderbtheit. Sowohl in der Steife wie in der sportlichen Elastizität ihrer Bewegungen ist eine kühle Mischung von Frechheit und Distinktion, der du Armer wirst nicht widerstehen können. Alle verachten sie uns Männer furchtbar. [...] Sie durchschauen uns.[42]

Abb. 8 Franz Hessel, Umbo: *Eine gefährliche Straße* (1929)

Während aber Franz Hessels Text die „Verderbtheit" der Puppen und die Gefahr für den männlichen Betrachter betont und dies mit Hilfe ironischer Distanz zugleich als einen Topos markiert, inszenieren Umbos Fotografien zu dieser Reportage einen hingebungsvoll-zurückhaltenden Blick auf ein Ensemble von Puppen (Abb. 9). Deren verträumte Blicke gelten nur einander, während ihre einander zugeneigten Münder erotische Nähe erzeugen. Sie versinken in einem Liebestraum, der dem Kamerablick zweierlei ist: Intimität und Ausstellung der Intimität.

Fleißers Erzählung wiederum stellt ihrem Schneider keine dieser Projektionsmöglichkeiten zur Verfügung: weder ironische Distanz noch liebende Zurückhaltung. Vielmehr verstrickt er sich in jenem „sex-appeal des Anorganischen"[43], den Walter Benjamin dem Fetischismus in der Mode attestiert hat und dessen Übergreifen auf die Schaufensterpuppen hier erzählt wird. Denn nun „geriet unser Schneider an ein Schaufenster, das zu Dekorationszwecken verhängt war" und das er zum Ort der Sinnstiftung macht. Obwohl er hinter dem Stoff nichts sieht außer ab und an den Kopf des Dekorateurs, erblickt er doch

mit dem inneren Auge [...] nur sie, die Puppe. Ein Gesicht in edlem Metallton, einen etwas langen Hals mit aufgereckter Kehle, aufschwebende Arme und in den Schultern nach der freiliegenden Brust hin die wundersame Bie-

gung von Schwanenflügeln [vgl. Umbo: *Das neueste Angebot en face*]. Dies war
die Erfüllung, sein rocher de bronze, gegen den er anwogte mit seinem ganzen andächtigen Dasein [...], als ob er angelangt sei an der Endstation seiner
verwirrten Reise. Plötzlich war ihm klar, was ihm fehlte.[44] (Abb. 10)

Abb. 9 Umbo: *Träumende* (1928)   Abb. 10 Umbo:
                                       Das neueste Angebot en face (1928)

Doch so wie die Singularität der *einen* Puppe angesichts ihrer Serialität
unmöglich ist, stellt sich auch die Erfüllung nicht ein. Denn die
Scheibe ist mit Stoff verhängt, also gerade mit jenem Material, das der
Schneider bearbeitet, um das zu kreieren, was wiederum dahinter
sichtbar werden soll: die ewige Frau. Die Zeichen aber, die eben nicht
durch seine „Gnadenschere" entstehen, sondern durch das Medium
der Schaufensterscheibe, verweigern in ihrer Verweisungsfunktion
immer wieder die (Sinn-)Erfüllung. Folgerichtig wird der Schneider
nachts im Schaufenster, an einer Puppe Maß nehmend und
Unmengen Stoff verschneidend, aufgegriffen und weinend zur Poli-
zei gebracht, wo er „flehentlich bat, daß man ihn weiter arbeiten
lasse, weil er der Lösung sehr nahe sei"[45].

Schluss

„Als Simulakrum des Weiblichen in den Straßen allgegenwärtig, hat die künstliche Schöne [die Schaufensterpuppe] die Stadt in Besitz genommen"[46] – während die Sportlerinnen, wie eingangs in Umbos Montage gesehen, sich in die Eroberung des Großstadthimmels stürzen mögen. Auf vielfache Weise zeigen sich in den 1920er Jahren die Effekte einer Allianz von Sport und visuellen Massenmedien (Illustrierte, Wochenschauen, aber auch das Stadion), die für das Phänomen Mode von Anbeginn konstitutiv ist. Doch während der Sport es mit einer direkten Körperformung zu tun hat – qua Kraft, Geschicklichkeit, Ernährung –, setzt die Mode sich über den physischen Körper hinweg, indem sie ihn voraussetzt, um ihn in spezifischer Weise zu inszenieren. Damit steht die Mode der Imagination, der Einbildungskraft, der Verführung näher und kann sich schon deswegen mit dem Modell begnügen, in Form des Mannequins oder der Kleiderpuppe, die das Reale des Körpers hinter sich lassen.

Ein Feld, auf dem beide, die Sportlerin und die Schaufensterpuppe, zusammenkommen, bilden demnach die Visualität und die Technik des Körpers, denen beide unterstellt sind. Damit ist eine Medialität angesprochen, die sowohl Imaginationen als auch Distanznahmen erzeugt. Denn die Bildinszenierungen, -techniken und -erzählungen lassen die Frage offen, ob die begehrte, umschwärmte, irritierende weibliche Figur ein lebendiger Mensch oder ein geformtes Artefakt ist. Was die Literatur, beispielsweise die von Marieluise Fleißer, daran interessiert, ist zum einen die eigenwillige Inszenierung dieser Ambivalenzen und zum anderen, damit zusammenhängend, dass die Posen und ihre Überschreitung in der Sportlerin wie in der Schaufensterpuppe sowohl zu ihrem Scheitern als auch zu ihrer Erlösung führen können.

Anmerkungen

1 Wie beispielsweise Marga von Etzdorf: Im gleichen Jahr 1926 absolviert sie ihre Ausbildung zur Pilotin, wird aber als Frau für die Verkehrsfliegerei nicht zugelassen und betreibt stattdessen zunächst Reklame-, Passagier- und Kunstfliegerei, bevor sie zu einer vom Publikum gefeierten Langstreckenfliegerin wird – und jüngst zur literarischen Protagonistin: in Uwe Timms Roman *Halbschatten* (2008). Vgl. auch zur Pilotin den Beitrag von Alexandra Tacke in diesem Band: Höhenflüge & Abstürze. Fliegerinnen in den 1920er und 1930er Jahren.

2 Marieluise Fleißer: Das Mädchen Yella. In: Dies.: Gesammelte Werke. Bd. 4: „Aus dem Nachlaß". Hrsg. v. Günther Rühle u. Eva Pfister, Frankfurt a. M. 1989, S. 21-24, hier S. 22.

3 Fleißer (wie Anm. 2), S. 22f.

4 Ebd., S. 24.

5 Ebd., S. 23.

6 Ebd.

7 Ebd., S. 23f.

8 Ebd., S. 23.

9 Vgl. Suzanne Lenglen: *So spielt man Tennis! 12 Lektionen* (1927); *Tennis, das Spiel aller Nationen* (1927); *Spiel um Liebe. Der Roman einer Tennismeisterin* (1928).

10 Vgl. Paula von Reznicek: *Die perfekte Dame* (1928); *Sekunden erobern die Welt* (1939 unter dem Namen ihres Ehemanns Hans Stuck); *Liebe im Quadrat. Roman* (1948); *Gottfried von Cramm: Der Gentleman von Wimbledon. Aus seinem Leben erzählt* (1949); *Auch Du bist schön. Das Handbuch für die gepflegte Frau* (1953); *Liebe am Lido. Frauenroman* (1963); *Tennis-Faszination* (1969). In zweiter Ehe heiratet sie den berühmten Rennfahrer Hans Stuck und verfasst unter dem Namen Paula Stuck 25 Bände mit Aufzeichnungen zur *Wehrbetreuung während des Zweiten Weltkriegs* (Militärarchiv Freiburg, unpubliziert).

11 Paula von Reznicek: Auferstehung der Dame. Stuttgart 1928, S. 123. Paula Stuck von Reznicek hat während der Nazi-Zeit die Auftritte ihres Mannes, des Rennfahrers Hans Stuck, gemanagt und auf diese Weise die Idee eines ‚female leadership' und damit eines gänzlich ‚anderen' Heldentums und Männlichkeitsbildes vertreten. Vgl. dazu Franz Bokel: Moving Men: Women's Discursive Engagements with the 1930s and 1940s. In: *Masculinities in German Culture* (= *Edinburgh German Yearbook*, Bd. 2), Rochester/NY 2008, S. 188-200, v.a. S. 193-198.

12 Reznicek (wie Anm. 11), S. 140.

13 „Der junge Schriftsteller Burri hatte eine Zeitlang die große Nummer bei Brecht, weil er im Boxring als Helfer arbeitete, bei Samson Körner nämlich, ihm mit Tüchern die Luft zuschwenkte, ihn mit Wasser bespritzte. Brecht hielt das für keinen schlechten Job, wenn man ein angehender Schriftsteller war, man konnte seine Beobachtungen sammeln. Brecht nahm mich ein paarmal mit zum Boxkampf, auch zum Sechstagerennen nahm er mich mit." Marieluise Fleißer: Der frühe Brecht [1966]. In: Dies.: Gesammelte Werke.

Bd. 4: „Aus dem Nachlaß". Hrsg. v. Günther Rühle u. Eva Pfister, Frankfurt a. M. 1989, S. 478-482, hier S. 479.

14 Marieluise Fleißer: Der verschollene Verbrecher X. In: Dies.: Die List. Frühe Erzählungen. Hrsg. v. Bernhard Echte, Frankfurt a. M. 1995, S. 69-74, hier S. 73. Vgl. die Parallelfrage in *Querschnitt* 6/1932, wo der Erfolgsboxer Hans Breitensträter auf die Frage „Soll ein Sportsmann heiraten?" antwortet mit einem „glatten Ja. Er soll heiraten, aber nur eine vernünftige Frau" (S. 394f.).

15 Vgl. Marieluise Fleißer: Sportgeist und Zeitkunst. Essay über den modernen Menschentyp. In: Dies.: Gesammelte Werke. Bd. 2: „Erzählende Prosa". Hrsg. v. Günther Rühle, Frankfurt a. M. 1983, S. 317-320. Zur kritischen Auseinandersetzung mit dem „Sportsmann" vgl. Michael Gamper: Ist der neue Mensch ein „Sportsmann"? Literarische Kritik am Sportdiskurs der Weimarer Republik. In: *Jahrbuch zur Kultur und Literatur der Weimarer Republik*, Bd. 6 (2001), S. 35-71. Vgl. hier und im Folgenden auch: Ulrike Vedder: „Keine Sportperson"? Marieluise Fleißer und der „Sportgeist". In: *Frauen in der Literaturwissenschaft*, H. 47: „Sport und Kult", Hamburg 1996, S. 57-63.

16 Hier zitiert in der Fassung von 1972 unter dem Titel *Eine Zierde für den Verein. Roman vom Rauchen, Sporteln, Lieben und Verkaufen*. In: Marieluise Fleißer: Gesammelte Werke. Bd. 2. Hrsg. v. Günther Rühle, Frankfurt a. M. 1983, S. 7-204, hier S. 104.

17 Fleißer (wie Anm. 16), S. 23.

18 Ebd., S. 90.

19 Ebd., S. 93.

20 Auch Marieluise Fleißers Drama *Der Tiefseefisch* (entstanden ab 1929) kann als Wendung gegen den eigenen Essay *Sportgeist und Zeitkunst* gelesen werden, stellt sich doch darin die Protagonistin, eine Autorin, gegen eine Gruppe linker Schriftsteller, die eine Kulturpraxis im Namen des „Sportgeistes" fordern und dabei sozusagen über Leichen gehen.

21 Helmut Lethen: Der Habitus der Sachlichkeit in der Weimarer Republik. In: Bernhard Weyergraf (Hrsg.): Literatur der Weimarer Republik 1918-1933. (= *Hansers Sozialgeschichte der deutschen Literatur vom 16. Jahrhundert bis zur Gegenwart*, Bd. 8). München/Wien 1995, S. 371-445, hier S. 387.

22 Fleißer (wie Anm. 16), S. 42.

23 Birgit Haustedt: Die wilden Jahre in Berlin. Eine Klatsch- und Kulturgeschichte der Frauen. Dortmund 1999, S. 119.

24 Robert Musil: Gesammelte Werke. Bd. 1: „Der Mann ohne Eigenschaften, Erstes Buch". Hrsg. v. Adolf Frisé, Reinbek 1981, S. 45.

25 Haustedt (wie Anm. 23), S. 120.

26 Zu dieser grundlegenden Fleißerschen Topographie vgl. Inge Stephan: Zwischen Provinz und Metropole. Zur Avantgarde-Kritik von Marieluise Fleißer. In: Dies.; Sigrid Weigel (Hrsg.): Weiblichkeit und Avantgarde. Berlin/Hamburg 1987, S. 112-132.

27 Marieluise Fleißer: Die Vision des Schneiderleins. In: Dies.: Gesammelte Werke. Bd. 4: „Aus dem Nachlaß". Hrsg. v. Günther Rühle u. Eva Pfister, Frankfurt a. M. 1989, S. 25-29, hier S. 26. Vgl. dazu auch: Ulrike Vedder: Unmögliche Produktionsschleife. Liebe und weibliche Autorschaft in Marieluise Fleißers Erzählung „Avantgarde". In: Maria E. Müller; Dies.

(Hrsg.): Reflexive Naivität. Zum Werk Marieluise Fleißers. Berlin 2000, S. 195-217.

28 Fleißer (wie Anm. 27), S. 25.

29 Ebd., S. 27.

30 Ebd.

31 Vgl.: „2000 Reklamefachleute [...] wurden vom Reichskanzler begrüßt und hörten Vorträge über Reklame als Schlüssel zum Welterfolg, zur Weltverbrüderung und zum Weltfrieden. An alle Berliner Geschäftsleute und ‚Kulturarbeiter jeden Grades‘ richtete sich ein Appell, die Kongreßtage zur ‚ersten großen Demonstration einer Weltmacht‘ auszugestalten." Michael Bienert: Die eingebildete Metropole. Berlin im Feuilleton der Weimarer Republik. Stuttgart 1992, S. 102.

32 Fleißer (wie Anm. 27), S. 26.

33 Roland Barthes: Erté oder An den Buchstaben [1973]. In: Ders.: Der entgegenkommende und der stumpfe Sinn. Kritische Essays III. Frankfurt a. M. 1990, S. 110-135, hier S. 120.

34 Barthes (wie Anm. 33), Hvh. i. O.

35 Fleißer (wie Anm. 27), S. 27.

36 Ebd., S. 28.

37 Ebd., S. 26.

38 „Dann wunderte er sich, daß die zahlreichen Passanten nicht an ihn anstießen [...], sie wurden von Gottes Finger leise vor ihm beiseite geschoben." Ebd., S. 27.

39 Ebd., S. 28.

40 Ottomar Starke: Tausend Lockungen hinter Glas: Zur Physiologie des Schaufensters. In: *Scherl's Magazin*, Januar 1930, S. 606-610, hier S. 609.

41 Starke (wie Anm. 40), S. 610.

42 Franz Hessel: Umbo: Eine gefährliche Straße. In: *Das Illustrierte Blatt*, No. 24, Frankfurt a. M. 1929, S. 686f., hier S. 686.

43 Walter Benjamin: Das Passagen-Werk. Bd. 1, Frankfurt a. M. 1983, S. 130: „Jede [Mode] verkuppelt den lebendigen Leib der anorganischen Welt. […] Der Fetischismus, der dem sex-appeal des Anorganischen unterliegt, ist ihr Lebensnerv."

44 Fleißer (wie Anm. 27), S. 28.

45 Ebd., S. 29.

46 Beate Söntgen: Die Schaufensterpuppe. In: Pia Müller-Tamm; Katharina Sykora (Hrsg.): Puppen Körper Automaten. Phantasmen der Moderne. Köln 1999, S. 394f., hier S. 395.

„Rotkäppchen, Großmutter und Wolf in einer Person"

Valeska Gert – *bad girl* des neuen Tanzes

von Renate Berger

Abb. 1 Ulrike Ottinger: *Valeska Gert* (Fotografie, 1975)

Die 1920er Jahre sind eine Zeit des Umbruchs in allen Medien. Das junge Kino löste nicht nur eine Theaterkrise aus, es verband Hoffnung auf zeitgemäßen Ausdruck mit der Neigung, die alten Künste als Stoff- und Vorratskammer auszuplündern. Mit dem Film veränderte sich das Sehen – mit dem Sehen das Publikum, die Bühne, die Literatur. Eine wesentliche Rolle in der Entwicklung neuer Emotions- und Ausdrucksformen spielte der Tanz. Die hohe Zeit des Klassischen Balletts war bereits um die Jahrhundertwende vorbei. Während Vaslav Nijinsky unter den wachsamen Augen Sergej Diaghilews eigene Choreografien entwickelte, schufen Leon Bakst, Natalia Gontscharowa oder Pablo Picasso mit ihren Bühnenbildern und Kostümen den Rahmen für einen Tanz, der sich vom Klassischen Ballett u.a. durch die rasche Abfolge neuer Inszenierungen unterschied. Diese Innovationsschübe entsprachen nicht nur dem Konzept des Impresarios, die sich in einer an Cocteau gerichteten Bitte: „Mach mich staunen, Jean", artikulierten, sondern auch den verwöhnten und zugleich anspruchsvollen Sponsorinnen der Ballets Russes, die ihre Bankiersgatten für das Unternehmen zu gewinnen wussten.[1] Vaslav Nijinskys *L'Après-midi d'un faune* bestach 1912 durch Debussys Musik und die Kühnheit des Tänzers, der sich auf offener Bühne mit dem vergessenen Schleier einer Nymphe vereinigte. Der geschickt genutzte Skandal gehörte zu einer Marketingstrategie, die sich in Paris fortsetzte, weil kein Geringerer als Rodin die von Tumulten erschütterte Inszenierung verteidigte.[2]

Dagegen sind die Vergnügungsstätten der 1920er Jahre ein Forum für Revuen. Anonymen Besuchern werden anonyme, entindividualisierte weibliche Formationen geboten.[3] Die schärfste Konkurrenz der Revuen stellte der Nacktanz dar. Berbers *Tänze des Lasters, des Grauens und der Ekstase* sind nicht frei von der Angst, die Wirkung könne ausbleiben. Ihr Rausch folgt der Mode, und er hat konkrete Auslöser: Alkohol, Kokain, Morphium.[4] Während sich das sexuelle Pathos solcher Darbietungen allmählich tot läuft, werden die Revuen immer beliebter, ist es doch die von Siegfried Kracauer entdeckte und 1929 in mehreren Essays analysierte Gruppe der Angestellten, deren „geistige Obdachlosigkeit" durch Vergnügungsstätten Berlins kompensiert wird.[5]

Parallel dazu entwickelt sich der Ausdruckstanz. Ausgehend von der Rhythmik- und Gymnastikbewegung grenzt er sich im Hinblick auf Formen und Inhalte sowohl vom Klassischen Ballett als auch von der ‚Taylorisierung' moderner Revuen ab. In Dresden geht es Mary Wigman um die planvolle Entwicklung einer aus der Individualität,

dem Inneren des Menschen entfalteten Bewegung, die sie in der
sächsischen Metropole mit Hilfe einer Schule und auf Tourneen entwickelt.[6] Gemessen an Pionierinnen von Mary Wigman bis Gret
Palucca darf Valeska Gert als ‚bad girl' des neuen Tanzes gelten
(Abb. 1 und 2).

Abb. 2 James Abbe: *Valeska Gert* (Fotografie, o. J.)

Während die Ausdruckstänzerinnen in Abgrenzung zum Klassischen
Ballett den ‚pas de deux' abschaffen sowie freie, der *eigenen* Emotion

entspringende Formen kultivieren und sich gleichzeitig ihre Bühnen, ihre Schulen und sogar ihre Kritiker schaffen, gehört Valeska Gert zu den wenigen Tänzerinnen, die nicht nur nach neuen, der eigenen Befindlichkeit entwachsenen Ausdruckswerten suchen, sondern sich zugleich von der Rasanz, den auf allen Gebieten spürbaren Erscheinungsformen der Großstadt inspirieren lassen. Sie zieht es vor, im Tanz die moderne Außenwelt mit ihrer Vielfalt, ihrem Tempo zu spiegeln – und sie bleibt (aus vielerlei Gründen) eine durch ihre Radikalität solitäre, aber auch attraktive Erscheinung, inspirierend für Sergej Eisenstein und Bertolt Brecht, die mit ihr zusammenarbeiten wollten, bis zu Ulrike Ottinger oder Volker Schlöndorff, der ihr in *Der Fangschuss* von 1976 ein Denkmal setzte.[7]

So vieles schien in der Nachkriegszeit möglich, so vieles wartete darauf, ausprobiert zu werden. „In der Atmosphäre der 1920er Jahre atmete man die Luft von Freiheit und Toleranz", schrieb Charlotte Wolff, „der verlorene Krieg und die jetzt auftretende Hyperinflation machten die Menschen ganz wild darauf, ihr Leben in vollen Zügen zu genießen. [...] Die Kultur stand in voller Blüte, während das Land in den Abgrund taumelte. Es war die Zeit des Überschwanges erotischer Vergnügungen und intellektueller Späße, mit denen Theaterstücke, Chansons und Cabarets gewürzt wurden. [...] Der Himmel war nicht irgendwo über uns, sondern auf Erden, in der deutschen Hauptstadt"[8]: Berlin.

„Ich wollte über alle Grenzen hinaus" – dieser Impuls trägt Valeska Gert über eine Berliner Kindheit, ein amerikanisches Exil und schließlich nach Kampen auf Sylt, wo sich gegen Ende ihres Lebens immer noch Menschen finden, die erschrecken vor ihrer elementaren, jenseits des Menschlichen angesiedelten Ausdruckskraft.[9] Dabei wies nichts darauf hin, dass in Gertrud Valeska Samosch, 1892 in Berlin als Kind jüdischer Eltern geboren, eine Meisterin der Groteske angelegt war. Mit sieben Jahren erhielt es „Graziestunden" beim Ballettmeister des Königlichen Opernhauses und trat im duftigen Tutu auf – nach dem Vorbild der ‚Primaballerina Assoluta' des Klassischen Balletts. Anna Pawlowa war für Gert „die schönste Frau, die ich je gesehen hatte. Ihr Gesicht war schmal und edel, sie tanzte zart und leicht wie ein Blumenblatt".[10] Das Kind überließ sich dem endzeitlichen Zauber einer Form, die ihren Höhepunkt bereits überschritten hatte. Was danach kam, durfte, es musste anders sein.

An Selbstvertrauen fehlte es dem Nachwuchs nicht. Als ihre Tanzlehrerin Rita Sacchetto beim Vorstellungsgespräch fragte: „Sie gefallen sich wohl sehr?", antwortete Gert: „Ja ... und mehr noch, ich bin berauscht von mir. Ich kann bestricken, wen ich will. Meist will ich nicht."[11] Ein gemeinsamer Auftritt mit anderen Elevinnen unter Sacchettos Leitung – darunter Anita Berber als *Rose* und *Diana mit Pfeil* – ließ Gert rebellisch werden: „Ich brannte vor Lust, in diese Süßigkeit hineinzuplatzen", schrieb sie später in ihren Erinnerungen:

> Voll Übermut knallte ich wie eine Bombe aus der Kulisse. Und dieselben Bewegungen, die ich auf der Probe sanft und anmutig getanzt hatte, übertrieb ich jetzt wild. Mit Riesenschritten stürmte ich quer über das Podium, die Arme schlenkerten wie ein großer Pendel, die Hände spreizten sich, das Gesicht verzerrte sich zu frechen Grimassen. Dann tanzte ich süß. Jawohl, ich kann auch süß sein, viel süßer als die anderen. Im nächsten Augenblick hatte das Publikum wieder eine Ohrfeige weg. Der Tanz war ein Funke im Pulverfaß. Das Publikum explodierte, schrie, pfiff, jubelte. Ich zog, frech grinsend, ab. Die moderne Tanzsatire war geboren, ohne daß ich es wollte oder wusste. Und dadurch, daß ich unvermittelt süß nach frech, sanft nach hart setzte, gestaltete ich zum erstenmal etwas für diese Zeit sehr Charakteristisches, die Unausgeglichenheit.[12]

Damit traf sie einen Nerv. Nicht nur der Tanz, auch sein Publikum hatte sich verändert. In Privatwohnungen oder kleinen Bars wurden unter der Ägide stellungsloser Offiziere Nackttänze geboten, die Frauen in kleinen Gruppen zu ‚Sklavinnen' formierten oder, sofern sie wie Anita Berber mit einem Partner auftraten, als laszive, mit allen Wassern des ausgehenden Expressionismus gewaschene Figuren anpriesen.[13]

Die größte Konkurrenz stellten allerdings Revuen dar, die die einzelne Tänzerin zugunsten gleich gerichteter bzw. gleich getakteter Frauenkörper entbehrlich erscheinen ließen. Manager waren ebenfalls ehemalige Soldaten mit entsprechendem Sinn für aus dem militärischen Alltag übernommene, anonyme, entindividualisierte Formationen, die – anders als in militärischem Zusammenhang – das Prinzip weiblicher Entblößung in immer neuen Varianten vor Augen führten.[14] Nach Kracauer rationalisierten die Berliner „Pläsierkasernen" das „Vergnügen der Angestelltenheere", versorgten „die Masse als Masse".[15] Von keiner Theorie gestützt, trieben und tanzten die Angehörigen dieser neu entdeckten Schicht ziellos dahin. Es fehlte an Substanz. Das „Höhere", schrieb er 1929, ist den Angestellten „nicht Gehalt, sondern Glanz. Es ergibt sich [ihnen] nicht durch Sammlung, sondern in der Zerstreuung."[16] Die Lokale Berlins öffnen sich für ein Publikum und bieten der intellektuell unbehausten Angestelltenbohème ein Obdach für die Laufzeit einer Revue, ein Obdach, das

ihnen keine Anstrengung, sondern nur Geld abverlangt und das Bedürfnis nach Glanz statt Substanz befriedigt.[17]

Die Einzelgängerin Valeska Gert musste sich in diesem Umfeld
behaupten. Stand die Ballerina im Spitzentanz wie Andersens kleine
Seejungfrau noch auf des Messers Schneide, hatten sich Tänzerinnen
wie Isadora Duncan, Mary Wigman oder Gret Palucca die Bühne mit
bloßem, voll auftretendem Fuß oder kühnen, an Nijinsky erinnern-
den Sprüngen erobert: Für Augenblicke entschwebten sie der Welt.
Valeska Gert ist keine Seejungfrau, sondern nach Beobachtung einer
Zeitgenossin „Rotkäppchen, Großmutter und Wolf in einer Person"[18]. Dieses Wesen gehört der Welt, gehört ihr ganz. Es ist eine
Welt mit industriellem Rhythmus, wie Walther Ruttmann sie in *Berlin,
die Sinfonie einer Großstadt* (1927) einfing – eine Welt, in der romanti-
sche Sehnsüchte vom Zwang, das Tempo zu halten, absorbiert wurden. *Das Drama der begabten Frau*, von Inge Stephan für eindrucksvolle
Beispiele gesichert,[19] bleibt in ihrem Fall aus, denn man lässt sie
gewähren. Allerdings liegt *der* Wendepunkt im Leben von Valeska
Gert ebenfalls in der Kindheit. Als Vierzehnjährige erkennt sie, „daß
es keinen Himmel gibt. Himmel ist nichts weiter als so viel Luft, daß
sie blau aussieht. Wenn aber alles nur Luft ist, wo ist dann Gott?"[20]
Nirgends. Das Ungeborgene des eigenen Daseins, aller Menschen,
wird ihr blitzartig bewusst. „Ganz plötzlich sah ich kraß, klar und un-
verhüllt, daß auch ich sterben muß, nicht nur die anderen. Weg werde
ich sein, total weg für alle Zeiten, für ewig … Ich brüllte vor Entset-
zen wie ein Tier. Es gibt keine Gnade und keinen Ausweg, einmal ist
es mit mir zu Ende."[21] Das leere Blau über Berlin lässt sie nicht nur
sagen, „wenn alles so schnell vorbei ist, dann muß ich schnell viel erleben, ganz dicht"[22]; sie handelt auch entsprechend.

Konsequent arbeitet Gert an ihren Ausdrucksmitteln. Die Großstadt kommt ihr dabei entgegen. In der Anonymität ist sie jedem
Mann eine andere Frau. Das nennt sie: schauspielerische Fähigkeiten
entwickeln. Wie sie in ihren Ballett-Parodien etwas vom Zauber Anna
Pawlowas durchschimmern lässt, so mimt sie den plastischen Typus
des ‚Weibchens', um sich der Mittel für jene Ungefälligkeit zu versi-
chern, die ihre Einzigartigkeit im Rahmen des neuen Tanzes aus-
macht. „Nein, sie ist nicht das Ideal einer Frau", stellt der Tanzkriti-
ker Fred Hildenbrandt 1928 fest, als er Gerts Stellung zwischen Tanz,
Pantomime und Schauspiel zu fixieren sucht. „Wie also könnte sie
ein Liebling der Massen sein, so unsüß, unblond, unweich, un-
schön?"[23]

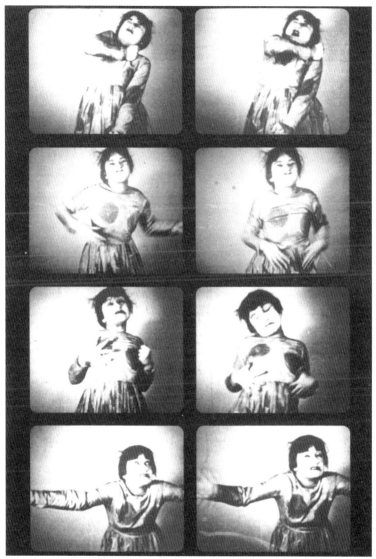

Abb. 3 Suse Byk: Valeska Gert in *Kupplerin* (Filmstills, 1925)

Warum trifft sich Gerts Temperament dennoch mit dem Erleben des Publikums? Hildenbrandt zögert nicht mit einer Erklärung. Demnach haben die Menschen „keine seelischen Organe [mehr] dafür, das An-

gedeutete zu genießen [...]. [S]ie lieben das Vergröberte und Vergrö-
ßerte. Und die Gert tanzt es ihnen."[24] (Abb. 3)

Hildenbrandt erlebt sie als sentimental und empathiefrei zugleich,
und so schlägt eines „tief hinein in ihren Tanz: das Fratzentum. Der
grausame und lärmende Witz über alles und alles." Tanz entsteht aus
dem Rausch. Er soll jetzt „Bekenntnis", nicht „beliebig gebogener
Zierrat" des Lebens sein.[25] Berauscht von sich selbst kann Valeska
Gert auf Morphium und Kokain verzichten, nicht aber auf den An-
trieb des Zorns, wie Hildenbrandt berichtet:

> Ihr Vater war von einem phantastischen Jähzorn, der brach aus, unheimlich
> und ganz plötzlich und aus Anlässen, [...] die sich niemand erklären konnte.
> Er brach wie ein Gewitter los, und in solchen Augenblicken konnte es ge-
> schehen, daß er, was gerade auf dem Tisch stand, griff und es an die Wand
> oder zum Fenster hinauswarf [...]: Sie mag zugesehen haben [...] kalt und
> neugierig und doch erhitzt vom selben Teufel, der in ihrem Vater spukte. Sie
> [...] sah die Teller und die Tassen fliegen und schmettern [...]. Und eines Ta-
> ges machte sie es genauso wie er.[26]

Außer sich zu geraten und ihr Handeln so zu betrachten, als habe es
ein anderer Mensch bewirkt, wird Leitlinie ihrer Tänze. Ein Programm im engeren Sinne gibt es nicht – nur Themen. Ausformuliert
werden ihre Tänze erst vor dem Publikum. Tourneen werden zum
Problem für die Musiker, denn Valeska Gert reproduziert keine einmal gefundene Choreografie, sondern durchlebt ihr Thema bei jedem
Auftritt neu. So tanzt sie in *Canaille* alle Nuancen von der verführten
zur kupplerischen Frau. Sie tanzt den Sport: Radrennen, Schwimmen,
Florettfechten, Tennis. Sie tanzt Boxer und Fußballer. Sie tanzt eine
Geburt, Nervosität, Ekstase. Sie tanzt Amme oder Erzengel, und sie
kann sogar Gerüche tanzen: Luft, zum Schneiden dick, und den Berliner Verkehr.[27]

Im Mittelpunkt ihrer Kinderkrise stand die Angst vor dem Tod.
Gerts Impuls, die Restzeit ihres irdischen Lebens dicht werden, vor
Intensität vibrieren zu lassen, führt zur Verschmelzung von Intensität
und Lakonie. Lakonie des Ausdrucks: Es bedarf keiner „drei- und
fünfaktigen Bühnenstücke. Ein Blick und einige Bewegungen genü-
gen, um alles zu sagen"[28]. Darin trifft sie sich mit Brecht. Sie konzen-
triert, übertreibt, kann zart oder zotig wirken, und bleibt im Gegensatz zu anderen Tänzerinnen inkommensurabel. Fred Hildenbrandt
hat alle Mühe, ein Wesen ihrer Art zu beschreiben. „Negerin, Negerin, Negerin!" – er vergleicht sie mit Josephine Baker, deren Kraft,
sexuelle Präsenz und Schamfreiheit er im Auge hat.[29] Wie die

Amerikanerin ihren afrikanischen Wurzeln, so scheint auch die „weiße Negerin" Gert ihrer Kultur entfremdet; sie treibt „im Niemandsland des Tanzes [...] umher, ohne Programm, ohne Schule, ohne Denkschrift".[30]

Nicht um zu beleidigen, sondern weil ihm die Worte fehlen, sucht Hildenbrandt nach Vergleichswerten aus der Fauna. Für ihn ist diese Tänzerin „abseitig bis zum Erschrecken", ein „Wesen im Busch der Menschheit" mit der „Schwermut eines verwunschenen Tieres [...] unbrauchbar [...] für sich selbst beinahe". „Sie war wie ein Tier gewiß, das kalt und nackt nach Schönheit suchte, rücksichtslos und gerade." Etwas an ihr entzieht sich nicht nur der kulturellen, sondern auch der zeitlichen Einordnung. Auf der terra nullius des Tanzes bewegt sich diese „weiße Negerin" nicht mit dem Trippeln und dem Dauerlächeln der Ballerinen, sondern mit „gewaltiger Fratze" und dem vollen Gewicht eines üppigen Körpers.[31]

Dass die Ballerina klassischen Zuschnitts bereits Ende der 1920er Jahre zum Anachronismus geworden ist, lässt Vicki Baums 1929 erschienener, 1932 mit Greta Garbo als Elisaweta Grusinskaja verfilmter Roman *Menschen im Hotel* erkennen. Im Mittelpunkt steht eine alternde Tänzerin, deren Erfolg brüchig geworden ist, ohne dass sie die Kraft zu experimentellen, zeitgemäßeren Formen des Tanzes findet. Die Spanne zwischen ihrem ‚altmodischen', vom Drill der Kaiserlichen Ballettschule geprägten Wesen und dem neuen Tanz ist gar zu groß. Die Grusinskaja fürchtet „diese häßlichen, verrenkten Deutschen, diese Negerinnen, diese Nichtskönner alle [ein Seitenhieb auf Valeska Gert und Josephine Baker?]", während ihr selbst das Äußerste abgefordert wird: „Manchmal ist das so, als müßte ich gegen die ganze Welt antanzen, gegen euer ‚Heute! Heute!'".[32] Grusinskajas Erfolg ist von gestern und in einem Maß an Selbstkasteiung gebunden, das Mary Wigman verstanden hätte, einer Valeska Gert aber gänzlich fremd gewesen sein muss. Neben dem einstigen Welterfolg, vertraut die Russin dem durch den Krieg entwurzelten Baron von Gaigern an, „zerbricht alles, da bleibt nichts Ganzes in einem. Kein Mann, kein Kind, kein Gefühl, kein Inhalt sonst. Man ist kein Mensch mehr, verstehst du das, man ist keine Frau, man ist nur ein ausgepumptes Stück Verantwortung, das in der Welt umherjagt"[33].

Abb. 4 Suse Byk: Valeska Gert in *Tod* (o. J.)

Während die Ausdruckstänzerinnen ihre Tänze selbst entwickeln, gehört Anna Pawlowa zu den Balletteusen, die einen feudal geprägten von Männern vorgegebenen Kanon verleiblicht haben. Pawlowa *ist* der sterbende Schwan, *Die blaue Weite über Rußland* (1918), wie Arkadij

Rylow sie sah. Trotz Tutu und Federschmuck gelingt es ihr, den majestätischen Vogel fliegen, flattern, abstürzen zu lassen. Nur ein Tier kann den Traum Hedda Gablers, „in Schönheit zu sterben", noch erfüllen. Menschen ist das nicht gegeben. Gert weiß es, und sie tanzt es. Sie ersetzt Anmut durch Mut. Für Hildenbrandt steht ihre Choreografie *Tod* (Abb. 4) ohne Beispiel in der Geschichte des modernen Tanzes da: „unkopierbar und unüberholbar und mächtig und unvergesslich"[34]. Langsam stirbt sie in die Stille des Raumes hinein, mit kargen Gesten. Schweißperlen und allmähliches Erblassen – Aufbäumen, Agonie und Ergebung – mit ihrem eigenen Tod stirbt sie den aller Menschen.

Ihr erster Tanz galt dem Vater. Die Vierzehnjährige verharrte im Vorzimmer, wagte nicht, den Toten anzuschauen – so dehnte sich sein Sterben phantastisch aus und ging in ihre Blutbahn über.[35] Momente der Kindheit – sie tragen Valeska Gert weit fort, halten sie für ein Leben. Auf öffentlichen Bühnen wird sie frei – die Kinderangst vor dem Nichts. Nie überwunden, konnte sie doch für Augenblicke gebannt werden, sofern es gelang, dem Unfasslichen Ausdruck zu geben.

Anmerkungen

1   Misia Sert: Pariser Erinnerungen. Frankfurt a. M. 1989, S. 210.
2   Vgl. Claudia Jeschke; Ursel Berger; Birgit Zeidler (Hrsg.): Spiegelungen. Die Ballets Russes und die Künste. Berlin 1997, S. 21 f.; Peter Ostwald: „Ich bin Gott". Waslaw Nijinski – Leben und Wahnsinn. Hamburg 1997, S. 94f.
3   Vgl. Wolfgang Jansen: Die Glanzrevuen der Zwanziger Jahre. Berlin 1987.
4   Vgl. Lothar Fischer: Anita Berber – Göttin der Nacht, 2. Aufl. Berlin 2007.
5   Siegfried Kracauer: Die Angestellten. Frankfurt a. M.1971, S. 90f.
6   Vgl. Gabriele Fritsch-Vivié: Mary Wigman. Reinbek bei Hamburg 1999, S. 62f.
7   Vgl. Frank-Manuel Peter: Valeska Gert – Tänzerin, Schauspielerin, Kabarettistin. Berlin 1987, S. 28f., 54f., 66f., 46ff, 58f.
8   Charlotte Wolff: Augenblicke verändern uns mehr als die Zeit. Eine Autobiographie. 2. Aufl., Weinheim/Basel 1983, S. 881f.
9   So jedenfalls beschrieb es ein Zeitgenosse, Fred Hildenbrandt, Feuilletonchef des *Berliner Tageblatts* und einer der ersten Kritiker des neuen Tanzes. Fred Hildenbrandt. Die Tänzerin Valeska Gert. Stuttgart 1928, S. 101. Vgl. auch Valeska Gert: Mein Weg. Leipzig 1931, S. 26.
10 Valeska Gert: Ich bin eine Hexe. Kaleidoskop meines Lebens. München 1989, S. 21.
11 Gert (wie Anm. 10), S. 31.

12   Ebd., S. 31f.
13   Vgl. Fischer (wie Anm. 4); Jansen (wie Anm. 3), S. 73f.
14   Vgl. Jansen (wie Anm. 3), S. 47, 75 u. 89.
15   Kracauer (wie Anm. 5), S. 91.
16   Ebd., S. 91.
17   Vgl. ebd., S. 91f. u. 99.
18   Hildenbrandt (wie Anm. 9), S. 55.
19   Vgl. Inge Stephan: Das Drama der begabten Frau im Schatten berühmter Männer. Zürich 1989.
20   Gert (wie Anm. 10), S. 16.
21   Ebd., S. 22.
22   Ebd., S. 23.
23   Hildenbrandt (wie Anm. 9), S. 83.
24   Ebd., S. 59.
25   Ebd., S. 83.
26   Ebd., S. 81.
27   Vgl. ebd., S.111-113, 115 u. 133, Vgl. auch Peter (wie Anm. 7), S. 44.
28   Hildenbrandt (wie Anm. 9), S. 33.
29   Ebd., S. 84, 101. Vgl. auch Bryan Hammond; Patrick O'Connor (Hrsg.): Josephine Baker. Boston/Toronto/London 1988 u. Peter (wie Anm. 7), S. 76.
30   Hildenbrandt (wie Anm. 9), S. 85.
31   Ebd., S. 31 u. 25.
32   Vicki Baum: Menschen im Hotel. 28. Aufl., Frankfurt a. M./Berlin 1991, S. 102. Einfügung in eckigen Klammern R.B.
33   Baum (wie Anm. 32), S. 102.
34   Hildenbrandt (wie Anm. 9), S. 128.
35   Zum Vater vgl. Gert (wie Anm. 10), S. 9, 25f. u. 40f.

Höhenflüge & Abstürze

Fliegerinnen in den 1920er und 1930er Jahren

von Alexandra Tacke

Abb. 1-2 Modestrecke STARTKLAR in der *Elle* (Januar 2010)

Unter dem Titel STARTKLAR veröffentlichte die deutsche *Elle* im Januar 2010 eine Modestrecke, die sich auf ein Bildrepertoire bezieht, das in den 1920er Jahren geprägt worden ist. Junge Frauen mit Fliegerkappen, bequemen Tweedhosen und Lederstiefeln präsentieren neueste Mode. Sie sitzen im oder auf einem knallroten Sportflieger und interpretieren – wie es im Untertitel heißt – „den edlen Flieger-Look der 20er Jahre für die Jetztzeit" (Abb. 1-2). Auch eine aktuelle Rolex-Werbung spielt mit dem Fliegerlook (Abb. 3), der längst ins kulturelle Gedächtnis eingegangen ist und mit dem heute ausschließlich positive Assoziationen verbunden sind. Sowohl die Rolex-Werbung als auch die *Elle*-Modestrecke suggerieren neben Luxus und Exklusivität weibliche Unabhängigkeit, Freiheit und Selbstbewusstsein. Die Frauen beherrschen die Lüfte, geben Befehle und wirken modern und stilsicher. Sie sind nicht nur startklar, sondern haben auch ihr Ziel deutlich vor Augen. Ihr Blick fokussiert die Landebahn, schaut den Bildbetrachter herausfordernd an oder schweift in die

Ferne. Sie sind aktive Frauen, die in Bewegung sind und die Geschwindigkeit ihrer Gefährte zu schätzen wissen.

Der Frau in der Rolex-Werbung weht der Schal wie ein langer Schweif nach hinten. Dies erinnert an die mondänen Autofahrerinnen der 1920er Jahren, die während rasanter Cabriofahrten ihre langen Halstücher dem Spiel des Windes überließen, was allerdings – wie bei der Tänzerin Isadora Duncan – auch zum Tode führen konnte. Als Isadora Duncan in ihrem offenen Sportwagen in Nizza spazieren fahren wollte, verfängt sich ihr langer roter Seidenschal, den sie lässig um ihren Hals geschlungen hat, in den Radspeichen ihres Sportwagens und bricht ihr das Genick. Ihre Exzentrik kostet sie das Leben. ‚Höhenflüge' können in ‚Abstürze' münden.

Abb. 3 Rolex-Werbung

Rekurriert die heutige Werbung ausschließlich auf die positiven Konnotationen wie Modernität, Internationalität und Emanzipation, die mit dem Fliegerinnenbild verbunden sind, ist das Assoziationsfeld in den 1920er und 1930er Jahren weitaus ambivalenter. Wird die Faszination für die Fliegerinnen zwar einerseits durch Modefotografien in Frauenmagazinen wie dem *UHU* (siehe Abb. 8 in der Einleitung) sowie durch erfolgreiche Autobiografien und Reiseberichte von Fliegerinnen wie Elly Beinhorn, Marga von Etzdorf und Thea Rasche bedient und geschürt[1], geht anderseits von den medialen Bildern auch eine Irritation aus, da sie vermeintlich feststehende Geschlechtergrenzen durchbrechen und das patriarchale System in Frage stellen. Ähnlich wie die Neue Frau wird die Fliegerin zur „Projektionsfläche für Angst und Hoffnung, Abscheu und Begehren, Dynamik und Passivität, Liebe und Haß"[2]. Sie ist anziehend und bedrohlich zugleich.

*

Im „goldenen Zeitalter der Fliegerei"[3] erobern die Frauen erstmals in
größerer Zahl die Lüfte und tragen zur Popularisierung der Luftfahrt
bei. Sich der Fliegerei zu zuwenden, bedeutet für die Frauen „in der
Regel eine erklärte Absage an die ihnen gesellschaftlich zugedachten
Lebensentwürfe"[4]. Sportliche Herausforderung, der Rausch der Geschwindigkeit, das Flugzeug als Statussymbol und die Atmosphäre
des Abenteuerlichen sind die Motivationen, warum Frauen in die
Luft gehen. Die Medien stürzen sich auf sie, fotografieren sie, berichten von ihnen und ihren Weltrekorden. Über ihren Ausnahmestatus herrscht kein Zweifel. Ihr Bild lächelt von Hochglanzpros-
pekten und Kinoplakaten und inspiriert „so manche junge Frau der
1920er Jahre, an diesem vermeintlichen Ausbruch aus der Tradition
teilhaben zu wollen"[5]. Modernität, Emanzipation, Weltoffenheit,
Urbanität und Technikbegeisterung verdichten sich für kurze Zeit im
Bild der Fliegerin, die sich mutig in männlich attribuierte (Luft-)-
Räume begibt.

Ähnlich wie die Neue Frau wird die Fliegerin allerdings „nie zu
einem relevanten Faktor weiblichen Selbstverständnisses mit Einfluss
auf die Frauenpolitik der Zwischenkriegszeit"[6]. So lässt sich die Geschichte der ‚Schwestern des Ikarus' auch nicht als eine Erfolgsge-
schichte schreiben. Nach einem kurzen Aufwind müssen die Fliegerinnen realisieren, dass ihre beruflichen Ambitionen in einen Sturzflug münden.[7] Das Bild, das die Medien von der Neuen Frau kreiert
haben, stellt sich als Kunstprodukt und Illusion heraus, das zum
Scheitern verurteilt ist. Mit der Übernahme der Macht durch die Nationalsozialisten in den 1930er Jahren werden die Fliegerinnen suk-
zessive und konsequent aus der Männerdomäne gedrängt oder für
NS-Propagandazwecke missbraucht.[8]

Das Bild der Neuen Frau dankt zugunsten einer „neuen, femini-
nen Weiblichkeit" ab.[9] Das vorübergehende neue Leitbild wird das
‚sportsgirl'. Auch wenn die Fliegerinnen sich in dieses neue Frauenbild zunächst noch nahtlos einfügen können, bedeutet es gravierende
Veränderungen für ihr öffentliches Image. Die emanzipatorische
Schubkraft des Topos geht dabei weitgehend verloren. Wie Evelyn
Zegenhagen in ihrer einschlägigen sozialhistorischen Studie über die
Fliegerinnen zwischen 1918 und 1945 ausführt, werden die bedrohlich-
männlichen Attribute der Fliegerinnen durch Verweiblichungsstrate-
gien abgemildert. So treten vermehrt neben die androgyn-männlichen

Inszenierungen in Fliegermontur betont weibliche Bilder, auf denen die Fliegerinnen lange Abendroben tragen oder auf Bällen und Ehrenempfängen gezeigt werden. Zudem wird in Berichterstattungen darauf hingewiesen, dass die weiblichen Berühmtheiten trotz ihres männlichen Betätigungsfeldes ‚ganz Frau' geblieben seien.[10] Selbst die Fliegerinnen führen in Interviews nicht selten als ihre eigentlichen (Zukunfts-)Wünsche ‚Kinder, Küche und Kirche' an. Je ‚weiblicher' sich eine Fliegerin gebärdet oder zu gebärden scheint, desto größerer Popularität erfreut sie sich.

Vor allem in Deutschland müssen die Fliegerinnen spätestens ab 1930 ihre ‚Weiblichkeit' nachweisen. Der Auftritt am Himmel wird ihnen nur so lange erlaubt, wie sie sich „der Pflichten Ihrer Geschlechterrolle bewusst"[11] bleiben. Dies ist der Preis, den sie für die Duldung in einer Männerdomäne zu zahlen haben. Außerdem ist es das Kriterium, mit dem sie ihre Ausnahmestellung am ‚Männerhimmel' begründen und entschuldigen.[12] In einem Text aus dem Jahr 1931 mit dem Titel *Die Weltfliegerin* fragt Joseph Roth nach den Gründen für den Ausnahmestatus von Fliegerinnen wie Elly Beinhorn:

> Die junge Weltfliegerin ist sehr kühn und in allen illustrierten Zeitungen photographiert. Eine klassische Amazone ist, im Vergleich mit ihr, gewissermaßen ein Waisenknabe, um nicht zu sagen: ein Waisen-Hermaphrodit. Ganz in Rindleder gebunden, eine übermäßige Wetterbrille vor den vielleicht hübschen Mädchenaugen, statt der Beine Gamaschen und an Stelle der Hände große Pelzhandschuhe, besteigt sie vor dem Photographen-Apparat den Flug-Apparat, solchermaßen die Eitelkeit mit der Kühnheit verbindend. Fest gewillt, die ganze Welt zu umkreisen und, wenn es nicht anders fliegt, mit schweren Verletzungen abzustürzen, ist sie im letzten Augenblick, bevor sie ‚startet', noch bereitwilligst bereit, den Interviewern Auskünfte zu erteilen und ein Privatleben, das sie eben aufs Spiel zu setzen gewillt war, auch noch preiszugeben. Auf diese Weise sorgt sie, die bereits einen Weltruf besitzt, auch für einen Nachruf, den sie aber am liebsten erleben möchte.[13]

Roths Text lässt den gesellschaftlichen Balanceakt zwischen Bord- und Kochbuch, Fliegermontur und Abendkleid, öffentlicher Persona und Privatperson, den viele Fliegerinnen zu meistern hatten, ahnen. Detailliert arbeitet Roth die Inszenierungsstrategien der ‚Weltfliegerin' Elly Beinhorn heraus, die einen männlichen Panzer aus Rindleder, Wetterbrille, Gamaschen und Handschuhen angelegt hat, um so all ihre weiblichen Attribute (hübsche Mädchenaugen, Beine und Hände etc.) zu verdecken. Mit ironischem Ton versucht er die widersprüchlichen Inszenierungsebenen, für die nicht zuletzt Elly Beinhorn bekannt gewesen ist, in ihrer Absurdität und Zwitterhaftigkeit auszustellen. Dass die Medien daran keinen unwesentlichen Anteil haben, wird ebenfalls von ihm reflektiert. Unmissverständlich macht er im Verlauf des Textes nicht nur ‚Männlichkeit‘, sondern auch ‚Weiblichkeit‘ als Maskeraden aus, die einer erfolgreichen (Selbst-)Vermarktung Vorschub leisten und verhindern, das Schicksal einer ‚Eintagsfliege(rin)‘ zu erleiden.

Die Faszinationskraft, die die Fliegerinnen damals auszulösen im Stande waren und die Roth mit analytischer Präzision am Beispiel von Elly Beinhorn seziert, scheint insbesondere in ihrem Zwitterwesen begründet zu liegen. Stellvertretend für viele Frauen der Zeit tragen die Fliegerinnen den Konflikt zwischen altem und modernem Frauenbild, Karriere und Kind aus, um letztendlich an ihren eigenen hohen Ansprüchen oder an den gesellschaftlichen Umständen zu scheitern. Auffällig ist auf jeden Fall, dass die (Höhen)Flüge der Frauen nicht selten durch Abstürze bedroht werden, die durchaus auch mit dem Tod enden können.

Die zwitterhafte Strahlkraft, die von den Fliegerinnen ausgeht, darf wesentlich mit dazu beigetragen haben, dass sie in Filmen und Texten auch fiktiv ausgestaltet worden sind. Wie sehr die Eroberung des Luftraums junge Frauen fasziniert hat, wird beispielsweise in dem Roman *Der Herr Direktor* (1928) von Alice Berend deutlich, in dem die sportbesessene Ortrud, die immer in Bewegung ist, reitet, Tennis und Golf spielt, Auto fährt, schwimmt und fechtet, schlussendlich sich nichts Schöneres vorstellen kann, als im Flugzeug zu heiraten. Der Standesbeamte rät ihr davon jedoch ausdrücklich ab, da jedes Brautpaar früher oder später „doch aus den Wolken fallen“ würde.[14]

Buchstäblich aus den Wolken fallen auch Lady Cynthia Darrington in dem Film *Christopher Strong* (USA, 1933) und Mabel Atkinson in dem Film *Capriolen* (D, 1937) – auch wenn den Abstürzen jeweils eine ganz andere narrative Bedeutung zukommt. Führt der eine in den Tod und bedeutet ewigen Ruhm, leitet der andere eine Kehrtwende im Leben der Protagonistin ein. Anhand dieser zwei Filme möchte ich im Folgenden exemplarisch untersuchen, mit welchen Darstellungsmitteln Fliegerinnen in Szene gesetzt werden. Welche Wünsche, Hoffnungen und Sehnsüchte verkörpern sie? Welche Ängste und Irritationen lösen sie aus? Und welche subtilen ‚Erdungs‘-Strategien werden mobilisiert, um die Bedrohung, die von den Fliegerinnen ausgeht, abzuschwächen und dadurch das patriarchale System wieder zu stabilisieren?

Christopher Strong (1933)

Abb. 4-5 Katharine Hepburn als Lady Cynthia Darrington

1933 drehte Dorothy Arzner den Film *Christopher Strong*[15] mit Katharine Hepburn in der Hauptrolle. Sie half dadurch das Leinwandimage von Hepburn als selbstbewusst-androgyne Frau entscheidend mitzuprägen (Abb. 4-5), das sie auch in späteren Filmen pflegen sollte. In der Umbruchsphase vom Stumm- zum Tonfilm war Arzner eine der wenigen erfolgreichen Regisseurinnen in Hollywood. Judith Mayne spricht von ihr als „great exception"[16], die in einer Zeit, als Frauen kaum als Regisseurinnen tätig waren, insgesamt 17 Filme produzierte. *The Wild Party* (1929), *Working Girls* (1931) und *The Bride Wore Red* (1937), in denen Stars wie Clara Bow, Judith Wood und Joan Crawford vor der Kamera standen, gehören mit zu den bekannteren Filmen von Arzner. In ihren Filmen geht es meistens um Frauen und ihre problematischen Lebenssituationen.[17] Insbesondere der Widerspruch zwischen äußerem glamourösen Erscheinungsbild und tatsächlicher innerer Gefühlswelt rückt wiederholt in den Blick. *Christopher Strong* ist dafür ein gutes Beispiel, da er die unglückliche Liebesgeschichte zwischen zwei Personen, der weltbekannten Fliegerin Lady Cynthia Darrington und dem verheirateten, englischen Parlamentsabgeordneten Sir Christopher Strong, die beide in der medialen Öffentlichkeit stehen, erzählt.

Parallel zu der Liebesgeschichte zwischen Christopher und Cynthia ist die Beziehung zwischen Christophers Tochter Monica und Cynthia zentral. Denn es ist zunächst Monica, die sich mit Cynthia anfreundet und sie in ihre Familie einführt. Monica bewundert Cynthia, die sie nicht so sehr als ‚Aviator‘ wahrnimmt, sondern als ‚Mediator‘ zwischen ihren Eltern und sich sieht, da diese ähnlich moderne Ansichten vertritt wie sie selbst. Denn auch Monica hat sich in einen verheirateten Mann, Harry, verliebt. Was von ihren Eltern zunächst als Beziehung abgelehnt und nicht gebilligt wird, endet aufgrund von Cynthias Vermittlungen sowie Harrys Scheidung schließlich in einer gesellschaftlich legitimierten und glücklichen Ehe. Als Monica von der Liebesbeziehung zwischen ihrem Vater und Cynthia erfährt, hat sie für solche Art von Beziehungen, die sie zuvor noch selbst geführt hat, kein Verständnis mehr und wendet sich demonstrativ von Cynthia ab. Denn ‚Marriage‘ und ‚Children‘ (Monica ist am Ende des Films schwanger) machen, wie Elaine, die Frau von Christopher, am Ende des Filmes als eine Art Abschlussmoral verkündet, jede Frau wieder zu einer ‚old-fashioned one‘.

Die Figur der Lady Cynthia Darrington ist eng an berühmte Fliegerinnen wie die Britin Amy Johnson oder auch die Amerikanerin Amelia Earhart angelehnt, die das Bild der androgynen und emanzipierten Fliegerin in den 1920er und 1930er Jahren weltweit geprägt haben. Vor allem Amelia Earhart war eine der vehementesten Fürsprecherinnen für die Frauenfliegerei. Als eine der wenigen hat sie wiederholt die Emanzipation der Frauen eingefordert. Bei einem Flug über den Pazifik verschwand sie spurlos, was sie schnell zu einer geheimnisumwitterten Ikone werden ließ.[18]

In der Art und Weise wie Katharine Hepburn als Lady Cynthia Darrington in Szene gesetzt wird – mit sportlicher Tweedhose, Fliegerbrille, burschikosem Auftreten und dunkler Stimme – werden die damals geläufigen Medienbilder unmittelbar anzitiert. Der Film selbst ruft diese Medienbildern auf und macht sie zu einem zentralen Thema, indem er seine Hauptprotagonistin zunächst durch einen Zeitungsbericht einführt und auch später von Cynthias Erfolgen und Weltrekorden über Zeitungsartikel mit spektakulären Überschriften und glamourösen Fotografien erzählt. Schon früh lässt der Film dadurch die Frage nach der Konstruiertheit der medialen Bilder, nach der Realität dahinter sowie den Begehrlichkeiten, die sie wecken, aufkommen. Insbesondere das Bild, das Katharine Hepburn in Fliegermontur in einem Flugzeug sitzend zeigt (Abb. 4) und mit dem auch für den Kinofilm geworben wurde, taucht mehrfach auf den Titelseiten der Zeitungen auf. Schon am Anfang fragt Monica Harry, der die exakt ein Jahr alte Zeitung mit der Covergeschichte über Cynthia Darrington zum *Treasure Hunt* mitgebracht hat: „Whose pictures are these all about?“

Wenige Einstellungen später wird Cynthia als rasende Autofahrerin eingeführt, die Männer (in diesem Fall Harry) spielend überholt und buchstäblich aus der Bahn wirft. Für die neue Runde des *Treasure Hunt* kann Harry – nach dem glimpflich verlaufenden Zusammenstoß – nun Cynthia persönlich mitbringen, zumal sie die neu aufgestellten Suchkriterien („a girl over 21, who never had a love affaire") erfüllt. Monica hat hingegen ihren Vater mobilisiert, da er die für die weiblichen Partygäste aufgestellten Suchkriterien („a man who has been married for over five years, never been unfaithful to his wife, and is not ashamed to admit it") abdeckt. Nachdem Sir Christopher Strong ein Loblied auf „the devotion to one's country, one's home, and one woman" angeschlagen hat, wird er unmittelbar in den Bann von Cynthia geschlagen. Eine rasante Autofahrt und das gemeinsame Abheben in die Luft bei einem Probeflug, den Cynthia ihm spontan vorschlägt, werfen Christopher *Strong* aus seinem gewohnten Alltagstrott und lassen ihn *schwach* werden.

Zwei Monate später sieht man ihn völlig verändert in einem jugendlichen Tennislook auf Cynthia warten, mit der er mittlerweile eng befreundet ist und deren Telefonnummer er auswendig kennt, was seine Frau Elaine sofort kritisch bemerkt. Zum Tennisspiel kommt es nicht, dafür sucht er Cynthia abends auf, wo sie ihn endgültig gefangen nimmt, indem sie ihm in einem eng anliegenden, glamourösen Fledermauskostüm entgegentritt (Abb. 6-7). Die Augen kann er kaum von der ,exquisiten Erscheinung' lassen, entzückt fragt er: „Is that you, *really*?" Die Frage nach ihrer Identität kann als Ausdruck seiner Irritation gewertet werden. Denn das betont weibliche Kostüm steht im deutlichen Kontrast zur Stimme von Cynthia, die zuvor noch aus dem Off in einem betont männlich-burschikosen Ton Christopher aufgefordert hatte, es sich bequem zu machen und sich einen Whiskey einzuschenken. Weibliche Erscheinung und männliche Stimme kontrastieren und führen zu einer ähnlichen Irritation, wie die rauchig-männlichen Stimmen einiger weiblicher Stummfilmstars in den neu aufkommenden Tonfilmen in der damaligen Zeit beim Kinopublikum bewirkt haben müssen.

Das Zwitterhafte an Cynthia wird auch durch ihr Kostüm widergespiegelt. Erinnert das Fledermauskostüm einerseits durch die eng anliegende Kappe mit Antennen und den Flügeln an ihre männlich konnotierte Flugleidenschaft, verleiht ihr die weiße, lange, glitzernde Abendrobe, die ihre Körperformen betont, einen Hauch von weiblicher Erotik. Cynthia wird damit zur Projektionsfläche für weibliches und männliches Begehren gleichermaßen. In der Forschung ist wiederholt auf die homoerotischen Untertöne von Christophers Begehren hingewiesen worden.[19] Dass die Position der Geschlechter in dieser Szene stark in Verwirrung gerät, wird zudem daran deutlich, dass Christopher zunächst zwar noch die Position des männlichen Voyeurs innehat, im nächsten Moment diese jedoch durch seine passiverstarrte Haltung einbüßt. Geblendet von Cynthias schillernder Schönheit schafft er es nicht mehr, sich selbst eine Zigarette anzuzünden. Dies muss Cynthia für ihn tun, womit ein gängiger Filmtopos verkehrt wird.

Abb. 6-7 Lady Cynthia Darrington in dem spektakulären Fledermauskostüm, entworfen von Howard Greer (Filmstills)

Auch wenn die Zigarette zunächst ausgeht und erst beim zweiten Mal entflammt, ist ab dem Punkt Christopher Feuer und Flamme für Cynthia. Er folgt ihr zusammen mit seiner Tochter zur Flugschau nach Paris, lädt sie ins Sommerhaus nach Südfrankreich zu seiner Familie ein und gesteht ihr dort in einem einsamen Moment seine Liebe. Aus Rücksicht vor seiner Frau Elaine beschließen beide jedoch, sich nicht mehr zu sehen und auf ihre Liebe zu verzichten.

Um einander zu vergessen, startet Cynthia zu einem Flug rund um die Welt, während Christopher sich in die Politik stürzt. Beide verfolgen jedoch das Tun des Anderen weiterhin durch die Medien. Die Zeitungen berichten in atemberaubendem Tempo vom Sieg Cynthias, die als ,Girl Flier' als erste in San Francisco ankommt und in New York mit einer Parade jubelnd gefeiert wird. Cynthia liest hingegen über ‚the brilliant speech‘, mit der Sir Christopher in New York beeindruckte. Die Medienberichte ebenso wie die räumliche Distanz steigern ihr Begehren. Dass es vorwiegend die Medienbilder sind, die dieses überhaupt auslösen, legt der Film zudem durch die Art der Montage nahe. Bezeichnend ist in diesem Zusammenhang auch, dass Cynthia und Christopher, bevor sie sich in New York treffen und das erste Mal ihre Liebe physisch vollziehen, zunächst Kontakt über das Distanzmedium Telefon miteinander aufnehmen. Die neueste Technik des Split Screen vereint ihre beiden Bilder in einer einzigen Filmeinstellung, montiert sie zusammen, bevor die tatsächliche Vereinigung in New York erfolgt.

Dass es Arzner in ihrem Film insbesondere darum geht, die Strukturierung von Begehren einzufangen, das nicht zuletzt von und durch die Medien noch mehr geschürt wird, legt auch der anfängliche Arbeitstitel des Films *A Great Desire* nahe. Bezeichnend ist insofern auch die Art wie der erste Liebesakt zwischen Cynthia und Christopher gefilmt wird. Das Spiel mit An- und Abwesenheit dominiert auch diese Kadrierung. So sind in der Einstellung nicht wie üblich Christopher und Cynthia im Bett zu sehen, gezeigt wird nur die Hand von Cynthia, die das Nachttischlicht anmacht, das auf einen Wecker fällt, auf dem 3:20 Uhr steht. Off-screen flüstern die zwei Stimmen von Cynthia und Christopher. Metonymisch verweisen sowohl der Arm als auch die Stimmen auf die zwei abwesenden Körper.

Interessant ist diese Einstellung allerdings nicht nur, weil sie die Liebesobjekte als Abwesende zeigt, sondern auch den (Kino-)Signifikant als einen imaginären hervortreten lässt. Denn „das Charakteristische des Kinos besteht nicht", wie Christian Metz in seinem Buch *Der imaginäre Signifikant* konstatiert, „im Imaginären, das das Kino eventuell darstellen kann, sondern darin, dass es von Anfang an imaginär *ist*, wodurch es sich als Signifikant konstituiert"[20]. „Denn der Signifikant selbst, als Ganzer, ist aufgenommen, ist Abwesenheit"[21]. Die Figuren, Landschaften und Objekte auf der Leinwand sind an- und abwesend zugleich. Der Mangel, das immer schon verlorene Objekt, ist es, welches das Begehren – auch das der Kinozuschauer – strukturiert. Projektion und Introjektion, An- und Abwesenheit macht Metz dementsprechend als Begleitphantasmen der Wahrnehmung des Kinozuschauers aus.

Vor allem seltene Kamerawinkel, wie der von Arzner in dieser Szene gewählte, lassen die Kinozuschauer spüren, dass die begehrten Objekte auf der Leinwand gleichzeitig an- und abwesend sind. Ein ursprünglicher Mangel wird als strukturierendes Moment von jegli-

chem Begehren erkannt. Dass das Begehren, welches in dieser komplexen Kadrierung gezeigt wird, deshalb auch niemals zu einem
Happy-End führen kann, erahnt man bereits. Außerdem weist der
goldene Armreif an der Hand von Cynthia, den Christopher ihr geschenkt hat, auf den Zwiespalt hin, in dem sich die Hauptprotagonistin fortan befinden wird. Denn als seine Geliebte bittet Christopher sie, mit dem Fliegen aufzuhören, da er Angst um sie habe. Der
Armreif wird zum Symbol, dass sie, wie sie es selbst ausdrückt, endgültig ‚schackled = gefesselt‘ ist und dass die Machtverhältnisse sich
zwischen beiden umkehren. Hatte Cynthia zuvor die starke, männliche Position inne und wirkte bedrohlich für das patriarchale System,
nimmt sie ab diesem Augenblick eine wartende, weibliche Position
ein, was auch die feminiere Kleidung deutlich macht, in der sie gezeigt wird. Schon der Armreif als weibliches Accessoire ist Indiz für
die wiederhergestellte Geschlechterordnung.

Der (Gewissens)Konflikt zwischen beruflicher Leidenschaft und
Geliebten-Dasein, Karriere und Frau Sein spitzt sich nach einigen
Monaten noch zu, als Cynthia bemerkt, dass sie schwanger ist. Weil
sie spürt, dass Christopher sie deswegen nur aus ‚Duty‘ und nicht aus
Liebe heiraten würde, entschließt sie sich, einen letzten Flug anzutreten, um zum einen den bisherigen Höhenrekord zu brechen und
zum anderen sich selbst zu töten.

Durch den verschleierten Selbstmord Cynthias können – wie der
Prolog nach dem dramatischen Absturz zeigt – die zwei idealen Medienbilder erhalten bleiben, die von Cynthia und Christopher zuvor
in der Öffentlichkeit bestanden haben. Durch ihre Selbstaufopferung
gelingt es, dass beide Bilder keinerlei Trübung erfahren: Cynthia
bleibt die geheimnisumwitterte Ikone der Emanzipation, die für viele
Frauen als Vorbild fungiert, selbst wenn sie ihren Höhenflug mit dem
Tod hat bezahlen müssen, während Christopher weiterhin sein Image
als treu liebender Ehemann und Politiker pflegen kann. Nur zwischen den Zeilen der von der Kamera abgefahrenen Zeitungsüber-
schriften lässt sich die tatsächliche Realität hinter den Medienbildern
ablesen:[22]

Lady Cynthia Darrington
Honored Today
Unveil Monument to Englishwoman
Who Died Breaking Altitude Record

...Buckingham Palace

Sir Christopher and Lady
Strong are sailing next week
On the 'Olympic' for America

Fall From Tower Bridge

Im Gegensatz zu den Kinozuschauern, die sich der Realität hinter dem Zeitungsbericht bewusst sind und die um die Mangelhaftigkeit der Bilder wissen, wird sich – wie der Schluss des Films nahe legt – in der allgemeinen Öffentlichkeit das idealisierte Frauenbild von Cynthia durchsetzen. Die letzte Einstellung des Films zeigt das gigantische Monument, welches ihr gewidmet ist. Es ist eine weiße Frauenstatue mit weit geöffneten Flügeln, die vom Boden abzuheben scheint. Darunter steht:

In Memory
of
Lady Cynthia Darrington
whose life and death
were a source of inspiration
and courage to all

Es ist vor allem die letzte Filmszene, wie Jacquelyn Suter prägnant auf den Punkt gebracht hat, die Cynthias Apotheose markiert:

> The vivacious, reckless aviatrix who accomplished real feats is here immortalized into an ahistorical, androgynous symbol within the universal pantheon of 'those who dare'. Cynthia has been fetishized: her threat circumvented by her transformation into legend. Represented as an objet d'art lacking sexual differentiation, she now permits scrutiny and adoration without fear.[23]

Die patriarchale Ordnung, die im Film durch Christopher *Strong* repräsentiert wird, ist – nachdem sie kurzzeitig *Schwäche* gezeigt hat – wiederhergestellt und *stark*. Weitsichtig hat Arzner in *Christopher Strong* die Demontage eines modernen, emanzipierten Frauenbildes gezeichnet, die spätestens in den 1950er Jahren allgemeine Realität werden sollte und auch für sie als Regisseurin endgültig den Karriereabbruch in einer immer konservativer werdenden Hollywood-Filmindustrie bedeutete.

Capriolen (1937)

Abb. 8 Mabel Atkinson mit ihrem Hochzeitsgeschenk (Filmstill *Capriolen*)

Auch im NS-Film ist das Flieger-Sujet beliebt, wobei es eng mit dem männlichen Helden-Topos verbunden bleibt, der sich bereits im Ersten Weltkrieg herausgebildet hat. Komödien wie *Rivalen der Luft* (1934) von Frank Wysbar und *Quax, der Bruchpilot* (1941) von Kurt Hoffmann oder auch *Ziel in den Wolken* (1938) von Wolfgang Liebeneiner sowie *Pour le Mérite* (1938) von Karl Ritter werden in dem Zusammenhang ebenso wie spätere NS-Rekrutierungsfilme wie *Himmelhunde* (1942) von Roger Graf Normann oder *Junge Adler* (1944) von Alfred Weidenmann meistens genannt.[24] Mit der offiziellen Bekanntgabe des NS-Regimes im März 1935, eine Luftwaffe einrichten zu wollen, stieg die Zahl der Filme, die sich mit dem Fliegen beschäftigen. Wie zu erwarten, kam den Frauen in diesen Filmen keine oder nur eine marginale Rolle zu. In der Komödie *Quax, der Bruchpilot* erscheint eine Fliegerin beispielsweise nur eingangs und das auch nur en passant.

Zum zentralen Thema wird die Fliegerin dafür in einer Komödie von und mit Gustaf Gründgens. *Capriolen* (1937)[25] stellt eine Ausnahme im Gegensatz zu den anderen Fliegerfilmen der NS-Zeit dar, da es in ihm weniger um den männlichen Heldentypus geht als vielmehr um das Bild der Fliegerin der 1920er Jahre, welches nicht zuletzt durch Filme wie *Christopher Strong* fest im kulturellen Gedächtnis verankert war und welches in der NS-Zeit umcodiert werden sollte. Kommt *Capriolen* zunächst als seichter Unterhaltungsfilm daher, lassen sich beim genauen Hinsehen ideologische Implikationen ausmachen, die äußerst bedenklich sind.

In der Fliegerin Abel Atkinson, die von Marianne Hoppe gespielt wird, mit der Gründgens von 1936 bis 1946 verheiratet war[26] und die für ihre Mischung aus Burschikosität und Kraft, kühler Distanziertheit und Zerbrechlichkeit bekannt war, ist das moderne Fliegerinnenbild zwar ansatzweise noch als Folie erkennbar, überlagert wird dieses jedoch bereits von einem wertekonservativen NS-Frauenbild. Gerade die subtile Umcodierung des Fliegerinnenbildes, die in *Capriolen* in Szene gesetzt wird, macht den Film als Untersuchungsgegenstand besonders interessant. Die Neuinterpretation, die das Fliegerinnenbild in den 1930er Jahre in Deutschland erfährt, lässt sich nicht zuletzt an dieser Komödie, die zwar nicht in Deutschland, sondern in New York spielt, paradigmatisch ablesen.

Bereits der Titel des Films ist doppelt konnotiert. Nicht nur die ‚Capriolen‘, die Mabel Atkinson am Himmel und später im Eheleben schlägt, sind damit gemeint, sondern auch der ‚Sprung‘ (ital. Capriola = Bocksprung), den das Fliegerinnenbild erfährt, kann damit angedeutet sein. Dass die Dekonstruktion des Fliegerinnenbildes Programm des Films ist, wird in der Art wie Mabel Atkinson eingeführt wird, offensichtlich. Nicht das alte, bedrohlich männlich-androgyne Bild mit Fliegermontur und Fliegerbrille, welches Katharine Hepburn als Lady Cynthia Darrington noch kongenial in *Christopher Strong* verkörpert hat, wird aufgerufen, sondern ein gänzlich anderes. Die Bedrohung, die von einer Fliegerin ausgehen könnte, wird auf diese Weise bereits von der ersten Szene an entkräftet. Die Fliegerin wird in *Capriolen* als eine ängstliche Frau im Wartezimmer beim Zahnarzt eingeführt. Es ist nicht das moderne, emanzipierte Bild der Fliegerin, sondern das einer „reizenden kleinen Frau, die Angst hat, die sich schämt, dass sie Angst hat, die zugibt, dass sie sich schämt, dass sie Angst hat", welches der Starjournalist Jack Warren, der Bücher über ‚Die interessante Frau‘ schreibt, als anziehend empfindet. Er gerät geradezu ins Schwärmen über die kleine, zarte Frau, die vor Angst ohnmächtig wird und in seine Arme sinkt. Es ist die erste ‚interessante Frau‘, die ihm seit langem begegnet ist, obwohl seine Definition von ‚interessanter Frau‘ in seinem Buch eigentlich eine konträre ist: nämlich eine, die den Männern über den Kopf gewachsen ist, zu der man hinaufschauen muss und die ein unlösbares Rätsel abgibt.[27] Dass das Bild, welches Jack Warren sich von der zarten, ängstlichen Frau gemacht hat, nicht ganz stimmt, wird zwar von der jungen Dame während der Unterhaltung angedeutet, im Folgenden dann aber erneut entkräftet: „Es tut mir leid, aber ich muss Sie enttäuschen. Im Allgemeinen bin ich nämlich sehr mutig, tapfer und stark.“

Die andere Seite von Mabel Atkinson wird nach einem abrupten Cut angedeutet. Auf einem Empfang wird sie als „mutige, tapfere und starke“ Fliegerin geehrt. Auffällig ist, dass auch hierbei leichte Umcodierungen vorgenommen werden: so wird sie beispielsweise wieder nicht in Fliegermontur gezeigt, sondern in einem langen, weich fallenden Abendkleid. Die visuelle Zeichenebene konterkariert das durch die ehrenden Worte gezeichnete Bild. Außerdem hebt Mabels Fliegerfreund Billy ihre kameradschaftlichen Qualitäten hervor, was nicht nur ihren Ausnahmestatus entkräftet, sondern sie auch mit gewünschten deutschen Tugenden ausstattet.

Da Jack Warren ein Interview mit der berühmten Fliegerin machen soll, ist auch er auf dem Empfang. Obwohl er keine Lust auf das Interview mit der ihm suspekt erscheinenden Fliegerin hat, muss er entzückt feststellen, dass diese identisch mit der jungen Frau aus dem Zahnarztwartezimmer ist, die ihm zuvor aufgrund ihrer Ängstlichkeit so imponiert hat. Dass sie allerdings auch eine andere „mutige, tapfere und starke“ Seite hat, darf Mabel Atkinson Jack Warren immerhin kurz auf einem Flug beweisen, den sie zusammen mit ihm antritt. Kapriolen am Himmel schlagend, versetzt sie ihn für einen Moment in Angst. Kopfüber in der Luft hängend, schlägt Jack jedoch sofort zurück, indem er ihre ‚weibliche Seite‘ anschlägt und ihr einen Heiratsantrag macht. Dieser wirft Mabel schlagartig aus der Bahn, so dass sie die Kontrolle über das Flugzeug verliert und beide eine Bruchlandung hinlegen.

Anders als bei *Christopher Strong* bedeutet der Absturz allerdings nicht den Tod der Heldin, ewigen Ruhm und Verfestigung eines Idealbildes, sondern läutet eine folgenreiche Kehrtwende im Leben von Mabel Atkinson ein. Die Bruchlandung führt direkt in die Ehe und in den Zwiespalt, ob eine verheiratete Frau überhaupt noch ihren Beruf weiter ausüben soll. Die Frage nach der Berufstätigkeit einer verheirateten Frau zieht sich danach konstant durch den gesamten Film. Dass Jack die starke Seite von Mabel weniger wertschätzt, wird daran deutlich, dass er an die Heirat die Bedingung knüpft, dass sie ihre

Flugkarriere aufgeben soll. Ihn interessiert das „kleine Mädchen im Herzen der Fliegerin". Doch auch Mabel fordert im Gegenzug etwas von Jack. Er soll seine Interviews mit berühmten Filmdiven einstellen. Bedeutet die Heirat für die Frau die Aufgabe ihrer Karriere, verlangt sie dem Mann die Treue ab.

Abb. 9 Mabel Atkinson und Jack Warren beim Auspacken der Hochzeitsgeschenke (Filmstill *Capriolen*)

Dass dies für beide problematisch umzusetzen sein und im Verlauf des Films für entsprechende Turbulenzen sorgen wird, erahnt man bereits beim gemeinsamen Auspacken der Hochzeitsgeschenke. Jack erhält einen riesigen Blumenstrauß von Dorothy, einer berühmten Filmdiva, die ihn anhimmelt und ihn in einem Brief auffordert, das versprochene Interview nachzuholen (Abb. 9), während Mabel von ihren Fliegerkameraden einen neuen Flugzeugpropeller geschenkt bekommt. Dieser schwebt drohend über dem Ehebett (Abb. 8) und versetzt nur Mabel in Entzückung, die hüpfend auf das Bett springt, um ihn zu inspizieren. Dass die Forderung von Jack Mabel nicht dauerhaft von ihrer Flugleidenschaft abhalten kann, wird dadurch offensichtlich, dass bereits in der nächsten Einstellung nicht die Hochzeitsnacht gezeigt wird, sondern Mabel in der Luft. Unsicher fragt Jack: „Was macht sie denn bloß da oben, was sucht sie da?" Nach Mabels ‚Vertragsbruch' holt Jack gleich das Interview mit Dorothy nach, die ihm die Blumen zugeschickt hat.

Steht die Filmdiva – ähnlich wie die Fliegerin – für Karriere und Emanzipation, wirkt es fast ironisch, wenn diese im Interview mit Jack Warren verkündet, dass die Sehnsucht aller Frauen eigentlich sei, glücklich verheiratet zu sein, keinen Beruf zu haben, um in aller Ruhe kochen, nähen und sticken zu können. Nimmt diese Aussage einerseits das Bedrohliche, das von der Filmdiva ausgeht, garantiert das Zur-Schau-Stellen von Weiblichkeit andererseits ihren Erfolg. Die widersprüchliche Betonung von Emanzipation und Abhängigkeit wird in dieser Szene geradezu ironisch vorgeführt und als eine Strategie erkennbar, die bekanntermaßen auch die Fliegerinnen der damaligen Zeit genutzt haben, um überhaupt in einer männlichen Arbeitswelt geduldet zu werden. So ironisch und subversiv der Film an Stellen wie diesen auch sein mag, verfällt er doch immer wieder in die vom NS-Film vorgegebenen Muster.

Bereits in der nächsten Szene wird Mabel in der Küche gezeigt, um dem eben von der Filmdiva gezeichneten Frauenbild aus Liebe zu Jack zu entsprechen. Nimmt Mabel Jack zunächst noch in Schutz und führt ihr eigenes Fehlverhalten als Grund für Jacks Interviewseitensprung an, glaubt sie später, ihn doch beim Ehebruch ertappt zu haben und fordert die Scheidung aus „gegenseitiger unüberwindlicher Abneigung". Nach einigem Hin und Her und nachdem sich all die Missverständnisse schließlich aufgeklärt haben, endet der Film wie zu erwarten nicht mit der Scheidung, sondern mit dem typischen Happy-End. Dass dies für Mabel Atkinson höchst wahrscheinlich bedeutet, ihre Flugleidenschaft aufgeben zu müssen und von Jack Warren abverlangt, keine Interviews mit lasziven Filmdiven mehr zu führen, bleibt zu vermuten.

Auch die Tatsache, dass der *Gender Trouble* durch die Besetzung mit Gustaf Gründgens und Marianne Hoppe, d.h. durch einen effeminisierten Darsteller und eine burschikose Darstellerin, latent verhandelt wird, ändert nichts an der wertekonservativen Moral, die der Film am Schluss zu implementieren versucht. Am Ende bleibt das Bild eines heterosexuellen Paares, das sich nach einigen ‚Capriolen' wieder zusammen gerauft hat. Dass es gerade Gustaf Gründgens und Marianne Hoppe gewesen sind, die dieses heterosexuelle Idealpaar verkörpern, obwohl sie selbst während der NS-Zeit nur geheiratet haben, um der Verfolgung wegen ihrer Homo- und Bisexualität zu entgehen, kann als besondere Ironie der Geschichte gewertet werden.

Deshalb überrascht es nicht, dass Gründgens in seinem Film eine Verschiebung der schwierig definierbaren Geschlechterrolle vom weiblichen auf den männlichen Part vorgenommen hat. Denn nicht so sehr Mabel Atkinson (Marianne Hoppe) wirkt androgyn und irritierend, sondern der Starjournalist Jack Warren (Gustaf Gründgens), der auffällig oft in Weichzeichnung dargestellt und zum eigentlichen Objekt des Begehrens für weibliches und männliches Publikum gleichermaßen wird.[28]

Anmerkungen

1   Vgl. die ausführliche Bibliographie zu Autobiographien von Fliegerinnen im Anhang von Evelyn Zegenhagen: ‚Schneidige deutsche Mädel'. Fliegerinnen zwischen 1918 und 1945. Göttingen 2007, S. 472ff.

2   Gabriela Hauch: Die Versklavung der Männer durch feministische Gesetze? Zur Ambivalenz der Geschlechterverhältnisse in Krieg, Kultur und Politik: 1917/18-1933/34. In: Elisabeth Wolfgruber; Petra Grabner (Hrsg.): Politik und Geschlecht. Wien/München/Innsbruck 2000, S. 85-106, hier S. 99.

3   Für eine faktenreiche Zusammenfassung des ‚goldenen Zeitalters der Fliegerei' vgl. Wolfgang Behringer; Constance Ott-Koptschalijski: Der Traum vom Fliegen. Zwischen Mythos und Technik. Frankfurt a. M. 1991, S. 425-446.

4   Maria Osietzki: „Der Flug ist das Leben wert". Entgrenzungen weiblicher Lebensentwürfe in der Luftfahrt des 20. Jahrhunderts. In: Wolfgang Meighörner; Zeppelin Museum Friedrichshafen (Hrsg.): Frau und Flug. Die Schwestern des Ikarus. Marburg 2004, S. 9-24, hier S. 12.

5   Zegenhagen (wie Anm. 1), S. 199.

6   Ebd., S. 189.

7   Vgl. Evelyn Zegenhagen: Vom Aufwind in den Sturzflug. Rollenbild, Chancen und Beschränkungen deutscher Sportfliegerinnen der Zwischenkriegszeit. In: Meighörner: Frau und Flug, S. 87-109.

8   Zur Rolle von Beate Köstlin und Hanna Reitsch als Fliegerinnen in der NS-Zeit vgl. Markus Krajewski: ‚Steile deutsche Mädels'. In: *Ästhetik & Kommunikation*. Themenheft ‚Geschichtsgefühl', Jg. 34, Heft 122/123 Winter, 2003, S. 8f.

9   Vgl. dazu Gesa Kessemeier: Sportlich, sachlich, männlich. Das Bild der ‚Neuen Frau' in den Zwanziger Jahren. Zur Konstruktion geschlechtsspezifischer Körperbilder in der Mode der Jahre 1920 bis 1929. Dortmund 2000.

10 Hermann Köhl schreibt beispielsweise im Vorwort einer Monographie, die
    sechzehn deutsche Sportfliegerinnen vorstellt: „Alles junge Geschöpfe, Kin-
    der ihrer Zeit, die den breiten ausgetretenen Pfad des Herkömmlichen ver-
    lassen haben, gekämpft haben für ihre heiße Sehnsucht, sich frei zu machen,
    loszulösen von Erde und Erdgebundenheit. Sie haben es erreicht, kühne, un-
    erschrockene Frauen, beherrschen sie ihre Maschine, die ihnen ihr liebstes
    Gut bedeutet, das feine Instrument, dessen sie bedürfen, um sich in unendli-
    che Höhen zu schwingen. Sie tummeln sich in der Luft, sie trudeln, drehen
    Loopings und Rollen, stellen Rekorde auf, leisten wahre Husarenstückchen
    an Mut und Unerschrockenheit und sind bei allem doch ganze Frauen ge-
    blieben in des Wortes schönster Bedeutung." Carl Maria Holzapfel, Käte
    und Rudof Stocks: Frauen fliegen. Sechzehn deutsche Pilotinnen in ihren
    Leistungen und Abenteuern. Berlin 1931, S. 11. ‚Eine Frau zu bleiben' war
    auch der Tenor eines Artikels von dem Journalisten C.Z. Klötzel in der Zeit-
    schrift *Die Dame* über Elly Beinhorn: „Diese Elli ist ein tröstliches kleines
    Wunder. Sie beweist, dass eine echte Frau die merkwürdigsten und anschei-
    nend unweiblichsten Dinge tun kann – und trotzdem eine Frau zu bleiben
    vermag. Das haben wir angesichts so vieler Rekordlerinnen, die ihr Ge-
    schlecht nur noch im Geburtsschein zu tragen scheinen, kaum noch zu hof-
    fen gewagt." C.Z. Klötzel: „Bekanntschaft mit einer Fliegerin." In: *Die Dame*,
    1. Juliheft 1931, S. 8f.
11 Zegenhagen (wie Anm. 1), S. 215.
12 Vgl. ebd., S. 217.
13 Joseph Roth: Die Weltfliegerin. In: *Frankfurter Zeitung*, 05.10.1931.
14 Alice Berend: Der Herr Direktor. Berlin 1928, S. 142.
15 Dorothy Arzner: *Christopher Strong* (1933), 78 min.
16 Judith Mayne: Directed By Dorothy Arzner. Bloomington 1994, S. 1.
17 Vgl. Karyn Kay; Gerald Peary: Interview with Dorothy Arzner. In: Women
    and the Cinema. Hrsg. v. Karyn Kay u. Gerald Peary. New York 1977, S.
    153-168.
18 Vgl. zu Amelia Earhart Zegenhagen (wie Anm. 1), S. 45ff. und Bernhard
    Marck: Frauen erobern die Lüfte. Pionierinnen – Rekorde – Tragödien. Paris
    2009, S. 124-133. Vgl. auch den Biopic von Mira Nair: *Amelia* (2009), 111
    min.
19 Vgl. u. a. Carolyn A. Durham: Missing Masculinity or *Cherchez L'Homme*: Re-
    reading Dorothy Arzner's *Christopher Strong*. In: *Quarterly Revue of Film &
    Video*, Vol. 18.1, S. 63-70, hier S. 67.
20 Christian Metz: Der imaginäre Signifikant. Psychoanalyse und Kino. Münster
    2000, S. 45.
21 Ebd.
22 Vgl. dazu auch die Ausführungen von Jacquelyn Suter: Feminine Discourse
    in *Christopher Strong*. In: Constance Penley (Hrsg.): Feminism and Film
    Theory. New York 1988, S. 89-103, hier S. 95.
23 Ebd., S. 99.
24 Vgl. Peter Fritzsche: A Nation of Fliers. German Aviation and the Popular
    Imagination. Cambridge/Mass./London 1992; Erhard Schütz: Condor, Ad-
    ler & Insekten. Flug-Faszination im ‚Dritten Reich'. In: Jahrbuch der Berliner

Wissenschaftlichen Gesellschaft 1999, S. 49-69; Katja Kirste: Fliegen fürs Vaterland. Tod und Patriotismus in Fliegerfilmen – eine interkulturelle Perspektive. In: Hans Krah (Hrsg.): Geschichte(n). NS-Film - NS-Spuren heute. Kiel 2000, S. 75-96; Erhard Schütz: Flieger-Helden und Trümmer-Kultur. Luftwaffe und Bodenkrieg im nationalsozialistischen Spiel- und Dokumentarfilm. In: Manuel Köppen; Erhard Schütz (Hrsg.): Kunst der Propaganda: der Film im Dritten Reich. Bern 2008, S. 89-136.

25 Gustaf Gründgens: *Capriolen* (1937). Nach Motiven des Bühnenstücks *Himmel auf Erden* von Jochen Huth. Vgl. dazu auch Alfred Mühr: Mephisto ohne Maske. Gustaf Gründgens. Legende und Wahrheit. München 1981, S. 339. Über die Schreibweise des Filmtitels herrscht Unklarheit. Zwar wurde er anfangs als *Kapriolen* wiedergegeben, doch bereits die damalige Filmwerbung setzte auf die wohl attraktiver erscheinende Schreibweise *Capriolen*.

26 Marianne Hoppe war von 1936 bis 1946 mit Gustaf Gründgens verheiratet, um ihn vor der Verfolgung wegen seiner Homosexualität und sich selbst wegen ihrer Bisexualität zu schützen. Vgl. auch Carola Stern: An den Wassern des Lebens. Gustaf Gründgens und Marianne Hoppe. Köln 2005.

27 Bei seiner Buchpräsentation, mit der der Film beginnt, hält Jack Warren folgende Rede: „Lassen Sie mich zusammenfassen. In diesem zauberhaften Kreis von Klugheit, Interessantheit und Schönheit scheint es mir eine Vermessenheit, zu glauben, dass die Frauen nur dazu da sind, um uns das Essen zu kochen oder – Verzeihung – die Strümpfe zu stopfen. [...] Aber das ist ja gerade das Interessante an Ihnen: Sie wollen höher hinaus, Sie fühlen sich unverstanden, und mit Recht. Sie sind uns über den Kopf gewachsen, wir können nicht mehr auf Sie hinabblicken, wir müssen zu Ihnen hinaufschauen und Sie bewundern. Und je weniger wir Sie verstehen, desto begehrenswerter erscheinen Sie uns. [...] Trotzdem, ich muß Ihnen sagen, Sie sind für mich das, was sie für alle Männer waren und immer bleiben werden: ein unlösbares Rätsel!"

28 Zu dem Männlichkeitsdiskurs um Jack vgl. Ute Bechdolf: Erwünschte Weiblichkeit? Filmische Konstruktionen von Frauenbildern im nationalsozialistischen Unterhaltungsfilm. In: Jürgen Felix u. a. (Hrsg.): Capriolen und Vexierbilder. Neue Studien zum NS-Unterhaltungsfilm. Marburg 1993 sowie Ute Bechdolf: Wunsch-Bilder? Frauen im nationalsozialistischen Unterhaltungsfilm. Tübingen 1992. Bechdolf geht vor allem auf die effeminisierende Darstellung von Jack ein, der mit Weichzeichner in Szene gesetzt wird und als Objekt der Begierde für die weiblichen Zuschauer fungiert.

Das It-Girl im Laufe der Zeit

Wie aus Clara Bow eine Handtasche wurde ...

von Heike-Melba Fendel

Die It-Bags der Sommersaison 2009 sind von *Mulberry*, Stella McCartney, Alexander McQueen oder *Fendi*, sie kosten zwischen 400 und 1.000 Euro und werden von der Zeitschrift *Vogue* empfohlen. Im August 1965 bildet die amerikanische *Vogue* ein schmales Mädchen in Leggins und T-Shirt ab, die Arme und Beine weit auseinandergereckt, eine spielerische Ballettpose einnehmend. Sie sieht aus, als sei sie kurz vorm Abheben und so war es auch: Edie Sedgwick (Abb. 1) wurde durch diese Fotostrecke als It-Girl der 1960er Jahre berühmt. Da hatte die kapriziöse Schönheit noch sechs Jahre zu leben. Die Geschichte des Scheiterns der hoheren Tochter und kurzeitigen Warhol-Muse Edie wurde 2006 mit Sienna Miller in der Rolle des titelgebenden *Factory Girls* verfilmt. Miller ihrerseits wird seit einigen Jahren von den Mode- und People-Magazinen als It-Girl ausgerufen, weil sie spektakuläre Verhältnisse mit berühmten Männern hat, als stilsicher gilt und ein eigenes Kleidungslabel betreibt.

„Kann nichts, tut nichts – ist berühmt", wie die *Süddeutsche Zeitung* über das „It-Girl des Internets" Cory Kennedy befand, gilt im Fall der immer wieder mal als Schauspielerin überzeugenden Sienna Miller nicht. Aber wie das „Rock'n Roll Model" Agyness Deyn oder Bob Geldofs Tochter Peaches und natürlich die notorische Paris Hilton sind die selbsternannten oder als solche medial apostrophierten It-Girls nur mehr eine leibhaftige verkaufsfördernde Maßnahme ihrer Selbst oder dessen, was Dritte mittels ihrer zu verkaufen trachten. Das wäre nicht der Rede wert, hallte den in der Pose der knabenhaften, zwischen Wildheit und Possierlichkeit oszillierenden Mediengeschöpfen nicht das Echo des Lärms nach, der um jene Frauen gemacht wurde, die den Begriff einst prägten.

Abb. 1 Edie Sedgwick

Die It-Girls der 1920er Jahre

Mit den 1920er Jahren traten sie zum ersten Mal auf den Plan, die wilden jungen Mädchen auf der Suche nach dem durch den Ersten Weltkrieg verlorenen Spaß. Das anbrechende *Jazz Age* war nicht nur von der Jugend seiner Protagonisten geprägt, sondern auch vom Sichtbarwerden der Frauen, vor allem aber der Mädchen, der Girls und Flapper. Die Zukunft war eine knappe Dekade lang jung, weiblich und ziemlich gefährdet, wie die Stars, die sie verkörperten. Glückliche Mädchen werden keine Schauspielerinnen, das galt damals wie heute. Wenigstens werden sie keine Stars, denn das Phänomen Star ist von dem Abstand bestimmt, den auszutarieren er in der Lage ist: Nah genug an seinem Publikum, um zur Identifikation einzuladen, weit genug entfernt, um Sehnsüchte zu schüren, auch die eigene nach Selbstaufhebung. Der schauspielernde Star will um seiner selbst geliebt werden, aber gleichzeitig auch um der Fähigkeit willen, jemand anders sein zu können: Die zu verkörpernde Figur im Stück, im Film, aber auch die Rolle, die der Ruhm ihm bzw. ihr zuweist, das Image also, die Persona. Gesund ist das nicht, aber Gesundsein war auch nicht das Gebot der Stunde, in einer Zeit, die bereit war, sich und ihre Protagonist/innen dem Exzess zu opfern.

Denn das Wildeste an den 1920er Jahren waren die Mädchen, sie befeuerten die Industrialisierung des Kinos wie die der US-amerikanischen Gesellschaft mittels des Dreischrittes, den sie personifizierten: Konsum, Sex und eben Exzess. Die Aufforderung zum Konsum tarnte sich als Stil, die zum Sex behielt sich das Unterpfand der jugendlichen Keuschheit, und der Exzess endete spätestens mit der Eheschließung.

Dies stellte weniger eine Mogelpackung als eine Dämpfung dar, wenigstens was die Leinwandrealität betraf. Hier zählte für die Flapper und It-Girls vor allem der größtmögliche Spaß bei bestmöglichem Aussehen. Jenseits der *silver screen* sah das oft anders aus: Als Olive Thomas 1920 als korkenzieherlockige Internatsschülerin im Film *The Flapper* keusch einen *Mystery Man* umschwärmt, hat sie eine Ehe und eine Karriere als Nackttänzerin hinter sich und nur noch wenige Monate zu leben, bevor sie in Frankreich einen gewaltsamen Tod stirbt. Auch der Liebreiz ondulierter Locken erledigte sich rasch. Die ökonomischen und politischen Umwälzungen nach dem Ersten Weltkrieg hatten Raum für Subkultur und Emanzipation geschaffen. Den nutzten die Frauen um, *on-* wie *off-screen,* die Abkehr von einem männerdefinierten Schönheitsideal zu vollziehen, zum ersten und, bis in die 1960er Jahre hinein, zum letzten Mal für lange Zeit.

Der Flapper hatte keinerlei mütterliche Ambitionen, Kinder markierten das Gegenteil von Spaß, zelebrierte man doch die eigene Kindlichkeit, also brechen sie auch optisch mit jedweden Insignien des Frauseins. Sie zappeln, rennen und hüpfen und werfen sich bäuchlings auf Sofas oder den Schreibtisch des Angebeteten, wie z.B. Clara Bow als Kitten in *Dancing Mothers* (1925/26). Die Arme und Beine der Film-Heroinnen zucken wild nach fiebrigen Jazz-Rhythmen. Und als wollten sie endgültig mit althergebrachten Schönheitsidealen, insbesondere dem des ‚Vollweibs‘, brechen, sind die Haare akkurat kurz, selten blond und die Lippen schmal, während der Busen abflachend umwickelt wird. Groß, riesig groß allein die Augen, mit denen diese Frauen auf

das Heil der neuen Ära und das Unheil, das sie unter den Männern
anzurichten wissen, blicken.

Sie wurden Gegenstand unerfüllter Männerphantasien, obwohl
oder vielleicht sogar weil sie nicht von vorneherein deren Produkt waren. Denn sie waren, im wahrsten Sinne des Wortes und in vielerlei
Beziehung, nicht in den Griff zu bekommen. Diese sich konsequent
von projizierten Weiblichkeitsstandards abgrenzenden Frauen mit ihrer
‚Friß-oder-stirb-Haltung' (oder schlimmer noch: mit ihrem ‚Friß-und-
strib-trotzdem-Gestus'), diese knabenhaften, fluchtbereiten und, dank
des befreiten Körpers, fluchtfähigen Geschöpfe warfen den Männern
deren Adoranz ungenutzt vor die Füße. Der Schuss androgyner
Knäbigkeit nahm dem Kleinmädchenhaften den Lolitablick, die Dekadenz des mageren Augenschattigen entzog dem Bewegungsdrang das
Sportive.

Darüber hinaus entschieden diese Frauen selbst, *wen* sie zerstören
bzw. heiraten wollen. Die ehemals männliche Direktive „Du wirst
mich nehmen, wenn und weil ich es will!" zogen die Film-Girls selbstbewusst an sich: nicht mehr Herren-, sondern Damenwahl war angesagt. *Wen* sie sich aussuchen, das entscheiden die jungen Frauen nach
dem universellen Beuteschema des Versorgerprinzips; *dass* sie ihn sich
aussuchen, und zwar nach allen Regeln einer neu ausgestalteten Kunst
mitsamt verändertem Attraktionsmuster, ist zu gleichen Teilen Ausdruck von Materialismus wie von modernisiertem Selbstbewusstsein.
Dass sich dieses neue Selbstbewusstsein mittels Konsum reproduzieren
lässt, ist entscheidend. Die Flapper wie die It-Girl-Identität ist eine
käufliche. Sie ist verbunden mit einer Produktpalette, die von Kleidung
und Parfüm über Softdrinks, Schallplatten bis zu den Billets der Vergnügungsstätten reicht.

Das It-Girl Clara Bow

Niemand füllt die Schnittmenge aus Konsum und Rebellion so erfolgreich wie Clara Bow, das erste veritable It-Girl der Filmgeschichte
(Abb. 2-3), in Clarence Badgers Film *It* aus dem Jahr 1927. *It*, nach einem Drehbuch der seinerzeit sehr populären Schriftstellerin Elinor
Glyn, machte die bereits bekannte, damals einundzwanzigjährige Clara
Bow zum Superstar: „Among the representatives of ‚it' in the younger
set she is easily the ‚itiest' of the lot."[1]

Am Anfang des Films liest Monty (William Austin), Müßiggänger
und Freund des redlichen Warenhauserben Cyrus Waltham (Antonio

Moreno) sichtlich aufgeregt aus Elinor Glyns Roman, der offensichtlich *talk of the town* ist, folgende Passage vor: „‚It' can be a quality of the mind as well as physical attraction. With ‚it' you can win all men if you're a woman and all women if you're a man. The possessor of ‚it' must be absolutely self unconscious of his or her magnetic sex appeal."

Abb. 2-3 Clara Bow

Schon die erste Kameraeinstellung auf Betty Lou (gespielt von Clara Bow) lässt keinen Zweifel daran, dass sie das ‚gewisse Etwas' hat. Auch F. Scott Fitzgerald zeigte sich beeindruckt, in einem Interview im Juli 1927 sagte er: Clara Bow in *It* sei „the quintessence of what the term ‚flapper' signified [...]. Pretty, impudent, superbly assured, as worldly wise, briefly clad and hard boiled as possible." Mechanisch rollt Betty Lou hinter dem meterlangen, mit weiteren Verkäuferinnen bestückten Verkaufstresen Spitzenband auf, bedient indifferent in „Waltham's World's largest Store" ihre Kunden, bis ihr Blick auf ihren Chef fällt und die Würfel fallen. Es sind nicht der Status und das Bankkonto von Cyrus Waltham, in das sie sich verliebt, es ist das Erkennen des eigenen Potentials, die Chance, aus dem eigenen Wollen Realität zu konstruieren, die sie berauscht und antreibt (Abb. 4). Im Gegensatz zum Backfisch – einem anderen beliebten Frauentypus im Kino der damaligen Zeit – belässt es das It-Girl nicht beim Schwärmen, er schwärmt aus, fühlt vor und zieht alle Register. Wie im Märchen ist nichts unmöglich, aber ganz anders als im Märchen sind es keine höheren Kräfte, sondern gesunde niedere Instinkte, mittels derer sich die Protagonistin ihr

Happy-End selbst ermöglicht. Elinor Glyn kleidet die Intention des It-
Girls in ganz andere Worte, als sie in ihrem Drehbuch beabsichtigt hat:
„To stir up in the cold hearts of the thousands of little, fluffy gold-dig-
ging American girls a desire for greater joys in life than are to be found
in candy boxes and car rides and fur coats, a desire to be loved as Eu-
ropean women are loved; and, as a result, a desire to give as well as to
receive."[2]

Abb. 4 Clara Bow in: *IT* (1927)

Um ihre ‚Sehnsucht' (=desire) auch tatsächlich leben zu können, wählt
Betty Lou für das ebenso charmant wie berechnend ergaunerten Date
mit Cyrus Waltham bezeichnenderweise einen symbolisch gleich mehrfach besetzten Ort: den Jahrmarkt auf Coney Island. Zwischen abge-
kämpften Fabrikarbeitern amüsieren sich der reiche Erbe und das
Working Girl mit den großen Plänen. Auf einer riesigen rotierenden
Holzscheibe namens *Social Mixer* fallen die beiden wie versehentlich
übereinander, Betty Lous Rock rutscht weit nach oben und das Objekt
ihrer Begierde in die Abhängigkeit. Selten war ein Flapper mit soviel
widersprüchlichen Charakteristika ausgestattet: Sie ist edel und sinnlich,
mutig und stolz, listig und lustig, arm und aufstiegsorientiert, sexy und
jungfräulich. Und sie zeigt dem Film, wo es langgeht. Auch hier natür-

lich in den Hafen der Ehe, aber das auch dort weiter nach den Regeln des toughen Mädchens gespielt wird, daran durften auch die damaligen Zuschauer keinen Zweifel gehabt haben, die in Scharen ins Kino strömten. Ihr Happy-End baut sich diese Heldin selbst: Herren- statt Damenwahl. Immer vorausgesetzt, sie verfügen über jenes ‚gewisse Etwas‘, das gerne verbrämt wurde, am Ende aber doch immer die Verheißung von Sex war.

Vielleicht war es aber nicht nur die Verheißung des unangestrengten Sex-Appeals von Clara Bow, die sich mit großer körperlicher Entspanntheit bis in die runden Schultern hinein durch die Räume bewegt, sondern der nicht minder unangestrengte, ja völlig natürlich anmutende Ehrgeiz des Arbeitermädchens, sich zu nehmen, was und wen sie will. Ein Happy-End, das sich nicht aus den Konventionen des Genres ergibt, sondern aus dem Wesen der Hauptfigur, die das glückliche Ende nicht nur für sich einplant, sondern es auch zielstrebig realisiert. Und für alle, die weiter schuften gehen und dieser Form von Freiheit nur als Kinozuschauer teilhaftig werden können, gilt der Satz des übriggebliebenen Monty, der – in Anblick des glücklichen Paares – zu Cyrus' sitzen gelassener Verlobten sagt: „We're just a couple of itless its ...“

Konsum und Kontrolle: Das Scheitern der It-Girls

Die Flapper: *on screen* haben sie meist geheiratet, *off screen* einen meist hohen Preis für ihre private Verwegenheit bezahlt. Verströmte Clara Bow auf der Leinwand ‚sex-appeal‘, wurde ihr dieser im wahren Leben zum Verhängnis, weil das Publikum ihr die wechselnden Liebhaber, darunter Gary Cooper und Bela Lugosi, wie auch ihre Verschwendungs- und Drogensucht nicht nachsehen wollte. Es ist nicht der Tonfilm, der ihre Karriere beendet, sondern die Moral einer Dekade, die sich der real existierenden Dekadenz ihrer fiebrigen Zeit nicht stellen wollte.

Bei Clara Bow wird nach ihrem Zwangsrückzug ins Private unheilbare Schizophrenie diagnostiziert. Bereits lange zuvor hatte sie festgestellt: „All the time the flapper is laughing and dancing, there's a feeling of tragedy underneath. That's what makes her different.“[3] Es ist auch die Tragödie eines Jahrzehnts zwischen zwei Kriegen, das sich im Schicksal der Stummfilmheldinnen spiegelte, eines Jahrzehnts das am 24. Oktober 1929 mit dem *Schwarzen Freitag* endet. Es war eine Euphorie auf Pump, die Weltwirtschaftskrise personalisierte sich als Drama einer Spaßgeneration, die die Zeche zu zahlen hatte, den Preis seelischer und körperlicher Gesundheit.

Eine Frau ist immer nur vergleichsweise schön, hat die Schriftstellerin Colette einmal festgehalten.[4] Die Flapper und It-Girls waren schön in einer Zeit, die das Experiment hybrider weiblicher Identität erstmals zuließ. Die folgenden drei Dekaden suchten und fanden mit dem Tonfilm neue, vor allem von Glamour, Souveränität und Mütterlichkcit geprägte Heldinnen und Rollenmodelle. Die fragilen Heldinnen verkapselten sich und kreisten nur mehr in der Umlaufbahn der öffentlichen Wahrnehmung.

In den 1960er Jahren, dem fragenden, Freiheit suchenden Teil der 1960er landeten neue It-Girls auf dem psychedelischen Boden der Metropolen, allen voran Manhattan. Blake Edwards *Frühstück bei Tiffany* lieferte 1961 die federleichte Ouvertüre: Audrey Hepburn verkörperte als amoralische Holly Golightly die Insignien des It-Girls: Stil, Irrsinn, Partywut und Zerbrechlichkeit. Und natürlich falsche Männer, das eigentliche Accessoire aller It-Girls, das ihren Abstieg wesentlich vorantrieb. Für Holly gab es ein Happy-End, ihre Soulmates Jean Seberg, Mia Farrow, Jane Fonda und – allen voran – Edie Sedgwick, irrlichterten hingegen durch die Dekade. Zwischen Zerbrechlichkeit und Zerbrochenheit schwankend, versuchten sie sich den öffentlichen Raum bewohnbar zu machen. Unter anderem mit Hilfe von Männern wie Frank Sinatra, Roger Vadim oder Andy Warhol, Kunstfiguren mit Hang zu Kunstfiguren. Farrow trat die Flucht in die Mütterlichkeit, Fonda in die Schauspielkunst und später in die Sportlichkeit an. Beide erreichten das rettende Ufer der 1980er. Seberg und Sedgwick starben in ihren Betten, jeweils unter ungeklärten Umständen.

Mit Helga Anders trat auch hierzulande in den 1960ern ein It-Girl auf den Plan, wie es im Buch des Scheiterns stand: kindlich schön, von selbstbezogener Aufmüpfigkeit und mit Roger Fritz verheiratet. Als sie achtunddreißigjährig an ‚Herzversagen' starb, hatte sie sich und ihren Ruhm längst verloren. Wie Colleen Moore (Abb. 5) zu Clara Bow, verhält sich Uschi Glas zu Helga Anders. 1968 als ungleich patenteres ‚Schätzchen' auf den Plan getreten, wandte sie sich rasch Franz-Josef Strauß und Roy Black zu und mutierte zum weiblichen Vorzeigemodell der 1980er: Der starken Frau. Eine Dekade, die sich an der Mechanik des Erfolges berauschte und das It-Girl gleichsam durch eine ‚He-Woman' ersetzte.

Wer siegen will, muss aufrüsten, wer überleben will, muss nachrüsten. Die Militarisierung erreicht die Privatleben und die Körper. 1982, dem Jahr, in dem John Rambo seine erste Mission erfüllt, wendet sich die frühere ‚Barbarella‘, Jane Fonda, dem Aerobic zu. Da ist es auch nicht mehr lange hin, bis Madonna zum Star vor eigenen strategischen Gnaden wird. 1986/87 ereilt auch sie ein ‚It-Moment‘, sie verliebt sich in den gewalttätigen Sean Penn, dreht mit dem falschen Mann den falschen Film, *Shanghai Surprise*, ein Hauch von Scheitern, den sie mit der kühl kalkulierten Provokation von „Like a Prayer“ aus der Karriere wischt, um sich fortan dem Funktionieren zu widmen. Das It-Girl, wie

Abb. 5 Colleen Moore

es die 1920er Jahre ausgeformt haben, hat zwei Sollbruchstellen: Zerbrechlichkeit und Jugend.

Die starke Frau, die sich seit den 1980er Jahren als Maßstab inszeniert, kittet beide mit den Möglichkeiten moderner Technologie: Sie betreibt Sportarten, die sie selbst erfindet und was ihr unter die Haut geht, muss verjüngende Wirkung zeigen. Das gilt auch für ihre Männer. Das It-Girl hat aus Scheitern Identität gemacht, die ‚starken Frauen‘ konstituieren Identität aus dem sorgsam organisierten Verdrängen ihres Scheiterns. Ein so männliches wie konsumrelevantes Prinzip, denn diese Verdrängung ist käuflich, was sonst. Vom Guru zum Bugaboo, vom Toyboy zur It-Bag geht die Produktpalette der merkantilen Gesamtkunstwerke, zu denen die weiblichen Stars sich ausgeformt haben.

Keine Experimente also, denn die können unwiderruflich schief gehen, wie die Leben von Olive Thomas, Louise Brooks und Clara Bow. Kontrolle hat das Experiment ersetzt, Kontrolle über Körper, Karriere und die Sehnsucht nach dem Scheitern. Sie wird in Projekte gegossen. Drew Barrymore, die fünfzehnjährig ihre Autobiografie mit dem Titel *Little girl lost* verfasste, um später, unter anderem als Produ-

Abb. 6 Gloria Swanson in:
Sunset Boulevard von Billy Wilder (1950)

zentin von *Charlies Angels*, stein-
reich zu werden, verkörpert in
Grey Gardens inbrünstig das ge-
scheiterte Starlet Little Edie
Beale.

Sienna Miller arbeitet sich in
Factory Girl (2006) an Edie
Sedgwick ab und Lindsay
Lohan möchte Clara Bow spielen. Das einzige It-Girl, das den
1990er Jahren unterlief, Wi-
nona Ryder, war nach ausgiebi-
gem Ladendiebstahl-Skandal
zuletzt in *Star Trek* zu sehen –
als Spocks Mutter.

Billy Wilder hat 1950 mit
Norma Desmond (Gloria
Swanson) in *Sunset Boulevard*
den wilden Mädchen der 1920er ein schauriges Denkmal gesetzt (Abb.
6). Der Weg vom Ruhm in die Vergessenheit führt durch den Wahn.
Die selbsternannten starken Frauen, die ihren It-Faktor übers
Klimakterium retten wollen, und die jungen Mädchen, die allerorts ihren Spaß am Spaß dramatisch unterfüttern wollen, sind selbst nicht frei
von Wahn. Sie alle glauben, dass sie das Spiel mit dem Ruhm gewinnen
können. Sie können es nicht. Identität lässt sich kontrollieren, Schicksal
nicht.

Der Flapper wenigstens ist ersatzlos verschwunden, seine Variante,
das It-Girl, hingegen hat schweren Begriffsschaden genommen. Von
Paris Hilton bis zur ungekrönten Königin des gewissen Garnichts,
Sienna Miller, wird alles als It-Girl bezeichnet, was nicht bei drei auf
dem Baum der Erkenntnis ist. Die Fähigkeit der It-Girls, den Kleider-
absatz zu fördern, ist als einziges Definitionsmerkmal geblieben und
wird in jeder Style-Postille instrumentalisiert.[5] „Das einzige, worauf
man sich im Leben wirklich verlassen kann", meint in Alan Rudolphs
Film *Mrs. Parker and the Vicious Circle* (1996) Jennifer Jason Leigh als
Dorothy Parker, „sind nun einmal die Klischees".

Die Heldinnen der 1920er, sie waren nicht dem Klischee, sondern
dem Experiment und seinem möglicherweise tragischen Ausgang ver-
pflichtet. Dafür muss man sie lieben. Und vermissen.

Anmerkungen

[1] Anon. In: *Motion Picture Classic*, Nr. 5, Januar 1927.

[2] Elinor Glyn zit. n. Richard Whitehall: The Flapper. In: *Cinema* (Beverly Hills), Dezember 1966, S. 19.

[3] Vgl. Clara Bow in Hugh Munroe Neelys Filmdokumentation: *Clara Bow – Discovering the It-Girl*. USA 1999.

[4] Vgl. Colette: La Vagabonde. Frankfurt a. M. 1954.

[5] Die heutigen It-Girls sind auch Thema eines jüngst auf ARTE gesendeten Dokumentarfilms: *Beruf It-Girl*. Dokumentation von Laurent Lunetta. ARTE France, 2011. 52 min. Erstausstrahlung: ARTE 09.08.2011

Abbildungsnachweise

Autor(inn)en und Verlag haben sich bemüht, alle Rechteinhaber aus-
findig zu machen. In Fällen, wo dies nicht gelungen ist, bitten wir um
Rückmeldung.

Freytag & Tacke, S. 9-19.
Abb. 1: „Der Jumper dominiert die weibliche Erscheinung" in: *Die
Dame*, Zweites Märzheft (1926), Heft 13, S. 5. Zeichnung. Ernst Dry-
den. In: Gesa Kessemeier: Sportlich, sachlich, männlich. Das Bild der
‚Neuen Frau' in den Zwanziger Jahren. Zur Konstruktion ge-
schlechtsspezifischer Körperbilder in der Mode der Jahre 1920 bis
1929. Dortmund 2000, S. 106. © Staatliche Museen zu Berlin,
Kunstbibliothek. **Abb. 2:** Titelblatt *Elegante Welt*, Nr. 6 (1932). In:
Glamour! Das Girl wird feine Dame. Frauendarstellungen in der
späten Weimarer Republik. Hrsg. v. Ursel Berger, Verena
Dollenmaier u. a. Leipzig 2008, S. 124 © Repro Katz, Staatliche Mu-
seen zu Berlin, Kunstbibliothek. **Abb. 3:** Ludwig Hohlwein: *Torpedo
Schreibmaschinen* (1925), Farblithographie, 76,5 x 48 cm. In: Bubikopf
und Gretchenzopf. Die Frau der zwanziger Jahre. Hrsg. v. Susanne
Meyer-Büser. Heidelberg 1995, S. 163. **Abb. 4:** Schreibmaschine *Orga
Privat* (ca. 1923). In: Fräulein vom Amt. Hrsg. v. Helmut Gold u. An-
nette Koch. München 1993, S. 75. © Verkehrsmuseum Nürnberg
(Postabteilung). **Abb. 5:** Vicki Baum und ihre Schreibmaschine. In:
Birgit Haustedt: Die wilden Jahre in Berlin. Dortmund 1999, S. 127.
Abb. 6: Germaine Krull: *Selbstporträt* (1925). Sammlung Ann und Jür-
gen Wilde, Zülpich. Fotonachweis: Archief en Museum van de
Socialistische Arbeidersbewegung, Ghent. **Abb. 7:** Ilse Bing: *Selbst-
porträt mit Leica* (1931). © Ilse Bing, Edwynn Houk, New York. **Abb.
8:** Fliegerin in: *UHU*, Heft 10 (1932). **Abb. 9:** Rennfahrerin in: *UHU*,
Heft 7 (1929). **Abb. 10:** Autopanne in: *UHU*, Heft 2 (1931). Abb. 8-
10 in: Bubikopf und Gretchenzopf. Die Frau der zwanziger Jahre.
Hrsg. v. Susanne Meyer-Büser. Heidelberg 1995, S. 64. **Abb. 11:**
Logo der Humboldt-Universität zu Berlin. **Abb. 12:** Jeanne
Mammen: *Revuegirls*, undatiert (um 1929-1930). © VG Bild-Kunst
Bonn.

Annegret Pelz, S. 35-53.
Abb. 1: Pixavon-Werbeanzeige (1926). In: Fräulein vom Amt. Hrsg.
v. Helmut Gold u. Annette Koch. München 1993, S. 161. **Abb. 2.:**
Bihlmaier's Institut-Werbeanzeige in *UHU* (1932). In: Fräulein vom
Amt. Hrsg. v. Helmut Gold u. Annette Koch. München 1993, S. 171.
© DLA Marbach. **Abb. 3:** Rudolf Braune: *Das Mädchen an der Orga
Privat. Ein kleiner Roman aus Berlin.* (Die Erstausgabe dieses Romans
ist 1930 im Societäts-Verlag, Frankfurt a. M. erschienen). Das Cover
stammt von der Ausgabe 1975 in der Reihe „Kleine Arbeiterbiblio-
thek" des Verlags Neues Leben. © Eulenspiegel-Verlagsgruppe. **Abb.
4:** Cover Christa Anita Brück: *Schicksale hinter Schreibmaschinen.* Berlin:
Sieben-Stäbe-Verlag 1930. **Abb. 5::** „Die lebende Schreibmaschine"
aus der Revue-Posse *Das lachende Berlin* (Fotografie, 1925). In: Fräulein vom Amt. Hrsg. v. Helmut Gold u. Annette Koch. München
1993, S. 29. © Sammlung Wolfgang Jansen, Berlin.

Lydia Strauß, S. 71-90.
Abb. 1: Else Lasker-Schüler (ca. 1906). Schwarzweiß-Fotografie. ©
Deutsches Literaturarchiv Marbach. **Abb. 2:** Else Lasker-Schüler: *Jus-
suf und der Neger Oßman.* Bezeichnung unten rechts: „Ich warne dich
Abigail Jussuf"; so sagt der Neger (um 1915). Feder, Tusche, dünnes
Papier. 21,7 x 21,9 cm. © bpk/Kupferstichkabinett, Staatliche Mu-
seen zu Berlin. **Abb. 3:** Else Lasker-Schüler im Kostüm des Prinzen
Jussuf (1912). Schwarzweiß-Fotografie. © Else-Lasker-Schüler Ar-
chiv, Stadtbibliothek Wuppertal. **Abb. 4:** Brief von Else Lasker-
Schüler an Gert Wollheim. Mit Zeichnung: *Im Waldgedanken.*
20.08.1932. Bleistift. © Else Lasker-Schueler Archive, ARC. Ms. Var.
501, The National Library of Israel. **Abb. 5:** Brief von Else Lasker-
Schüler an Gert Wollheim. Verso Zeichnung: *Pampeia im Urwald.*
18.08.1932. © Else Lasker-Schueler Archive, ARC. Ms. Var. 501, The
National Library of Israel.

Julia Freytag, S. 91-109.
Abb. 1: Marieluise Fleißer (1927). In: Hiltrud Häntzschel: Marieluise
Fleißer. Eine Biographie. Frankfurt a. M. 2007, S. 127 © Stadtarchiv
Ingolstadt/Marieluise-Fleißer-Archiv. **Abb. 2:** Buster Keaton in
Steamboat Bill, Jr. (1927). In: Buster Keaton. Hrsg. v. Helga Belach u.
Wolfgang Jacobsen. Berlin 1995, S. 74.

Isabelle Stauffer, S. 111-126.
Abb. 1: *Film-Kurier* vom 09.06.1928. **Abb. 2:** *Film-Kurier*, Ausschnitt von der Titelseite vom 25.01.1928. **Abb. 3:** *UHU* Heft 4 (1925), S. 17. **Abb. 4:** *Film-Kurier*, Titelseite vom 02.06.1928. **Abb. 5:** *Film-Kurier*, Ausschnitt von der Titelseite vom 02.06.1928. **Abb. 6:** *Film-Kurier*, Ausschnitt von der Titelseite vom 21.01.1928. **Abb. 7**: *Film-Kurier*, Ausschnitt von der Titelseite 26.01.1928. **Abb. 8:** *Film-Kurier* vom 18.01.1930. **Abb. 9:** *Film-Kurier* vom 20.02.1930. **Abb. 10:** *Film-Kurier* vom 02.05.1925. **Abb. 11:** *Film-Kurier* vom 09.05.1925. **Abb. 12:** *Film-Kurier* vom 08.11.1929. **Abb. 13:** *Film-Kurier* vom 18.12.1929.

Dagmar von Hoff, S. 127-142.
Abb. 1: Germaine Dulac. In: Prosper Hillairet (Hrsg.): Germaine Dulac. Ecrits sur le cinéma (1919-1937). Paris 1994. **Abb. 2-9:** Quelle der Screenshots: Germaine Dulac: *L'Invitation au voyage* (DVD: Absolut Medien 2007).

Barbara Kosta, S. 143-158.
Abb. 1: Zigarettenwerbung *Manoli Gold.* **Abb. 2:** Zigarettenwerbung *Salem Gold.* **Abb. 3:** Zigarettenwerbung *Abdulla.* **Abb. 4:** Plakat „Leichte Regatta", Inv.-Nr.: P 2001/184. Abdruck mit freundlicher Genehmigung des Deutschen Historischen Museums, Berlin. © DHM, Berlin. **Abb. 5:** August Sander: *Sekretärin beim Westdeutschen Rundfunk in Köln* (1931). © Die Photographische Sammlung/SK Stiftung Kultur – August Sander Archiv, Köln; VG Bild-Kunst, Bonn, 2011. **Abb. 6:** Elfriede Lohse-Wächtler: *Lizzy* (1931). In: Im Malstrom des Lebens versunken …. Elfriede Lohse-Wächtler 1899-1940. Leben und Werk. Hrsg. v. Georg Reinhardt. Köln 1996. © Marvin und Jane Fishman Collection: German Art from Expressionism to Resistance, Milwaukee, USA. **Abb. 7**: Elfriede Lohse-Wächtler: *Selbstporträt mit Zigarette* (1929). In: Im Malstrom des Lebens versunken …. Elfriede Lohse-Wächtler 1899-1940. © Privatbesitz. **Abb. 8:** Elfriede Lohse-Wächtler: *Die Zigarettenpause* (1931). In: Im Malstrom des Lebens versunken …. Elfriede Lohse-Wächtler 1899-1940. © Förderkreis Elfriede Lohse-Wächtler, Hamburg. **Abb. 9:** Zigaretten-Werbung *III. Sorte.* **Abb. 10:** Marlene Dietrich © Sammlung Eickemeyer/Berlin.

Ulrike Vedder, S. 159-176.
Abb. 1: Umbo: *Perspektiven der Straße* (1926), 24 x 17,6 cm, Sign. u.r.: O. Umbehr. Sign. u. dat. auf dem Rettungsring: Umbehr 1926, Bez. verso: Perspektiven der Straße. © by O. Umbehr, Berlin. Prentenkabinett/Kunsthistorisch Instituut der Rijksuniversiteit Leiden. **Abb. 2:** Umbo: *Marieluise Fleißer* (1930), 23,1 x 17 cm, Bez. verso: Stempel: Umbo-Dephot, Jägerstr. 11, Zentrum. © Ullstein-Bilderdienst, Berlin. **Abb. 3:** Plakat: Suzanne Lenglen, North-American Tour. **Abb. 4:** „Sei schön durch Sport und Elida!" *Berliner Illustrirte Zeitung* 35 (1926), Nr. 25 (20.06.1926). © Unilever Deutschland GmbH. **Abb. 5:** Henny Porten. **Abb. 6:** Vicky Baum. **Abb. 7:** Paula von Reznicek: Auferstehung der Dame. Stuttgart 1928, S. 52. **Abb. 8:** Franz Hessel; Umbo: *Eine gefährliche Straße*. In: *Das Illustrierte Blatt*, 15.06.1929, No. 24, S. 686f. **Abb. 9:** Umbo: *Träumende* (1928), 21 x 29,2 cm, Sign. u.r.: Umbo, verso: Stempel: Julien Levy Gallery, 602 Madison Avenue, New York City. © Galerie Rudolf Kicken, Köln. **Abb. 10:** Umbo: *Das neueste Angebot en face* (1928), 29 x 23,4 cm, Bez. verso: Umbo Berlin. © Museum für Kunst- und Kulturgeschichte, Lübeck.

Renate Berger, S. 177-188.
Abb. 1: Ulrike Ottinger: *Valeska Gert*, Fotografie (1975). **Abb. 2:** James Abbe: *Valeska Gert*, Fotografie (o. J.). **Abb. 3:** Suse Byk: Valeska Gert in *Kupplerin*, Filmstills (1925). **Abb. 4:** Suse Byk: Valeska Gert in *Tod* (o. J.). Alle Abbildungen © Universität der Künste Berlin.

Alexandra Tacke, S. 189-208.
Abb. 1-2: Elle-Modestrecke STARTKLAR. In: *Elle*, Januar 2010. **Abb. 3:** Rolex-Werbung. **Abb. 4-5:** Katharine Hepburn als Lady Cynthia Darrington. Werbmaterial für den Film *Christopher Strong* (1933) von Dorothy Arzner. **Abb. 6-7:** Lady Cynthia Darrington im Fledermauskostüm von Howard Greer. Bildrechte Abb. 4-7: © Dorothy Arzner. **Abb. 8-9:** Filmstills aus *Capriolen* (1937) von Gustaf Gründgens.

Heike-Melba Fendel, S. 209-219.
Abb. 1: Edie Sedgwick. © Danny Fields Collection. **Abb. 2-4:** Clara Bow in *IT* (1927) von Clarence Badger. © Photoplay Productions, London. **Abb. 5:** Colleen Moore in *Flaming Youth* von (1923). **Abb. 6:** Gloria Swanson in *Sunset Boulevard* (1950) von Billy Wilder.

Verfasserinnen

RENATE BERGER ist Professorin für Kunst- und Kulturwissenschaft an der Universität der Künste Berlin. Zu ihren Forschungsschwerpunkten gehören Künstlerinnen des 18.-21. Jahrhunderts, Tanz- und Filmgeschichte der 1920er Jahre, Russische Malerei, Biografik, Männlichkeitskonzepte der Moderne. Zuletzt erschienen: *Liebe Macht Kunst. Künstlerpaare im 20. Jahrhundert* (2003); *Rodolfo Valentino. Eine Biografie* (2003); *Paula Modersohn-Becker. Paris – Leben wie im Rausch* (2007).

HEIKE-MELBA FENDEL ist Geschäftsführerin von *Barbarella Entertainment* (Köln/Berlin), eine Veranstaltungs-, PR- und Künstleragentur. Ab 1985 journalistische Tätigkeit mit Schwerpunkt Film und Frauenthemen (*epd film*, *taz*, *Der Tagesspiegel*). Moderatorin (u. a. für die Deutsche Filmakademie, Filmpremieren und Festivals) und Dozentin für Film- und Fernsehmarketing. Zuletzt erschienen: *nur die – ein Leben in 99 Geschichten*. Roman (2009).

JULIA FREYTAG ist wissenschaftliche Mitarbeiterin bei Prof. Dr. Claudia Benthien am Institut für Germanistik II der Universität Hamburg. Sie hat 2010 zum Thema *Die Tochter Elektra. Eine verdeckte Figur in Literatur, Psychoanalyse und Film* promoviert. Veröffentlichungen zu Literatur und Mythos, Freuds Psychoanalyse sowie zu deutschsprachigen Familienromanen der Gegenwart. Zuletzt erschienen: *Verhüllte Schaulust. Die Maske in Schnitzlers „Traumnovelle" und in Kubricks „Eyes Wide Shut"* (2007).

DAGMAR VON HOFF ist Professorin für Neuere deutsche Literaturwissenschaft an der Johannes Gutenberg-Universität Mainz. Zahlreiche Publikationen zur deutschen Literatur vom 18. bis 20. Jahrhundert sowie zum Bereich des Films. Herausgeberin der Reihe *LiteraturFilm* im Martin Meidenbauer-Verlag.

BARBARA KOSTA ist Professorin für German Studies an der University of Arizona, Tucson. Veröffentlichungen zur deutschen Literatur, visuellen Kultur und zum Film vom 20. Jahrhundert bis zur Gegenwart. Zuletzt erschienen: *Willing Seduction: The Blue Angel, Marlene Dietrich and Mass Culture* (2009); *Writing against Boundaries: Gender, Ethnicity and Nationality in the German-speaking Context* (2003), zusammen mit Helga Kraft.

ARIANE MARTIN ist Professorin für Neuere deutsche Literaturgeschichte mit kulturwissenschaftlicher Ausrichtung an der Johannes Gutenberg-Universität Mainz. Veröffentlichungen zur deutschen Literatur vom 18. bis zum 20. Jahrhundert, darunter zusammen mit Stefanie Arend die Bände *Irmgard Keun 1905/2005. Deutungen und Dokumente* (2. Aufl. 2008) und *Irmgard Keun: Das kunstseidene Mädchen. Roman. Nach dem Erstdruck von 1932, mit einem Nachwort und Materialien* (2005) sowie Aufsätze zum Thema.

ANNEGRET PELZ hat 1990 bei Inge Stephan am Literaturwissenschaftlichen Seminar der Universität Hamburg mit einer Arbeit über *Reisen durch die eigene Fremde. Reiseliteratur von Frauen als autogeographische Schriften* 1993 promoviert und sich 2003 an der Fakultät für Kulturwissenschaften der Universität Paderborn mit der Arbeit *Tischszenen. Inszenierung und Verräumlichung des Schreibens in der Moderne* habilitiert. Heute ist sie Professorin für Neuere deutsche Literatur am Institut für Germanistik der Universität Wien.

ULRIKE STAMM ist Privatdozentin am Institut für deutsche Literatur der Humboldt-Universität zu Berlin. Veröffentlichungen zum Verhältnis von Malerei und Literatur, zum Ästhetizismus, zu Autorinnen des 19. und 20. Jahrhunderts sowie zu Frauenreiseliteratur und Orientalismus. Zuletzt erschienen: *Der Orient der Frauen. Reiseberichte deutschsprachiger Autorinnen im frühen 19. Jahrhundert* (2010).

ISABELLE STAUFFER ist Literatur- und Filmwissenschaftlerin. Seit 2009 ist sie wissenschaftliche Mitarbeiterin am Deutschen Institut der Johannes Gutenberg-Universität Mainz. Derzeit arbeitet sie zu *Leseverführung, Gefühlsinszenierung und Körperlichkeit. Die Schreibweise der Galanterie im 17. und 18. Jahrhundert.* Zuletzt erschienen: *Weibliche Dandys, blickmächtige Femmes fragiles. Ironische Inszenierungen des Geschlechts im Fin de siècle* (2008); *Heroines of Gaze. Gender and Self-Reflexivity in Current Espionage Films.* In: *Gender Forum* 13 (2006).

LYDIA STRAUSS studierte bis 2009 Neuere deutsche Literatur und Kunstgeschichte an der Humboldt-Universität zu Berlin und hat ihre Magisterarbeit über die *Inszenierung fantastischer Welten in den Briefen und Postkarten Else Lasker-Schülers* geschrieben. Zurzeit arbeitet sie als wissenschaftliche Volontärin in den Staatlichen Kunstsammlungen Dresden.

ALEXANDRA TACKE war von 2005 bis 2009 wissenschaftliche Mitarbeiterin am Lehrstuhl von Prof. Dr. Inge Stephan, seit 2009 ist sie wissenschaftliche Mitarbeiterin am Lehrstuhl von Prof. Dr. Ulrike Vedder an der Humboldt-Universität zu Berlin. Sie hat sich 2010 mit einer Arbeit zu Rebecca Horn promoviert. Ihre derzeitigen Forschungsprojekte sind: *Die Mauer im Kopf. Symbol- & Kulturgeschichte der Mauer; Blindgänger. Eine Ästhetikgeschichte der Blindheit um 1700 · 1800 · 1900 · 2000.* Zuletzt erschienen: *Carmen. Ein Mythos in Literatur, Film und Kunst* (2010), zusammen mit Kirsten Möller und Inge Stephan; *Rebecca Horn. Künstlerische Selbstpositionierungen im kulturellen Raum* (2011).

ULRIKE VEDDER ist Professorin am Institut für deutsche Literatur der Humboldt-Universität zu Berlin. Aktuelle Forschungsschwerpunkte: Wissenspoetik und Geschlechterforschung; Nachleben und Museum; Erbschaft und Genealogie. Buchpublikationen zuletzt: *Das Testament als literarisches Dispositiv im 19. Jahrhundert* (2011); *Passionen. Objekte – Schauplätze – Denkstile* (2010, Mithrsg.); *Das Konzept der Generation. Eine Wissenschafts- und Kulturgeschichte* (2008, Koautorin); *Chiffre 2000 – Neue Paradigmen in der Gegenwartsliteratur* (2005, Mithrsg.).

L'HOMME ARCHIV
QUELLEN ZUR FEMINISTISCHEN GESCHICHTSWISSENSCHAFT
Herausgegeben von einem internationalen Team aus 18 Wissenschaftlerinnen

böhlau

Band 1: Monika Bernold, Johanna Gehmacher
AUTO/BIOGRAFIE UND FRAUENFRAGE
TAGEBÜCHER, BRIEFWECHSEL, POLITISCHE SCHRIFTEN VON MATHILDE HANZEL-HÜBNER (1884–1970).
Mit einem Vorwort von Edith Saurer
2003. 272 S. 10 s/w-Abb. 1 CD-Rom. Klappenbroschur. ISBN 978-3-205-77094-7

Das Buch und die beigelegte CD-ROM bieten Texte und Kontexte, in denen die komplexen Zusammenhänge von Geschlechterpolitik und Biographie als Fragmente einer Auto-/Biographie der Frauenfrage lesbar werden.

Band 2: Christa Hämmerle, Li Gerhalter (Hg.)
APOKALYPTISCHE JAHRE
DIE TAGEBÜCHER DER THERESE LINDENBERG 1938 BIS 1946
2010. X, 389 S. Mit 14 s/w-Abb. u. CD-ROM-Beilage. Klappenbroschur. ISBN 978-3-412-20158-6

Ein einzigartiges und berührendes Zeugnis einer Frau, die sich in den Schreckensjahren des nationalsozialistischen Regimes dem Druck zur Scheidung nicht beugte und so ihren Ehemann rettete. Eine Einleitung zu ihrer Biographie und zu den Kontexten und Funktionen ihres Tagebuchschreibens sowie ein umfangreiches Register ergänzen die Edition.

Band 3: Margareth Lanzinger, Gunda Barth-Scalmani, Ellinor Forster, Gertrude Langer-Ostrawsky
AUSHANDELN VON EHE
HEIRATSVERTRÄGE DER NEUZEIT IM EUROPÄISCHEN VERGLEICH
2010. 530 S. Mit 17 s/w-Abb.
9 Farbabb. auf 8 Taf. Klappenbroschur. ISBN 978-3-412-20218-7

Heiratsverträge vermittelten in der Neuzeit zwischen gesetztem Recht, den Vorstellungen einer Zeit sowie individuellen Bedürfnissen und Interessen. Die vier Detailstudien dieses Buches spüren Präferenzen und Machtverhältnissen, Akzeptanz und Widerständigkeit, sozialen und ökonomischen Strategien nach und machen sichtbar, wie Frauen und Männer interagiert haben.

Band 4: Nikola Langreiter (Hg.)
TAGEBUCH VON WETTI TEUSCHL (1870–1885)
2010. 218 S. 26 s/w-Abb. Klappenbroschur. ISBN 978-3-412-20320-7

Die hier edierten Aufzeichnungen (1870–1885) erzählen die Geschichte einer niederösterreichischen Bürgerstochter, die nicht standesgemäß heiratete und ihrem Ehemann, einem „kleinen" Gemischtwarenhändler, nach Wien folgte. Wetti Teuschls Aufzeichnungen sind einzigartig und dennoch repräsentativ: sowohl für die Bedeutung des Schreibens in unterschiedlichen Lebenssituationen als auch für mögliche Strategien von Frauen, Krisen zu meistern.

BÖHLAU VERLAG, URSULAPLATZ 1, 50668 KÖLN. T: +49(0)221 913 90-0
INFO@BOEHLAU.DE, WWW.BOEHLAU.DE | KÖLN WEIMAR WIEN

T0598

LITERATUR – KULTUR – GESCHLECHT

STUDIEN ZUR LITERATUR-
UND KULTURGESCHICHTE
GROSSE REIHE

Eine Auswahl.

Band 54: Lydia Bauer
VOM SCHÖNSEIN
IDEAL UND PERVERSION
IM ZEITGENÖSSISCHEN
FRANZÖSISCHEN ROMAN
2010. 316 S. 24 s/w-Abb. auf 16 Taf. Br.
ISBN 978-3-412-20477-8

Band 55: Inwon Park
PARADOXIE DES BEGEHRENS
LIEBESDISKURSE IN DEUTSCH-
SPRACHIGEN UND KOREANISCHEN
PROSATEXTEN
2010. VIII, 276 S. Br.
ISBN 978-3-412-20470-9

Band 56: Julie Miess
NEUE MONSTER
POSTMODERNE HORRORTEXTE UND
IHRE AUTORINNEN
2010. 320 S. Mit 34 s/w-Abb. Br.
ISBN 978-3-412-20528-7

Band 57: Ulrike Stamm
DER ORIENT DER FRAUEN
REISEBERICHTE DEUTSCH-
SPRACHIGER AUTORINNEN IM
FRÜHEN 19. JAHRHUNDERT
2010. 368 S. 1 s/w-Abb. Br.
ISBN 978-3-412-20548-5

Band 58: Susanne Goumegou,
Marie Guthmüller, Annika Nickenig
SCHWINDEND SCHREIBEN
BRIEFE UND TAGEBÜCHER
SCHWINDSÜCHTIGER FRAUEN
IM FRANKREICH DES
19. JAHRHUNDERTS
2011. 263 S. Br.
ISBN 978-3-412-20663-5

Band 59: Eva Blome
REINHEIT UND VERMISCHUNG
LITERARISCH-KULTURELLE
ENTWÜRFE VON RASSE UND
SEXUALITÄT (1900–1930)
2011. 354 S. 6 farbige u. s/w-Abb. auf 4 Taf.
Br. ISBN 978-3-412-20682-6

Band 60: Alexandra Tacke
REBECCA HORN
KÜNSTLERISCHE SELBST-
POSITIONIERUNGEN
IM KULTURELLEN RAUM
2011. 293 S. Mit 101 s/w-Abb. Br.
ISBN 978-3-412-20683-3

Band 61: Peter C. Pohl
KONSTRUKTIVE MELANCHOLIE
ROBERT MUSILS ROMAN »DER
MANN OHNE EIGENSCHAFTEN« UND
DIE GRENZEN DES MODERNEN GE-
SCHLECHTERDISKURSES
2011. 404 S. Br.
ISBN 978-3-412-20768-7

Band 62: Susanne Balmer
DER WEIBLICHE
ENTWICKLUNGSROMAN
INDIVIDUELLE LEBENSENTWÜRFE IM
BÜRGERLICHEN ZEITALTER
2011. VIII, 384 S. Br.
ISBN 978-3-412-20770-0

Band 63: Anthonya Visser
KÖRPER UND
INTERTEXTUALITÄT
STRATEGIEN DES KULTURELLEN
GEDÄCHTNISSES IN DER GEGEN-
WARTSLITERATUR
2011. Ca. 256 S. Ca. 2 s/w-Abb. Br.
ISBN 978-3-412-20815-8

böhlau

SE939

BÖHLAU VERLAG, URSULAPLATZ 1, 50668 KÖLN. T: +49(0)221 913 90-0
INFO@BOEHLAU-VERLAG.COM, WWW.BOEHLAU-VERLAG.COM | WIEN KÖLN WEIMAR

LITERATUR – KULTUR – GESCHLECHT

STUDIEN ZUR LITERATUR-
UND KULTURGESCHICHTE
KLEINE REIHE

Eine Auswahl.

Band 20: Inge Stephan
INSZENIERTE WEIBLICHKEIT
CODIERUNG DER GESCHLECHTER
IN DER LITERATUR DES
18. JAHRHUNDERTS
2004. 279 S. 12 s/w-Abb. Br.
ISBN 978-3-412-15204-8

Band 21: Claudia Benthien,
Inge Stephan (Hg.)
MEISTERWERKE
DEUTSCHEPRACHIIGE AUTORINNEN
IM 20. JAHRHUNDERT
2005. 414 S. 20 s/w-Abb. Br.
ISBN 978-3-412-21305-3

Band 22: Jost Hermand
FREUNDSCHAFT
ZUR GESCHICHTE
EINER SOZIALEN BINDUNG
2006. VI, 218 S. 17 s/w-Abb. Br.
ISBN 978-3-412-29705-3

Band 23: Inge Stephan,
Alexandra Tacke (Hg.)
NACHBILDER DES HOLOCAUST
2007. 303 S. 46 s/w-Abb. Br.
ISBN 978-3-412-22506-3

Band 24: Inge Stephan,
Alexandra Tacke (Hg.)
NACHBILDER DER RAF
2008. 328 S. 65 s/w-Abb. Br.
ISBN 978-3-412-20077-0

Band 25: Inge Stephan,
Alexandra Tacke (Hg.)
NACHBILDER DER WENDE
2008. 351 S. 59 s/w-Abb. Br.
ISBN 978-3-412-20083-1

Band 26: Alexandra Tacke,
Björn Weyand (Hg.)
DEPRESSIVE DANDYS
SPIELFORMEN DER DEKADENZ IN
DER POP-MODERNE
2009. 247 S. 38 s/w-Abb. Br.
ISBN 978-3-412-20279-8

Band 27: Claudia Benthien,
Manuela Gerlof (Hg.)
PARADIES
TOPOGRAFIEN DER SEHNSUCHT
2010. 274 S. Mit 25 s/w-Ahh Br
ISBN 978-3-412-20290-3

Band 28: Kirsten Möller, Inge
Stephan, Alexandra Tacke (Hg.)
CARMEN
EIN MYTHOS IN LITERATUR, FILM
UND KUNST
2010. 227 S. Mit 55 s/w-Abb. Br.
ISBN 978-3-412-20579-9

Band 29: Julia Freytag,
Alexandra Tacke (Hg.)
CITY GIRLS
BUBIKÖPFE & BLAUSTRÜMPFE IN
DEN 1920ER JAHREN
2011. Ca. 250 S. Mit ca. 70 s/w-Abb. Br.
ISBN 978-3-412-20603-1

Band 30: Claudia Benthien
TRIBUNAL DER BLICKE
KULTURTHEORIEN VON SCHAM
UND SCHULD UND DIE TRAGÖDIE
UM 1800
2011. 267 S. Br.
ISBN 978-3-412-20684-0

böhlau

BÖHLAU VERLAG, URSULAPLATZ 1, 50668 KÖLN. T. | 49(0)221 913 90-0
INFO@BOEHLAU-VERLAG.COM, WWW.BOEHLAU-VERLAG.COM | WIEN KÖLN WEIMAR

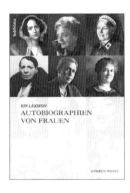

böhlau

GUDRUN WEDEL
AUTOBIOGRAPHIEN VON FRAUEN
EIN LEXIKON

Das Lexikon bietet erstmals und auf breiter Basis Informationen zu mehr als 2.000 im 19. Jahrhundert geborenen Frauen aus dem deutschsprachigen Raum, die sich mit ihren publizierten autobiographischen Schriften der Öffentlichkeit präsentierten. Es gibt Auskunft über das Sozialprofil der Verfasserinnen, die Entstehungskontexte und Themen ihrer Autobiographien, die rezeptionswirksame Ausstattung dieser Texte für die Publikation, deren Publikationsgeschichte sowie ihre mediale Vielfalt und Reichweite. Die „Autobiographien von Frauen" sind eine neue Quelle für künftige geschlechtersensible Forschungen und liefern grundlegende Informationen zum Vermittlungsprozess zwischen individuellem Familiengedächtnis und offizieller Erinnerungskultur.

„Wedel [leistet] mit dem Lexikon einen wesentlichen Beitrag, eine große Lücke in der Autobiographie- und Selbstzeugnisforschung zu schließen. [...] Wedels Lexikon ist eine Pionierarbeit, die [...] Wissenschaftler/innen, die zu biographischen oder geschlechtergeschichtlichen Themen arbeiten, zur Anschaffung empfohlen sei."

(H-Soz-u-Kult)

2010. XIV, 1286 S. GB. 170 X 240 MM.
ISBN 978-3-412-20585-0

BÖHLAU VERLAG, URSULAPLATZ 1, 50668 KÖLN. T: +49(0)221 913 90-0
INFO@BOEHLAU.DE, WWW.BOEHLAU.DE | KÖLN WEIMAR WIEN